ポスト・グローバル化と政治のゆくえ

岩崎正洋 編
IWASAKI Masahiro

ナカニシヤ出版

ポスト・グローバル化と政治のゆくえ　＊　目次

ポスト・グローバル化と政治のゆくえ

序章　グローバル化とポスト・グローバル化とのかかわりをどのようにみるか

岩崎正洋

一　グローバル化の先にみえたもの

グローバル化の流れを誰も止めることはできず、世界の至るところでグローバル化を経験した。二〇世紀から二一世紀にかけての世紀の変わり目においては、グローバリズム（Globalism）が大きな存在感をもって一つの潮流となる一方で、他方においては、リージョナリズム（Regionalism）やナショナリズム（Nationalism）のように、グローバリズムとは相容れない他の潮流もみられることが指摘されていた[1]。グローバリズム、リージョナリズム、ナショナリズムという三つの潮流は、互いに異なる中身を意味しており、相対立する側面や矛盾する側面を有している。[2] いずれか一つの潮流が他の二つの流れにとって代わるとか、あるいは三つの流れが一つに収斂していくであろうとは当時も論じられなかったし、今もそうなってはいないし、今後そうなりそうな気配もみられない。

　現時点においても、三つの潮流がみられるし、それぞれについて論じられなくなったわけでもない。ただ、しばしば別個に論じられており、三つの潮流を一括して論じる機会はほとんどみられない。三者が鼎立し、それぞれが棲み分けを行うようになったからなのか、それとも一方に目を向ける際には、他の二つについては目を瞑るからなのかは判然としない。少なくとも二一世紀に入ってからしばらくの間は、それぞれの潮流に特化して議論することが可能であったし、グローバリズムについて論じる場合には、グローバリズムだけに焦点を絞るようになり、他の潮流に言及するのは稀なこととなった。

　本書は、書名が示すように、グローバル化にかかわる現象を取り扱っており、その意味では、三つの潮流のうちでも、グローバリズムに特化した議論を行っている。その際に、リージョナリズムとナショナリズムという他の二つの潮流については、直接的に言及することがなくても、グローバリズムと同時に存在するものとして位置づけている。グローバル化からポスト・グローバル化への変化は、新たなナショナリズムの台頭すら想起させることになるかもしれない。[3]

　かつて、グローバル化の流れが急速に進展していく様子が語られるときには、国家の役割が低下し、それにともなって国家の地位も低下し、政治の舞台における主役の座を手放し、徐々にではなく、一気に脇役になるか、舞台から退場するかのように、国家は取り扱われた。しかし、グローバル化が所与の事実となり、グローバル化が何ら目新しい現象ではなくなった現在において、国家はまだ存在しているし、退場しそうもない。国家が政治における脇役になったとはいい難く、主役として取り扱うのに適した場面が多くみられるし、以前よりもそれが増えているようにみえなくもない。そう考えると、グローバル化の先には、国家の衰退ないし退場のような光景が予想されたにもかかわらず、実際は、それとは異なる光景であったといえる。結果的に、グローバル化の先にみえたのは、国家機能の強化であり、国家のリバイバルであった[4]。

　グローバル化の先に国家の存在感を示すような現象がいくつもみられたという事実は、グローバル化とは異なる「ポスト・グローバル化」の段階ないし時代への変化を意味している。二〇世紀の終わり頃にグローバル化の到来が叫ばれてから二一世紀の現在に至るまで、グローバル化が進展してきたのは確かであり、まだグローバル化が終焉を迎えたというわけでもない。少なくとも現時点でいえることは、グローバル化の先に国家の衰退や機能不全、ともすれば国家の退場ではなく、国家の機能強化なり国家の存在感の高まりがみられるようになったことである。それを一つの区切りとして捉え、もはや「グローバル化」というよりも「ポスト・グローバル化」の段階へと時代が変化したと考えることができるというのが、本書の基本的な立場である。

　さらに、本書では、時期区分（ないし時代区分）として、「ポスト・グローバル化」という用語を使用するだけでなく、これまでのグローバル化とは異なる現象を示すものとして、「ポスト・グローバル化」という表現を使うことにする。ポスト・グローバル化は、少なくともグローバル化が前提とした現象とは異なる特徴を示しており、そこでみられる諸々の現象を一括りに捉えたり、単純に表現したりするには時期尚早である。それゆえ、グローバル化とは異なるものとして、ポスト・グローバル化という表現を使用している。

一方で、グローバル化が今も進行しているという認識により、本書においては、「アフター」という表現を使うことはしない。グローバル化を経験した後という意味では、「アフター」という表現を使用することは誤りではないかもしれない。しかし、アフター・グローバル化という表現では、グローバル化が終わりを告げ、その後の全く異なる現象を意味するような印象を与えかねないため、本書では「アフター」ではなく、意識的に「ポスト」という表現を使用している。

ポスト・グローバル化という用語は、二一世紀のある時期からみられるようになった現象を念頭に置いており、時期区分（ないし時代区分）を意味するとともに、従来のグローバル化において考えられてきたのとは異なる諸側面をもつものとして捉えることができる。たとえば、民主主義の後退や権威主義化は、ポスト・グローバル化における一つの側面として捉えることができるであろうし、新型コロナウイルス感染症（ＣＯＶＩＤ－19）パンデミックにおける各国政府の対応は、ポスト・グローバル化について考えるのに役立つ。

二　ポスト・グローバル化でみえたもの

二〇二〇年には、ＣＯＶＩＤ－19が世界的に広がり、パンデミックにつながった。各国政府は、自国における感染拡大の防止に取り組むことになった。ときには、出入国の制限や国境封鎖というかたちで外国との接点を統制したり、国内においては、ロックダウンや外出制限、感染者の隔離や建物の閉鎖などにより人びとの行動を統制したりするようになった。その結果として、国家によって個人の自由が規制されたり、個人の権利が制約されたり、国家による指示を守らない個人に対して何らかの制裁が加えられたりするようになった。たとえば、ある国では、マスクを着けずに外出した場合に罰金が科されるようになったが、それさえも一つの象徴的な事例として捉えることができる。

　世界的な感染拡大は、グローバル化の一つの側面である。国境を越えた人の移動は、ウイルスの拡散につながり、国境を越えて国内に入ってきたウイルスは、一国内部において感染拡大を引き起こした。各国政府は、自国内における感染拡大を抑えるために、さまざまな対策を練り、実施する。ここでみられるのは、グローバル化によってもたらされた問題解決のための国家の取り組みであり、多様な行為主体が存在しているにもかかわらず、抜きん出た存在として国家の役割に対して注目が集まることである。ＣＯＶＩＤ‐19の感染拡大に際して、国家に対する国民の信頼があろうとなかろうと、国民は解決策を期待し、国家は対策を講じる。国家が世界的な危機に直面した場合には、いかに緊急事態に対応できるかが国家にとっての至上命題となり、国家の役割は平時と異なり、非常時であるがゆえに、制限されることなく拡大する。

　国家には、グローバル化を促進する役割ではなく、グローバル化に抗する役割が求められるようになる。その結果として、二〇世紀の終わり頃に国家がグローバル化の波に飲み込まれる光景が思い描かれていたとしても、二一世紀の今日においてみられるのは、波をかぶったり、あるいは波が引いたりしても国家が屹然として存在している光景であり、グローバル化と国家との相克という構図である。いいかえると、単にそこに国家が存在し続けているというのではない。他の行為主体と異なり、国家には主権が存在しており、国家権力の行使が非常時には、グローバル化に対してもなされることが再認識されるようになったのである。この点はまさに、国家主権の再興を意識させるものであり、グローバル化と国家との関係を改めて問い直すことになったように思われる。

誤解を恐れずに単純化すると、グローバル化は「脱国家化」に向けたベクトルをもっており、それに対して、国家主権の再興は、「国家化」とでもいうべき逆向きのベクトルをもつ。もはやグローバル化そのものが消滅するとは考えられず、その意味では一方で、脱国家化へのベクトルがみられるといえるが、他方においては、国家化へのベクトルも明らかにみられるようになっている。

かつて、ロドリックがグローバル化のパラドックスに関する議論において示したように、政治的トリレンマの問題がここでは想起される。[5] ロドリックによれば、グローバル化と国家主権と民主主義との三つを同時に追求することは不可能であり、三つのうち二つを追求することにより、それらを実現することができたとしても、他のもう一つはあきらめざるを得ないことになる。そうだとすれば、グローバル化と国家主権の二つを追求し、民主主義をあきらめるか、グローバル化と民主主義を追求し、国家主権をあきらめるか、国家主権と民主主義を追及し、グローバル化をあきらめるかという選択肢のうちからいずれかを選び、結論を導き出さなければならない。

曽根泰教は、ブレトンウッズ体制やＥＵ、ＣＯＶＩＤ-19パンデミックなどを例に挙げながらロドリックによる政治的トリレンマに言及し、トリレンマの問題というよりも、むしろ「せんじ詰めれば、グローバリゼーションと主権間のジレンマ問題ではないかという疑問が湧いてくる」[6]と指摘している。曽根によれば、グローバル化と国家主権との間には、（現実の複雑な関係は、すべてがゼロサムではないとしても）一種のゼロサム的な関係が存在する。それに対して、民主主義とグローバル化との共存は可能である。民主主義とグローバル化との関係は、ゼロサム的ではなく、両者が実現する可能性がある。

　脱国家化と国家化との関係に話を戻し、脱国家がグローバル化を意味し、国家化が国家主権を意味するものとして捉えると、両者の関係が完全にゼロサム的であるとはいえないことがわかる。ある部分においては、ゼロサム的な関係がみられるとしても、すべてがゼロサム的だというのではない。さらに、脱国家化をグローバル化とし、国家化をポスト・グローバル化といいかえると、両者の関係は一概にゼロサム的であるとはいえない。

　それでは、民主主義との関係を視野に入れると、どのようなことがみえてくるのであろうか。古代ギリシャの都市国家において民主主義が誕生して以来、現代に至るまで、民主主義は一つの国家の内部において目撃することができた。民主主義の実践は、国家という枠組みにおいてなされてきたのであり、民主主義は基本的に、一国民主主義を前提としてきた。その点からすれば、民主主義と国家主権との関係は共存可能であることがわかる。歴史的にみると、民主主義とグローバル化との共存の可能性こそ、何を基準に判断するのかという意味で、容易に解決できない問題である。

二〇世紀最後の四半世紀に民主化の第三の波がみられたように、世界的な規模で民主主義国家の数が増えていくことは、民主主義と国家主権との関係を理解するのに有用であるとしても、それがグローバル化とどのように結びついているのかを直接的に明示できるとは限らない。つまり、民主主義とグローバル化との共存関係は、容易に理解できそうであるが、実際には、つかみどころのないあいまいな関係であるようにも思われる。

グローバル化により人や情報が国境を越えて移動できるようになったことが民主化なり民主主義と直接間接に結びついていることは容易に想像できるとしても、それが直ちに民主主義とグローバル化とが共存可能であるという結論を導き出すとは思えない。もちろん、民主主義とグローバル化が共存不可能であるという説得力のある証拠もみあたらない。近年、民主主義の後退や権威主義化、ポピュリズムの台頭、さらに、選挙での低投票率や無党派層の増大、政党組織の衰退、カウンター・デモクラシーの顕在化など、議会制民主主義の揺らぎが世界的にみられるようになっている。[7] これらの現象が特定の国家や地域だけでなく、グローバル化しているようにもみえる。

そうだとすれば、民主主義ではなく、権威主義化とグローバル化との共存の可能性が生じているという見方もできる。民主主義とグローバル化の共存だけでなく、権威主義とグローバル化の共存関係も可能性としては捨て去ることができず、このような混乱ぶりは、グローバル化の先にみえてきたことであり、まさにポスト・グローバル化でみえてきたことでもある。したがって、ポスト・グローバル化を捉えようとするには、トリレンマやジレンマという視点からだけでは不十分なのかもしれない。

グローバル化とポスト・グローバル化とのかかわりについては、脱国家化、国家化、民主主義、権威主義という四つのキーワードをもとに考えることが一つの手がかりとなる。

たとえば、ＣＯＶＩＤ-19パンデミックは、グローバル化に伴うものであり、世界中にウイルスが蔓延したことは脱国家化現象である。それに対して各国で採用されたのは、国家化を基調とする政策である。脱国家化した問題に対する解決策が国家化にもとづくものであったことは、グローバル化とポスト・グローバル化との結びつきを示しており、両者がそれぞれ異なるベクトルをもちながらも、同時進行的に進んでいること明らかにする。ＣＯＶＩＤ-19の感染は、民主主義か権威主義かを問わず、世界のあらゆる国や地域に拡大した。権威主義国家において、感染拡大を防止する措置が強権的にとられ、感染の拡大を抑えることができた場合には、権威主義的な支配の実効性や効率性、ともすれば正統性が論じられた。民主主義国家における感染拡大の状況が悪化すると、権威主義的な統制の有効性が指摘されたり、民主主義的な規制の限界が指摘されたりした。

ＣＯＶＩＤ-19にかかわる議論において、権威主義か民主主義かという二者択一的な選択が正面から問われることはなかった。ただ、権威主義という用語がポスト・グローバル化におけるキーワードとして存在感を示すようになったことは確かなことであり、民主主義と同様に、権威主義についても常に語られるようになったのは明らかである。ポスト・グローバル化によって何がみえるようになったのかについての具体的な点は、この後の各章における議論にゆだねるとしても、現時点で指摘できることは、脱国家化と国家化とが同時にみられ、それが権威主義国家でも民主主義国家でも生じていることである。

三　本書の構成

本章に続く各章は、グローバル化とポスト・グローバル化とのかかわりについて、さまざまな立場から取り扱っている。紙幅の都合上、以下では概略的となるが、各章の内容と位置づけについて紹介する。

まず、第1章の山本達也による「インターネットをめぐる環境の変化と「民主主義の後退」」では、インターネットと民主主義の後退とのかかわりについて、インターネット・コントロールや監視という点から世界のインターネットをめぐる現状を明らかにするとともに、民主主義に対する影響について論じている。山本によれば、「グローバル化の時代は、どこか明るい雰囲気がつきまとっていたが、ポスト・グローバル化の時代は、一転して暗い雰囲気がつきまとっている」のであり、同様に、「一九九〇年代に希望と明るさを伴って語られることの多かったインターネットであるが、近年では、ある種の暗さを伴いながら、数多くの懸念が示される状況になっている」とされる。同章では、とりわけ、民主主義後退の原因の一つとして、インターネットの統制が挙げられ、フリーダムハウスによるインターネットの自由度に関する調査をふまえ、各国政府によるインターネットの統制や監視の動きに注目している。山本は、近年のインターネットの自由度が低下している具体例として、タイ、エジプト、アメリカに注目している。グローバル化の進展とインターネットの発達は、同時期にみられた現象であり、グローバル化の一つの側面を示すものとして、インターネットを位置づけることができる。しかし、両者の関係は、それほど単純に一方向的に進展したのではなかった。実際には、各国政府の存在がインターネットに影響を及ぼしており、グローバル化と国家の役割との相克を如実に示していることが明らかにされる。

　第２章の今井宏平による「ポスト・グローバリゼーション時代に進展する〈安全保障化〉」では、二〇一五年以降のトルコを事例として取り扱い、トルコにおける大統領の権力強化のための手段として、安全保障化がなされたことを説明している。「とりわけ二〇一五年夏以降の対テロ戦争と二〇一六年七月のクーデタ未遂事件がその起点であり、二〇一五年一一月の総選挙、二〇一七年から二〇一八年にかけての大統領制化の移行に向けた動きの際に、安全保障問題がクローズアップされた」のであり、「グローバリゼーションおよびポスト・グローバリゼーションの時代、特にＳＮＳが拡散したポスト・グローバリゼーションの時代において、より一層安全保障化の問題が重要になっている」ことが説明される。同章においては、トルコの安全保障化に主に目が向けられているが、ＳＮＳの存在も一つの論点となっている。その意味では、第１章で山本がポスト・グローバル化におけるインターネットやＡＩなどの科学技術の存在に目を向けたのと同様に、第２章でも今井がＳＮＳに注目していることは、グローバル化とポスト・グローバル化について考える際には、欠かせない視点であることを物語っている。

第3章の前嶋和弘による「ポスト・グローバリゼーションとアメリカ」では、第二次世界大戦後の国際秩序がアメリカによって形成されてきたが、今では揺らぎがみられるようになったことをふまえ、今後の再生の可能性がどのようなものであるのかについて論じている。トランプ政権の「アメリカ・ファースト（アメリカ第一主義）」は、第二次世界大戦後のアメリカが築いてきた国際協調を基軸とした国際秩序からの逸脱であり、トランプ政権の登場が「開かれたアメリカ」から「閉ざすアメリカ」へと大きな方向転換をもたらしたように捉えることができる。しかし、二〇二一年に誕生したバイデン政権においては、「状況はまた大きく変わりつつあるようにもみえる」と前嶋は指摘している。前嶋によれば、「まだ見えにくいポスト・グローバリゼーションのアメリカは、もしかしたら「アメリカ・ファースト」的なベクトルではなく、アメリカが国際秩序形成を担ったグローバリゼーション時代への回帰かもしれない」という。少なくともバイデン政権については、「一気に目立ちつつあるアメリカの国際秩序形成への関与の復活」が無視できないのであり、アメリカの事例をグローバル化とポスト・グローバル化という視点から考えることは、単にアメリカ一国の事例を分析するのにとどまらず、グローバル化およびポスト・グローバル化にかかわる問題を捉え直す一つの見方を提供する。

第1章から第3章までは主に、ポスト・グローバル化ともいえる「時代」を捉えるために、各国の事例に注目しているが、続く第4章から第6章までは、ＣＯＶＩＤ-19パンデミックを題材として、世界と日本の動きに注目している。ここでは、ポスト・グローバル化における一つの象徴的な出来事として、パンデミックを取り扱っており、世界の動き、日本国内の動き、地方自治体の動きなどの点からＣＯＶＩＤ‐19にかかわる問題を考えている。

第4章の小松志朗による「ＷＨＯ・ＩＨＲ体制における感染症対策としての往来制限」では、ＣＯＶＩＤ‐19パンデミックによって国境を越えた人の移動が制限されるようになったことに注目し、ポスト・グローバル化の問題について考えている。小松によれば、国境を越えた人の移動は、グローバル化における一つの「要」であり、人の国際移動が国家間関係の結びつきを強化し、脱国家的関係の発展をもたらし、世界の一体化の進展につながる。インターネット上のオンラインによるコミュニケーションが容易になったとはいえ、生身の人間の国際的な往来は、現代社会において欠かすことはできない。その意味で、ＣＯＶＩＤ‐19のパンデミックにより、「ウイルスが自国に侵入するのを恐れた各国政府が「外国人お断り」と言わんばかりに、人の国際移動を部分的／全面的に止める往来制限（渡航制限、出入国制限）を続々と始めた」ことは、グローバル化の負の帰結ないし副産物だといえるかもしれない。各国政府による往来制限は、国家権力の行使の強化につながり、グローバル化とは逆に、国家と国境の存在感を増すこととなった。小松は、グローバル化とポスト・グローバル化との狭間にあるＷＨＯ・ＩＨＲ体制に注目し、感染症対策としての往来制限について再考している。小松によれば、ＷＨＯやＩＨＲが往来制限について否定的な立場であるのに対し、各国政府は往来制限を行ってきた。その点だけをみても、往来制限に焦点を向けることは、ポスト・グローバル化によって顕在化した問題を考えるための一つの題材となる。

第5章の野田遊による「ＣＯＶＩＤ‐19パンデミックと地方自治」では、日本国内に目を向け、とりわけ、都道府県に注目している。都道府県は、普通の人びとにとって、「国と市町村の間に位置する役割が不明瞭な存在であったのが、パンデミックにともない住民に対する情報発信の中心的主体として眼前に現れた」のであり、全国各地の具体的な感染状況や医療体制、特別給付金や休業補償の手続き、ワクチン接種の予約など、さまざまな場面における情報の収集と発信を行う存在として注目を集めることとなった。野田の指摘によれば、「ＣＯＶＩＤ-19パンデミックにともなう社会の変化は、政府に対する役割認識とともに住民からの信頼に着目した議論」を必要とするのであり、「ＣＯＶＩＤ-19による感染拡大というグローバリゼーションの中で生じた政府の役割向上に対して定量的に接近する」ことが必要となる。同章において野田は、「社会における府県の役割認識、知事に対する信頼とその要因、公共の福祉と地域の信頼性の関係の三つの側面における民意から、地方自治が直面している社会の変化」を説明している。

　感染拡大の状況は、地方自治体ごとに異なっており、二〇二〇年春の感染拡大初期においては、いくつかの自治体において感染者数の顕著な増加がみられたため、それぞれの首長が表立って対応したり、独自の対策を講じたりする場面がみられた。二〇二〇年一二月末から二〇二一年一月の年明けにかけても、一都三県の知事がかかわり、二度目の緊急事態宣言が発出されるなど、日本におけるＣＯＶＩＤ-19対策において地方自治体の果たした役割に注目する必要がある。グローバル化が各国政府の役割や地位を相対的に低下させるとされてきたとしても、今の現実は、ＣＯＶＩＤ-19パンデミックが一国レベルの政府だけでなく、地方レベルの政府の役割や地位の向上をもたらしている。

第6章の福田充による「新型コロナウイルスと危機管理をめぐるグローバル・ガバナンス」では、グローバル・リスクとしてＣＯＶＩＤ-19を捉え、危機管理学の立場からガバナンスについての問題を論じている。福田によれば、「この感染症パンデミックはグローバリズムを推し進める力を逆行させる作用をもたらしたともいえる」のであり、「グローバリゼーションの時代において、新型コロナはグローバル化の弊害を顕在化させた」のである。危機管理学とそれにもとづく危機管理の実践を構成する重要な機能が四つ挙げられるが、第一にインテリジェンス、第二にセキュリティ、第三にロジスティクス、第四にリスクコミュニケーションがある。福田は、ＣＯＶＩＤ-19パンデミックの経験をふまえ、これらの四つの機能について、さらに、感染症インテリジェンスのグローバル・ガバナンス機能、感染症セキュリティのグローバル・ガバナンス機能、感染症ロジスティクスのグローバル・ガバナンス機能、感染リスクコミュニケーションのグローバル・ガバナンス機能が求められることを指摘している。福田の議論は、ＣＯＶＩＤ-19パンデミックの経験をふまえると、ポスト・グローバル化の時代においては、これまで以上にガバナンスが重要になることを論じていると思われる。従来は、グローバル化における「グローバル・ガバナンス」が論じられてきたとはいえ、ポスト・グローバル化においては、さらなるガバナンスが論点となる可能性がある。そうだとすれば、国家の機能や地位、国家権力や政府の権限などという言葉とともに、ガバナンスという表現によって捉えなければならない論点があることも念頭に入れておかなければならない。

本書の最後に配置した二つの章は、これまでの章とは全く毛色が異なる。見方によっては、理論篇として位置づけることもできるであろうし、これまでの議論に対する補足や建設的な意味での批判として読むこともできるかもしれない。まず、第7章の芝崎厚士による「「ポスト・グローバリゼーション」の国際政治哲学」は、ポスト・グローバル化という現象や言説とは何か、どのような意味をもつのかについて、国際政治哲学および国際関係思想の立場から論じている。そこでは、グローバル化の進展した時代が終わり、その「次」ないし「後」の時代へと変化しているという認識として、ポスト・グローバル化を捉え、「具体的には国家の重要性の再浮上、地政学的思考の復権といった現象およびそうした変化を指摘する言説の双方を含む」としている。本書において、国際政治哲学および国際関係思想にかかわる議論を取り扱うことが果たして適切であるか否か、本書で取り扱っている数々の事例との関連という点において、同章が一定の役割を果たし得ているのか否かについては、疑問を抱く読者がいるかもしれない。しかし、このような視点をもつ一つの章を盛り込むことにより、本書の視点に広がりがもたらされたのは確かなことであると思われるし、本書における議論の多様性を紹介することになると思われる。

　第8章の山崎望による「グローバル化／ポスト・グローバル化と民主主義の位相」では、「自由主義陣営において第二次世界大戦後に定着したとされる民主主義、すなわちナショナルな自由民主主義の位相をめぐる言説の変化を、統治／支配の様式、主体、範囲の三つの観点から論じ」ることにより、「一九九〇年代を中心にグローバル化による変化を論じるグローバル化言説と、二〇一〇年代を中心に従来のグローバル化からの変容を重視するポスト・グローバル化言説の比較を行う」ことが企図されている。そこでは、グローバル化言説として、グローバルガバナンス言説、グローバル民主主義言説、新自由主義言説の三つが挙げられ、ポスト・グローバル化言説としては、主権国家の再興／国民の再定義言説、直接民主主義の再興言説、権威主義化言説および新反動主義言説が挙げられる。本書の多くの章は、世界の現実に目を向け、具体的な事例を取り扱っている。それに対して、同章は、グローバル化とポスト・グローバル化について、政治理論の立場から検討を行っているところに特徴があり、本書の各章で注目した現象を一括して理論的に検討したものとして捉えることができる。その意味において、同章を本書の最後に配置することは、現実にみられる個々の事例を眺めるだけでなく、改めて理論をふまえて現実を眺めることにもつながる。

　ここまで駆け足となったが、本書を構成する各章の内容について簡単に紹介しつつ、本書における位置づけを説明してきた。おそらく、現在もまだ「グローバル化」の真っただ中にあるという見方を支持する立場も存在するであろうし、また、今やグローバル化の先にみえてきた「ポスト・グローバル化」の現象に直面している段階（あるいは時代）に入ったという見方を支持する立場も存在することと思われる。本書が意図しているのは、いずれの見方が正しいのかとか、いずれかに優劣をつけるとかということに価値を見出そうということではない。

　二〇世紀の終わり頃には、グローバル化の進展が指摘されたし、グローバル化による国家の退場なり国家の地位や役割の低下なども指摘された。グローバル化が進展したとはいえ、今も国家は退場せず、国家に代わる存在もみられない。一瞥すると、ＣＯＶＩＤ‐19パンデミックを経験した現在は、国家の役割が一気に大きくなり、グローバル化と国家主権との相克という視点が求められるようになったのである。いいかえるならば、それがグローバル化の先にみえてきた国家のリバイバルであり、グローバル化とポスト・グローバル化の関係なのである。

注

1　グローバリズム（Globalism）、リージョナリズム（Regionalism）、ナショナリズム（Nationalism）という三つの潮流については、たとえば、一九九六年九月に、日本国際政治学会と米国国際関係学会（International Studies Association）の合同国際会議が千葉県幕張で開催された折のメインテーマ「グローバリズム・リージョナリズム・ナショナリズム――二一世紀における役割を模索するアジア」で用いられており、以下の論考でも使用されている。鴨武彦／田中孝彦訳「グローバリズム、リージョナリズム、ナショナリズム――二一世紀の役割を模索するアジア」日本国際政治学会編『二一世紀の日本、アジア、世界――日本国際政治学会・米国国際関係学会合同国際会議からの展望』国際書院、一九九八年、一三―四七頁。

2　グローバリズム、リージョナリズム、パローキアリズム（Parochialism）という三類型については、以下を参照されたい。白鳥令「現代に政治思想は必要か」白鳥令・佐藤正志編『「現代の政治学」シリーズ④　現代の政治思想』東海大学出版会、一九九三年、二八三―三〇二頁。

3　たとえば、新型コロナウイルス感染症（ＣＯＶＩＤ-19）パンデミックに際して、各国政府によるワクチン確保のための取り組みが「ワクチンナショナリズム」とされたのは、新たなナショナリズムを象徴的に示しているといえるかもしれない。たとえば、以下を参照。トマス・Ｊ・ボリキー&チャド・Ｐ・ボウン「ワクチンナショナリズムを回避せよ――パンデミックを終わらせる国際協調を」『フォーリン・アフェアーズ・リポート』二〇二〇年九月号、二〇二〇年、二八―四〇頁。また、二〇二一年七月に開催された世界政治学会（International Political Science Association）の統一テーマは、“New Nationalisms in an Open World”であり、ここでもナショナリズム（Nationalism）が正面から論じられた。

4　本書は、書名が示すように、「グローバル化」と「ポスト・グローバル化」とのかかわりに主に焦点を絞っているが、「ポスト・グローバル化」と「国家」とのかかわりに主に焦点を絞っているのは、本書の分冊ともいえる拙編著『ポスト・グローバル化と国家の変容』（ナカニシヤ出版、二〇二一年）である。併せて参照されたい。

5　Dani Rodrik, *The Globalization Paradox: Democracy and the Future of the World Economy*, W. W. Norton, 2011. ダニ・ロドリック／柴山桂太・大川良文訳『グローバリゼーション・パラドクス――世界経済の未来を決める三つの道』白水社、二〇一三年。併せて、以下も参照されたい。曽根泰教「グローバル・ガバナンス・ギャップ――危機の意思決定」『公共選択』第七五号、二〇二一年、三二―五二頁。

6　曽根、同論文、三八―三九頁。

7　この点については、たとえば、以下を参照されたい。岩崎正洋編『議会制民主主義の揺らぎ』勁草書房、二〇二一年。

第1章　インターネットをめぐる環境の変化と「民主主義の後退」

山本達也

一　インターネットは「民主主義の後退」を後押しするのか

グローバル化の時代は、どこか明るい雰囲気がつきまとっていたが、ポスト・グローバル化の時代は、一転して暗い雰囲気がつきまとっているように感じられる。世界経済は、特に先進国を中心に「成長の限界」が顕在化したかのように振るわない。追いかける中所得国も、「中所得国の罠（middle income trap）」に陥っているのか、それぞれの国家が必要とするレベルでの経済成長を達成できずに苦しんでいる[1]。

限られた経済成長の果実は、富めるものをより富ませる方向に向けられ、経済格差が広がりを見せている。こうした背景は、民主主義国を特に苦しませている。モンクとフォアが指摘するように、権威主義体制の国家が世界経済に占める割合が急増しており、経済的な富と民主主義とが必ずしもリンクしないという現状は、民主主義への魅力を減じさせることになる。[2] また、国内に目を向けてみても、世界的に勢いを増しているポピュリズムの背景には、自由民主主義が市民の生活レベルを引き上げられなくなっている点も関係していると思われる。[3]

モンクとフォアは、他の論文で、「民主主義の脱定着（deconsolidation）」が起きているのではないかとも指摘している。[4] 彼らは、世界価値観調査（World Values Survey）のデータを用いながら、先進民主主義国において民主主義を重要だと考える人びとの割合が減少傾向にあること、逆に、選挙を必要としない強いリーダーを望む人びとが増えていること、特に若い世代でそうした認識が強まっていることを指摘する。[5]

ダイアモンドは、フリーダムハウス（Freedom House）による民主主義度の指標のピークが二〇〇五年であり、二〇〇六年以降は民主主義度の指標が悪化していることから、近年になって「民主主義の後退（democratic recession）」が起きていると指摘する。[6] その原因の一つとして挙げられているのが、インターネットである。民主主義の後退が起きている背景の一部には、インターネット空間を検閲するための技術の発展、市民社会を制限し彼らへの国際的支援を禁止する法制度の発展、同様の国家の間で技術やノウハウをお互いにシェアしている点が関係するという。[7]

実際に、統計的な研究によっても、インターネットが民主主義を減じ得ることが示されるようになってきた。ロッドらが行った、インターネットは民衆の側を利するツールであるのか、それとも政府の側のコントロールを容易にするツールに過ぎないのかという視点からの統計的手法を用いた研究によると、どちらかというとインターネットは「抑圧の道具」として機能しているという見解が示されている[8]。

一九九〇年代に希望と明るさを伴って語られることの多かったインターネットであるが、近年では、ある種の暗さを伴いながら、数多くの懸念が示される状況になっている。今では「民主主義の後退」の原因の一つに、近年のインターネットをめぐる状況を指摘するダイヤモンドであるが、かつては「統制」として機能する側面があるという留保条件をつけつつも、インターネットや携帯電話を「解放のテクノロジー」として一定の評価を行っていた時期もある[9]。グローバル化を牽引し、民主主義とも親和性があるとされてきたインターネットをめぐる評価は、近年になって、大きく揺らぎはじめている。

こうした背景をふまえて、本章では、インターネットと「民主主義の後退」との間にどのような関係があるのかという点について検討してみたい。とりわけ、インターネット・コントロールという統制や監視の観点から、世界のインターネットをめぐる現状がどのようになっているのかを明らかにした上で、そうした状況が民主主義に与えることになる影響について探っていく。

以下、第二節では、インターネットと民主主義との関係についての議論がどのように行われてきたのか、その歴史的展開を追う。第三節では、フリーダムハウスが実施しているインターネットの自由度に関する調査データを用いながら、ソーシャルメディアの時代になってインターネットの自由が侵食されつつある点を明らかにした上で、その理由について検討する。第四節では、近年になってインターネットの自由度のスコアを悪化させている、タイ、エジプト、アメリカの事例を取りあげつつ、その背景に何があるのかを探るとともに、将来展望に与える影響について考えていく。最後に、第五節において、人工知能（ＡＩ）を含む最近のテクノロジーの急速な発展状況を踏まえながら、こうしたテクノロジーと民主主義とが抱える課題と今後の展望を示してみたい。

二　インターネットと民主主義をめぐる議論の歴史的展開

インターネットが一般市民の間にも広く認知され普及していくきっかけとなった「ウィンドウズ95（Windows95）」が発売された一九九五年当時、人びとは、インターネットに対してある種の希望を抱いていた。インターネットの普及は、社会を（良い方向に）変え得るし、国境の壁を低くすることで世界をより一つの方向に向かってつなぐツールになるのではないかという漠然とした期待感もあった。

同様の認識が、国際的な文脈で注目される契機となったのは、二〇〇〇年に日本が議長国として開催した「九州・沖縄サミット」である。このサミットでは、「デジタル・ディバイド」が先進国間で話し合われるべき主要議題として取りあげられた。

デジタル・ディバイドが国際的な問題とされた背景には、インターネットに代表される情報通信技術にアクセス可能であり情報を手にすることができる人びと（haves）と、できない人びと（have nots）との間で、「格差」が拡大してしまうのではないかという懸念があったためである。この時に念頭におかれていたのは、主に経済面や教育面での「格差」の拡大という懸念であったものの、同時に、政治的側面として情報通信技術へのアクセスと民主主義とを関係づけた議論が行われるようになったという点も注目に値する。[10]

　このサミットで採択された「グローバルな情報社会に関する沖縄憲章」には、「我々は、ＩＴが持続可能な経済成長の実現、公共の福祉の増進及び社会的一体性の強化という相互に支えあう目標に資するよう確保するとともに、民主主義の強化、統治における透明性及び説明責任の向上、人権の促進、文化的多様性の増進並びに国際的な平和及び安定の促進のためにＩＴの潜在力を十分に実現するよう努めなければならない」という記述がある。[11]その論理は、「Ｇ８コミュニケ・沖縄２０００」に示されているように、「ＩＴは、世界中の人びとに力を与え、利益をもたらし、そして人びとを結びつける。それは、また、世界の市民が自らを表現し、お互いを知るとともに敬意を払うことを可能にする。更に、経済を一層拡大し、各国の公共の福祉を増大し、社会的一体性を増進し、もって民主主義の育成を可能にする、大きな潜在性を有している」という認識に基づいている。[12]

　こうして、九州・沖縄サミットをきっかけに対外援助の一分野として、発展途上国に対する「ＩＣＴ支援」が注目されるようになった。この時、情報化の進展は民主主義にとってプラスに作用するという前述のような論理から、ＩＣＴ支援を民主化支援と関連付けて議論されることもあった。実際に、この時期、情報化の進展が民主化に寄与するとした研究がいくつも発表されている。[13]なかには、インターネットが有している特性と民主主義社会との類似性に着目し、それゆえインターネットの普及を促すことは地域の民主化にも寄与することになるという議論も散見された。[14]

他方、こうしたインターネットと民主主義との関係についての楽観的な見方に対する修正は、インターネットの技術的側面に踏み込んだ分析を行う論者たちから示されるようになる。代表的な論者は、レッシグである。レッシグがその著作『ＣＯＤＥ』で示したのは、インターネットの設計原理は、確かに、オープンで非独占であるかもしれないが、そうしたインターネットの基本形に「コントロールの網」をかけることは比較的容易であるという重要な事実であった。[15]

カラティルやボアズが指摘しているように、インターネットと民主主義的な政体との関係を論じるには、技術の使われ方に目を向ける必要がある。[16] この視点は、非民主主義的な国家においても、当該国のインターネットに様々なレベルで「コントロールの網」をかけさえすれば、インターネットからの経済的な利益を受けつつ、政治的基盤の侵食を最小限に抑えることは可能ではないかという示唆へと通じる。[17] つまり、インターネットにつながっていることと民主主義との関係性を一緒くたに論じることにさほど意味は無く、この議論に意味を持たせるためには、「どのようなインターネット」につながっているのかという、つながっているインターネットの「中身」も含めて分析することが極めて重要だということになる。

フリードマンは、ベストセラーとなった著書『フラット化する世界』において、様々なソフトウェアとそれらをつなぐ光ケーブルなどのネットワークによって、個々人が国境を越えながら競争したり協調したりする状況が実現しているとし、二〇〇〇年頃からグローバル化が「新たな段階（グローバル化の第三段階）」に突入したとの議論を展開した。[18] そこでは、世界は「小さなものから微少なもの、もしくは平ら（フラット）なもの」になったと論じる。[19]

確かに、グローバルな世界経済市場において個々人が国境をまたぎながら「フラット」な競争条件の下で活躍するという文脈においては、今でも情報通信技術を軸としたグローバル化が進展中であるという側面がある。しかしながら、政治的な文脈においては、中国の「グレート・ファイアウォール（great firewall）」に代表されるように、各国政府によるインターネット・コントロールによって、サイバースペース上にはある種の「国境」が目立つようになってきた。情報通信技術は、国境の壁を低いものにして、グローバル化を推し進め、世界を一つにまとめ上げる作用がある一方で、各国が独自に「コントロールの網」をインターネット上に課すことによって、見えない壁をも生み出している。

こうしたインターネット・コントロールは、一般的に権威主義体制の基盤を強固にし、民主化の進展を阻害する要因として機能してきた。[20] コントロールをかける側（政府の側）が有利な状況に、大きな変化をもたらしたのが、フェイスブック（Facebook）やツイッター（Twitter）などのソーシャルメディアの登場と急速な普及発展であった。象徴的な出来事としては、二〇一〇年から二〇一一年にかけて中東・北アフリカで起きた「アラブの春」が挙げられる。[21]

インターネットは、これまでマスメディア等に独占されていた「情報の発信」を誰にでも可能とした点で画期的だったと説明されることがあるが、ソーシャルメディアの登場以前は、ごく一般の人びとがインターネットを通して何らかの情報を発信するということは稀であった。この点、ソーシャルメディアの登場によって、「一対多」を基本としたコミュニケーションモデルは、本格的に「多対多」の時代へとシフトした。

　コントロールをかける側の政府は、この変化のスピードに完全に対応することが難しかった。ソーシャルメディアを介した「個と個」の結びつきによるネットワークは、人びとへの情報の伝わり方を変えただけではなく、政治運動や社会運動における動員の方法に新たな選択肢を与えることにもなった。

　シャーキーの議論に代表されるように、こうしたソーシャルメディアの状況は、世界をポジティブな方向に動かす原動力となり得るし、民主主義をより好ましいものに変え得るとして大きな期待が寄せられた[22]。アラブの春以降、民主主義国であるアメリカでも「ウォール街占拠運動（Occupy Wall Street）」や「ティーパーティ運動（Tea Party Movement）」のように、オンラインツールを活用しながら新しい形の政治運動を行おうとする機運が高まった[23]。右派、左派、双方の陣営で、ソーシャルメディアを活用した「新しい民主主義の形」が試されたのである。

　インターネットのコントロールを志向する政府側は、ソーシャルメディア黎明期の急速な状況変化によって「一瞬の隙を突かれた」感があったものの、しばらくすると、再びコントロール力を取り戻していった。これは、権威主義的な体制を維持しようとする非民主主義国に限ったことではない。二○○○年代における欧米の先進民主主義国は、「インターネットの自由」という価値を掲げ、ヒューマン・ライツ・ウォッチ（Human Rights Watch）やフリーダムハウスなどの国際人権ＮＧＯなどとともに、中国や中東諸国などインターネット・コントロールを行う国々を批判していた。

ところが、二〇一三年の「スノーデン事件」は、ことがインターネットの自由をめぐる民主主義国と非民主主義国の対立という単純な構図では片付かないことを世の中に暴露することになった。[24] これまでもアメリカが大規模なインターネットの監視（surveillance）を実施していることは、信憑性の高い「噂」としてほぼ自明のことであったとはいえ、スノーデンは、そのことを多数の証拠とともに告発したのである。

ソーシャルメディアの時代になって、各個人は、日々個人情報をサイバースペース上へと書き込むようになった。何も書かなかったとしても、友人の投稿に対して「いいね」のリアクションをしたり、タイムラインに流れてくるリンクで関心のあるものをクリックしたり、オンラインショッピングを楽しんだり、何かを知りたいと検索ワードを打ち込んで検索したりということになれば、より多くの人が該当するはずである。これらもすべて、各個人と紐付いた個人情報であることに違いはない。

こうしたビッグデータ（big data）は、その数が膨大すぎて、かつては意味ある情報として扱うことは困難であったが、技術の発展とコンピュータ能力の向上によって「価値ある情報」へと変化した。これは、インターネットの監視を行う政府にとっても同じである。技術的に可能となったということに加え、「対テロ対策」のために、また「サイバー犯罪」対策や「サイバーセキュリティ」を担保するためには、実際にインターネットの監視は不可欠だという実情もある。[25]

ソーシャルメディア時代において民主主義に逆風が吹くという現象は、プライバシーの保護という民主主義的な価値が、政府によるインターネット監視によって毀損されているという点からのみ生じているわけではない。インターネットの監視とともに問題となることとして、選挙時における投票行動の操作が、ソーシャルメディアを介して行われるようになっている点も指摘しておかなければならない。この点を理解するにあたっては、アルゴリズム（algorithm）という概念が重要となる。

アルゴリズムは、グーグル（Google）やフェイスブックなど広告収入を事業の柱としているインターネット企業が、その収益を最大化する上で不可欠なツールとなっている。こうした企業は、日々アルゴリズムに改善を加えながら、ユーザーがより長い時間、より頻繁にソーシャルメディアを利用するよう仕向け、クリックする確率の高いものを検索結果の上位に表示するよう工夫している。そのために、ユーザーの性別、年齢、学歴、職業、友人関係、政治的志向、趣味などあらゆるデータを駆使して、ユーザーのタイムラインに表示する投稿を並べ替えて表示する。この並べ替え作業を行うのが、アルゴリズムである。

パリサーは、インターネット企業がその収益を伸ばすために、価値観や考えが似通った「心地よい人びと」や「心地よい投稿」に囲まれる状況をアルゴリズムによって実現させている現状を「フィルターバブル（filter bubble）」と呼び、民主主義にとってマイナスに作用するとして警告を発した。[26] また、サンスティーンは、フィルターバブル現象によって、右派はより右寄りの意見に傾き、左派はより左寄りの意見に影響されることで、分極化（polarization）を招き、民主主義社会にとって重要な熟議（deliberation）を阻害すると論じる。[27]

これらの議論は、アルゴリズムによって個々人にカスタマイズされたインターネットが、民主主義の基盤を毀損する可能性があることを指摘しているにとどまり、具体的に民主主義にマイナスの影響を与えているかどうかを特定することは難しい。ところが、近年の調査によると、前述のように、ソーシャルメディアとそのアルゴリズムを使うことで人びとの投票行動に影響を与え、選挙結果をも左右し得ることが明らかになってきた。

イギリスのＥＵからの離脱は、グローバル化の時代に「統合」を基調としながら進んできたＥＵにも「逆回転」が生じていることを示す象徴的な事例であり、ポスト・グローバル化の国際社会を想起させる現象であるが、この国民投票にソーシャルメディアを介した投票の「操作」が行われていたことが明らかになっている。[28]

ＥＵ離脱派は、フェイスブックの広告機能を使い、投票行動に影響を及ぼしたいと思うターゲットのニュースフィードに「フェイクニュース」を配信したとされるが、ニュースフィードの投稿は都度アルゴリズムによって取捨選択が行われており、履歴が残らないため、証拠をつかむことが困難である。アルゴリズムが厄介であるのは、その仕組みがブラックボックスに包まれている点にあり、当該企業が公表に応じなければ、どのような広告が誰にどの程度表示されたかなどの情報が闇に埋もれたままになってしまう。今のところ、フェイスブックは、ブレグジット（Brexit）関連の疑惑に関して、質問への回答を拒んでいる。[29]

投票行動の操作に関しては、二〇一六年に行われたアメリカ大統領選挙でも行われていたことが明らかになっている。[30] ブレグジットとともに、共通して名指しされた企業が「ケンブリッジ・アナリティカ（Cambridge Analytica）」社であった。ケンブリッジ・アナリティカは、二億三〇〇〇万人のアメリカ人に対して、インターネットの閲覧履歴、購入記録、所得記録、投票記録、フェイスブックや電話調査で収集された記録を使い、トランプの選挙運動でカギとなるターゲットをグループ化し、どの程度「説得可能か」を軸にモデル化し、ターゲットグループごとに広告の種類を使い分けていったという。[31]

情報通信技術の発展は、ソーシャルメディア時代に入り、コントロールを試みる側に有利な状況となっている。この時のコントロールとは、インターネットに「コントロールの網」をかけるという意味や、インターネットの監視を行うという意味に加えて、ユーザーの心理にも働きかけて投票行動を操作するという意味をも含む。インターネットの黎明期にあった、インターネットの普及は、民主主義をプラスの方向へと変化させるように作用し、民主化をも促進させるという見方は、既に過去のものになった感がある。インターネットと民主主義との関係は、正の相関関係としての作用が期待されていた「グローバル化」の時代を経て、負の相関関係として作用しはじめる「ポスト・グローバル化」の時代に突入したと考えられる。

三　浸食される「インターネットの自由」と「シャープパワー」の興隆

インターネットと民主主義との関係が、ある種の「逆回転」をはじめている様子は、データを通しても確認することができる。インターネットの自由に関する調査は、複数の機関によって行われているが、比較的統一された基準によって定期的に実施されているものとしては、フリーダムハウスによる調査が挙げられる。

フリーダムハウスは、『ネットの自由（*Freedom on the Net*）』と題する報告書を二〇一一年以降毎年発行している[32]。調査は、対象国ごとに「アクセスへの障害（obstacles to access）」、「コンテンツの制限（limits on content）」、「ユーザーの権利の侵害（violations of user rights）」という三つの観点から点数化し、そのスコアが公表される。各カテゴリの主な評価対象項目は、以下の通りである。

アクセスへの障害

アクセスに対するインフラ面および経済面における障害、インターネット・サービス・プロバイダーに対する所有権および法的な規制、規制監督省庁の独立性など

コンテンツの規制

コンテンツに関する法的規制、ウェブサイトの技術的なフィルタリングとブロック、自己検閲、

オンラインニュースメディアの活気と多様性、市民動員に際してのデジタルツールの使用など

ユーザーの権利の侵害

オンライン上での発言や活動に対する監視、プライバシー、およびその影響や余波（投獄、法律外の干渉、サイバー攻撃など）

スコアは、0から100の範囲で示され、この数値が小さいほど、インターネットの自由が侵害されている国だということになる。[33] 評価としては、スコアが100から70の国を「自由」、69から40の国を「部分的に自由」、39から0の国を「不自由」として分類している。

この調査は、二〇〇九年に試験的に一五ヵ国を対象に行われた後、二〇一一年からは毎年実施されている。調査対象国は、二〇一一年時点で三七ヵ国だったものの、順次対象国が拡大されており、二〇一四年以降は六五ヵ国を対象に調査が行われている。

調査対象の六五ヵ国でカバーしているのは、全世界のインターネットユーザー（約三八億人）の八七%に相当する。[34]「どのようなインターネット」に接続しているのかという視点からは、世界のインターネットユーザーのうち二〇%が「自由」、三二%が「部分的に自由」、三五%が「不自由」に分類される国に暮らしている（一三%は、調査対象国外に暮らしているため評価不能[35]）。より具体的に「ネットの自由」がどのような形で、どの位の割合で脅かされているかという点については、以下のような状況だという。[36]

・七三％の人が、政治的、社会的、宗教的に問題とされる投稿により逮捕投獄された人がいる国に暮らしている。
・六四％の人が、二〇一九年六月以降に、オンライン活動を理由に攻撃されたり殺されたりした人がいる国に暮らしている。
・六一％の人が、オンラインでの討議を操作する目的で政権支持派のコメンテーターを配置している国に暮らしている。
・五六％の人が、政治的、社会的、宗教的コンテンツがブロックされている国に暮らしている。
・四七％の人は、政府当局が主に政治的な理由によって、インターネットや携帯電話のネットワークを遮断した経験のある国に暮らしている。
・三四％の人は、ソーシャルメディアへのアクセスが、一時的または恒久的に制限されている国に暮らしている。

「インターネットの自由」に関して、各国がおかれた現状をグラフの形で可視化したものが図1-1である。図1-1の横軸は、インターネット普及率を、縦軸はインターネットの自由度のスコアを示し、円の大きさは一人あたりGDPの大きさを表している。

この図を見ると、一人あたりGDPの大きな国はインターネットの普及率も高く、インターネットの自由も比較的確保されている。右下に一つのかたまりとなっている、ある程度の一人あたりGDP

図1-1　インターネットの自由度・普及率・1人あたりGDPの関係性

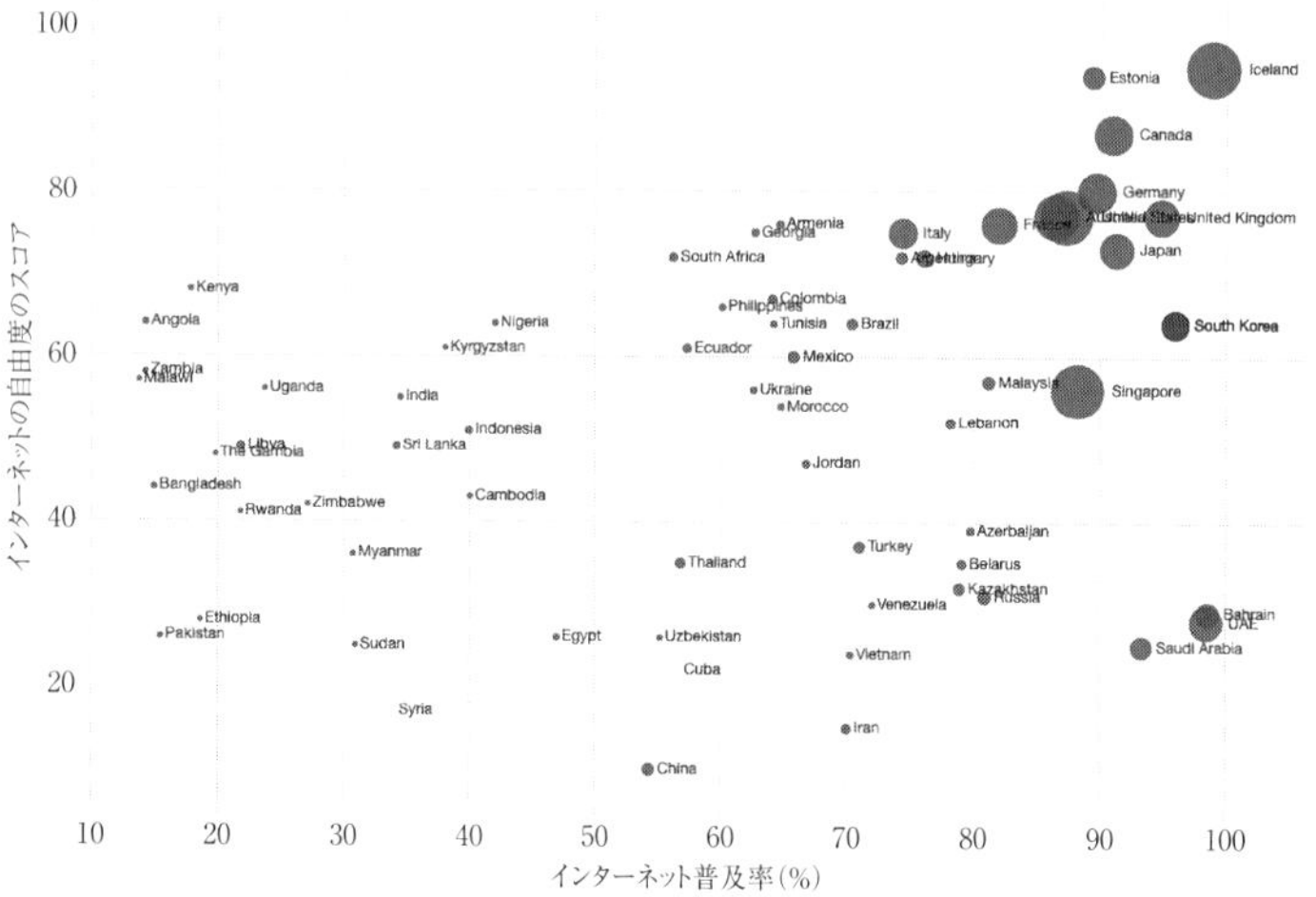

（出所）筆者作成。データは、フリーダムハウスによるFreedom on the Netのスコア（2019年）、国際電気通信連合（ITU）によるインターネット普及率（2018年）、国際通貨基金（IMF）による一人あたり名目GDP（2019年）を使用。円の大きさは、1人あたりGDPの大きさを表している。

がありながらも、インターネットの自由に関して悪いスコアがついている「外れ値」に該当するような国は、アラブ首長国連邦、バーレーン、サウジアラビアであり、いずれも中東の産油国である。

インターネット普及率にバラツキはあるものの、図1-1において、インターネットの自由が損なわれている国として目立つのは、中国、イラン、シリア、キューバ、ベトナムといった国々となっている。これらの国に次いで数値の悪いグループとしては、エジプト、ウズベキスタン、ベトナム、タイ、トルコ、ミャンマー、ロシア、ベネズエラなどの国が該当する。

図1-2は、各地域別に、インターネットの自由度スコアの分布を二〇一四

図1-2　地域ごとのインターネットの自由度に関する変化（2014年・2020年）

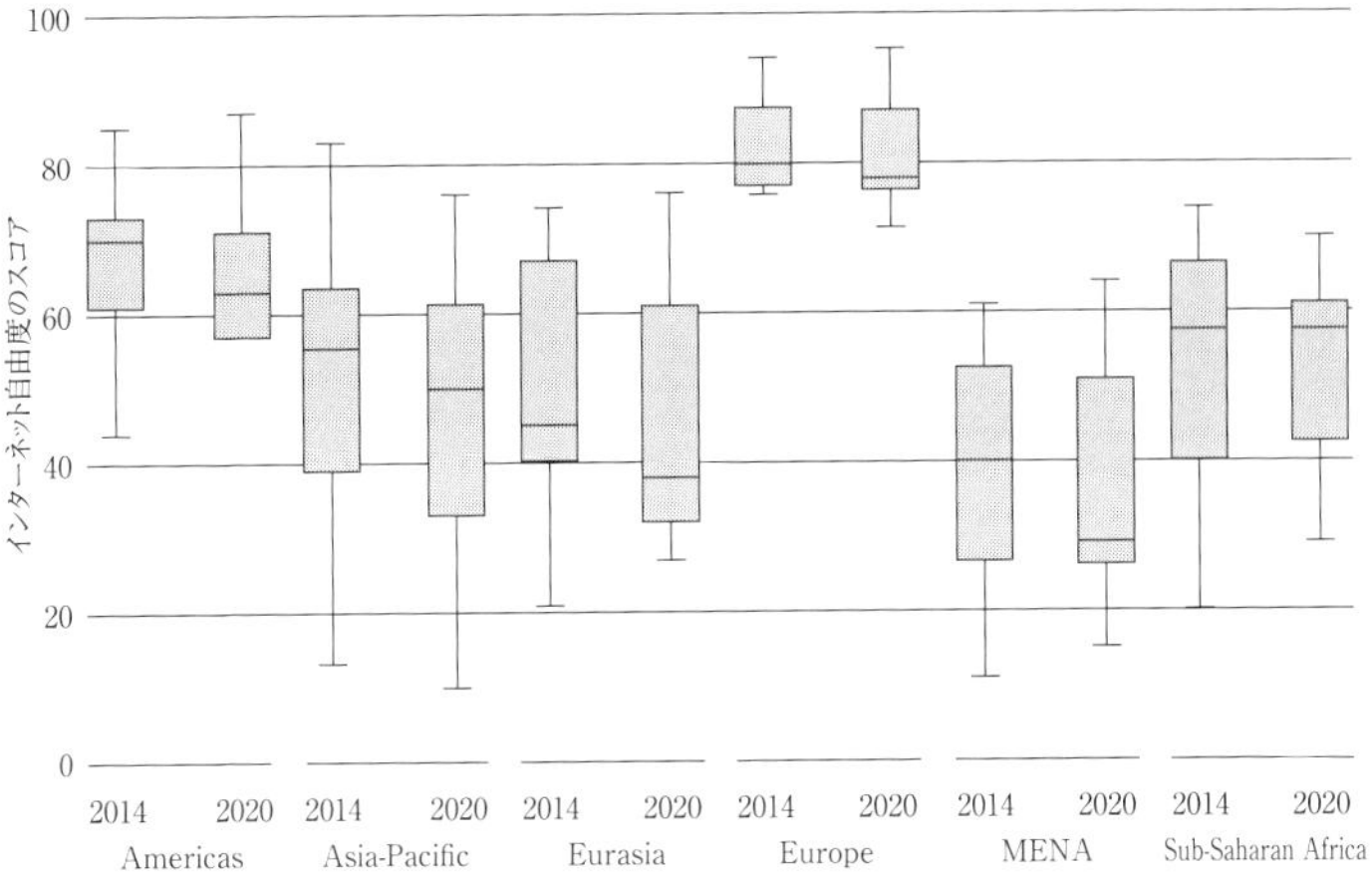

（出所）筆者作成。データは、フリーダムハウスによる Freedom on the Net のスコア（2014年および2020年）を使用。

年と二〇二〇年で比較し箱ひげ図として表したものである。この図が示すように、中東・北アフリカ（MENA：Middle East and North Africa）やユーラシアは、インターネットの自由度が低い地域となっている。逆に、民主主義国の多いヨーロッパは、インターネットの自由が比較的確保された地域となっている。

　とはいえ、過去六年間の変化を見てみると、楽観できない状況となっている。各地域のバラツキに大きな変化は見られないものの、どの地域も中央値の数値が、この六年で悪化している。つまり、地域に限らず、世界的に見て、ここ数年インターネットの自由は失われる方向に向かって動いてきたということである。

　この背景として指摘できるのは、前節でも言及したような、ソーシャルメディアを中心とした政府による監視が、年々強化され、洗練されてきているという点である。こうした問題意識は、「ソーシャルメディアは時としてフラットな市民の議論の場としての役割を果たしてきたが、今では危険なほど非自由主義的な方向に傾き、市民を基本的自由に対する前例のない弾圧にさらしている。さらに、驚くほど多様な政府が、膨大な規模でユーザーを特定し監視するための高度なツールを導入している。こうした傾向の結果、世界のインターネットの自由度は二〇一九年に九年連続で減少した」として、フリーダムハウスの二〇一九年版の報告書でも懸念が示されている。[37]

人びとはますますソーシャルメディアを利用する一方で、それを監視するための技術が向上している。かつては、中国であれ、イランであれ、ソーシャルメディアの監視には何万人という人びとを組織することで、政府にとって「問題のある」書き込みや人物を特定してきた。ところが、近年では、そうした役割を機械が取って代わるようになっている。

ソーシャルメディア上で広告収入を得ようとする企業は、人びとの投稿内容、人的な繋がり、「いいね」などでの反応、その他あらゆる個人情報を利用して、その人物の特徴を捉えようとする。近年の研究では、こうした機械による個人の分析結果は、その本人以上に、当人の性的指向、民族、宗教的信条、政治的見解、個人的特徴、知性、薬物の使用、親の離婚の有無、年齢、性別などを正確に把握していることが明らかになっている。[38]

フリーダムハウスの調査によれば、調査対象としている六五ヵ国のうち、少なくとも四〇ヵ国が先進的なソーシャルメディア監視プログラムを導入している。[39] こうした動きは特に近年顕著であり、これら四〇ヵ国のうち一五ヵ国は、この一年以内に監視プログラムの拡大または新設を行っている。[40] 計算をしてみると、世界中で約三〇億人に相当する八九％のインターネットユーザーは、何らかの形で監視下にあるソーシャルメディアを利用していることになる。

　政府が技術を利用して必要以上のコントロールを強めようとしているという傾向は、新型コロナウィルスのパンデミック下での世界においても引き継がれている。フリーダムハウスによるインターネットの自由に関する二〇二〇年版の報告書のタイトルは、『パンデミックのデジタルの影（*The Pandemic's Digital Shadow*）』であった。

　各国は、「濃厚接触者」への通知などを目的に、スマートフォン用の独自のアプリケーションを開発しリリースしている。これらのなかには、必要以上の「監視」を可能とする情報収集を行っているものがある上に、少なくとも三〇ヵ国では、通信事業者やその他の企業と直接連携をして大規模な監視活動を行っているという。[41]

　本節の最後に、ソーシャルメディアを介した投票行動の操作についても、現状を確認しておきたい。こうした操作や干渉は、しばしば選挙が行われている国の外から仕掛けられることもある。皮肉なことにインターネットが国境を越えて世界をつないでいることで、ロシアや中国などの権威主義体制の国家が、選挙という自由民主主義国における民主主義的基盤を侵食できるようになってきた。[42]

　中国やロシアなどの国が定める主なターゲットしては、以下の三つの領域が指摘されている。[43] 第一の領域は、世論対策であり、自分たちの世界観を広めるために欧米で英語メディアを立ち上げ、それらの内容をソーシャルメディアで拡散する。また、大学やシンクタンクへの寄付を通じて、世論形成に働きかけることもある。

第二の領域は、政党である。伝統的なやり方ではあるが、資金提供を通じて右派政党と繋がりを模索する。同時に、自国の利益に好ましい政策をとらせようと、民主主義国の主要政党にもアプローチする。

第三の領域は、企業部門である。権威主義体制の国家は、利益を上げるためではなく、「政治的カード」を手に入れるために企業投資を行う。こうした資金に欧米の専門家たちが依存してしまう状況も懸念されている。

こうした現象は、「シャープパワー（sharp power）」として懸念されている。[44] 中国やロシアなど、この「シャープパワー」を駆使する国家の目的は、民主主義国が「ソフトパワー（soft power）」を使って相手を魅了したり説得したりしようとすることと対称的に、話のすり替え（distraction）や操作（manipulation）に重点をおいている。[45]

デジタル技術は、こうした目的の達成を補助する存在になっている。インターネットが世界的に普及し、世界をより一つにつないでいくというのはグローバル化現象の典型例であったが、そうした状況があるがために、逆に民主主義国の基盤が揺るがされるという事態が起き始めている。

四　インターネット・コントロールの「受容」を促す土壌の進展

世界中のほとんどの場所で、何らかの形でのインターネット・コントロールが常態化するようになっていることで、また、この間の国際環境の変化を受けて、人びとはこうした状況に「慣れ」るとともに、仕方のないことであると「受容」し始めている可能性がある。本節では、こうした人びとの意識に焦点を当て、近年、インターネットの自由度を示すスコアを落とし続けている、タイ、エジプト、アメリカを事例として取りあげ分析してみたい。

これらの国を含め、最近になって目立つのは、何らかの形で政府が司法の手続きを経ることなく個人データへのアクセスや通信傍受を可能とする「サイバーセキュリティ法」（対テロ法という体裁をとるケースもある）が制定されるようになっている点にある。インターネットにおける自由の制限は、こうした法律名が示すように、治安や安全保障の確保という価値をより確かなものにすることと引き換えに行われている。タイでは二〇一九年に新しい「サイバー犯罪法」が、エジプトでは二〇一八年に「反サイバー犯罪法」が、中国では二〇一五年に「反テロ法」が成立・施行されている。

タイでは、政治的な混乱が続いている。タクシン元首相を支持する「赤シャツ」のグループと、反タクシン派の「黄シャツ」グループとの間での街頭でのデモ活動が常態化していた。そうしたなか、二〇一四年に軍事クーデターが起こり、以来、二〇一九年の総選挙実施まで軍政が続いた。総選挙を経て首相となったのは、軍事政権のプラユット暫定首相であり、実質的には軍部の影響が反映される形の政権となっている。

タイでは、この軍事政権下で、ソーシャルメディアに対する規制が強化されている。ここで問題となるのは、同国特有の「不敬罪」の恣意的な運用である。このところ、タイでは、フェイスブックへの投稿内容や「問題がある」とされる投稿に対して「いいね」ボタンを押したことを問われ逮捕されるケースが報告されている。[46]二〇一九年の総選挙に際しても、新しく制定された「サイバー犯罪法」の適用を受け、一般のインターネットユーザー、野党議員など政党候補者が相次いで起訴されている。[47]

こうした環境の中で、人びとの間に広がっているのは「自己規制」「自主規制」の風潮である。「不敬罪」や「サイバー犯罪法」の恣意的な運用による逮捕・起訴といった動きは、人びとに「次は自分かもしれない」という疑念を抱かせる。そこが政府側の狙いでもあると考えられる。

「自主規制」は、一般のインターネットユーザーだけに起きているわけではない。影響は、同国のジャーナリズムにも及んでいる。たとえば、『ニューヨークタイムズ』紙は、「減退するタイの経済とスピリット」と題する批判的な記事を配信したが、タイ国内で同紙国際版の印刷を請け負っている会社は「自主規制」の形で記事の掲載を取りやめ、当該記事部分を白抜きにした新聞を発行したことがある。[48]

政治的混乱を切り抜けるためとはいえ、政権がインターネットのコントロールを強めようとする意図を持てば、当該国の民主主義は簡単に傷つくような技術的環境にある。その結果として起きるのは、

「自主規制」や「自己規制」であり、相乗効果のような形で民主主義国としての活力を失うことになる。実際、タイの場合、軍政が始まる前の二〇一三年には、フリーダムハウスによる民主主義度の指標で53の「部分的に自由」に分類されていたものの、二〇一九年版の報告書では、スコアを30まで落とし「不自由」へと転落している。[49]

エジプトは、二〇一一年の「アラブの春」によって、長年にわたり独裁的な体制を続けてきたムバーラク大統領を政権の座から引きずり下ろすことに成功した。二〇一二年には、民主的な選挙によって大統領が選出されているが、二〇一三年には軍事クーデターが起き、二〇一四年には軍出身のシーシー政権が誕生している。

シーシー政権は、ムバーラク政権以上に強権的とも思われる政治を展開しており、当然のようにインターネットに対する締め付けも強化させている。「アラブの春」が発生した二〇一一年当時、46だったエジプトのインターネットの自由度を示すスコアは、シーシー政権が発足する二〇一四年には40にまで後退しており、シーシー体制下では一気に26にまで悪化している。

エジプトでも、タイと同様にインターネット利用のあり方を問われて逮捕・投獄されるような状況が続いている。また、二〇一八年に成立した「反サイバー犯罪法」は、第二条において電気通信事業体にユーザー情報を一八〇日間保存することを義務づけており、第七条においてエジプトの国家安全保障やエジプト経済にダメージを与えると判断される場合には、捜査当局によっていかなるウェブサイトのブロックをも可能としている。こうした環境は、タイと同様に「自主規制」を生み出す土壌と

図1-3　中東・北アフリカにおける民主的な強いリーダーに対する態度の変化

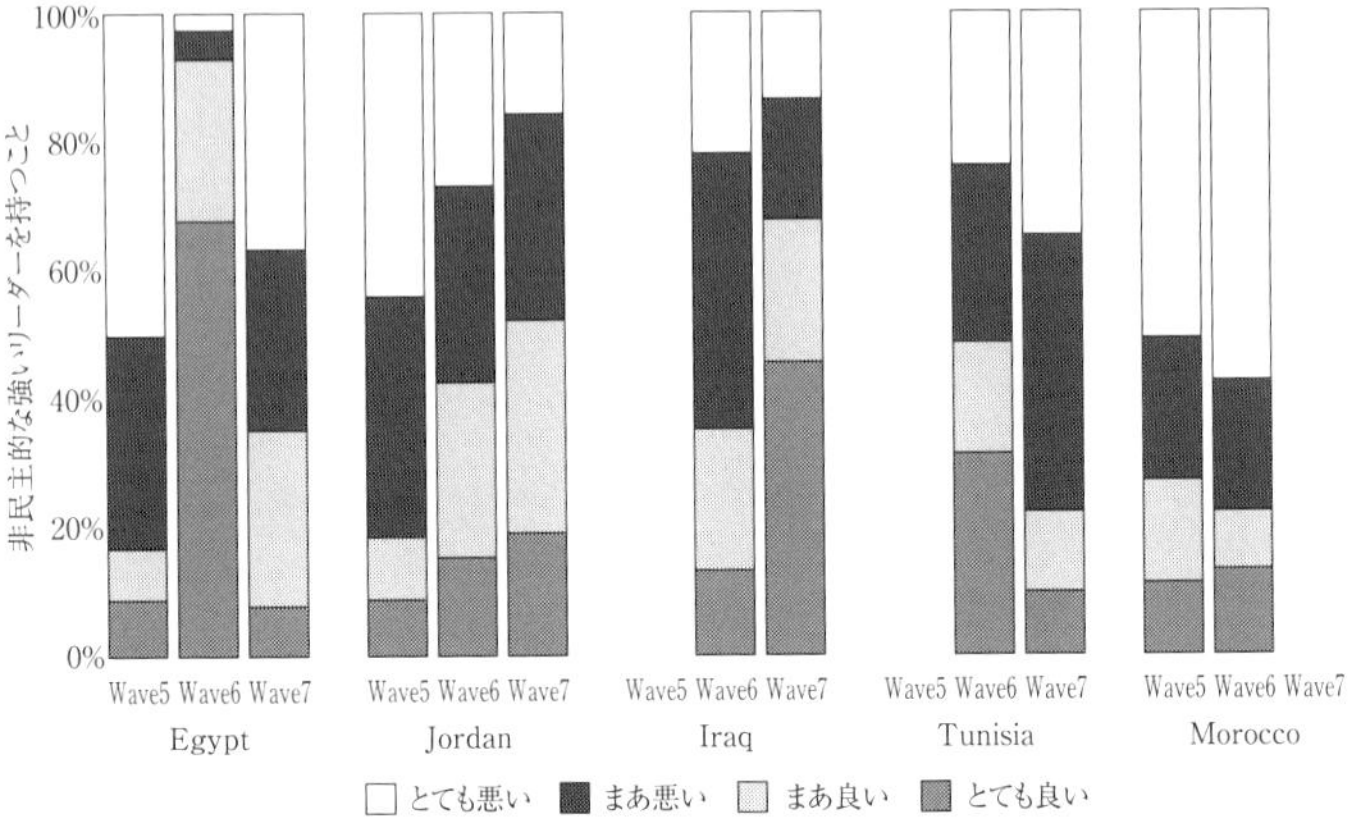

（出所）筆者作成。データは、世界価値観調査のウェーブ5（2005～2009年）、ウェーブ6（2010～2014年）およびウェーブ7（2017～2020年）を使用。以下のウェブサイトからデータの入手可能。〈http://www.worldvaluessurvey.org/wvs.jsp〉（最終アクセス日：2021年2月13日）

なっているが、興味深いのはエジプト国民のシーシー体制の受け止め方である。

図1-3は、世界価値観調査の三つのデータセット、つまり、「アラブの春」以前に行われたウェーブ5（二〇〇五～二〇〇九年）と、「アラブの春」以後に行われたウェーブ6（二〇一〇～二〇一四年）およびウェーブ7（二〇一七～二〇二〇年）を用い、「議会や選挙によって煩わされない強いリーダーを持つこと」に対する人びとの態度を調査した結果である。[50]一部データが存在しない期間を抜かして、エジプト、ヨルダン、イラク、チュニジア、モロッコという中東・北アフリカの五ヵ国の結果を示している。

まず気がつくのは、チュニジアやモロッコのように、この一〇年ほどで、「議会や選挙によって煩わされない強いリーダーを持つこと」を悪いと考える人が増えている国があるなかで、ヨルダンやイラクのように、こうした「非民主的ではあるが強いリーダー」を好意的に捉える人びとの割合が増えている国があるという点である。特にヨルダンでは、とても良い、まあ良いと答える人びとの割合が、ウェーブ5時点では一八・四三％であったのに対して、ウェーブ7の時点では、全体の半数を超える五二・一七％の人びとが「非民主的な強いリーダー」を好ましいと回答するようになっている。

この点、変動の幅が大きく、両極に揺れ動いているのがエジプトである。「アラブの春」以前に行われたウェーブ5では、「とても悪い」が五〇・二五％で「まあ悪い」が三三・二八％であったものの、「アラブの春」直後のウェーブ6では、逆に「とても良い」が六七・五四％で「まあ良い」が二五・四三％という結果を示しており、実に、九〇％あまりの人びとが、「非民主的な強いリーダー」を好意的に捉えるようになっている。

この時期、隣国のリビアやシリアは、「アラブの春」を経て内戦状態に陥り、国家としての一体性も国内秩序も大きく損なわれてしまった。こうした状態になるよりは、たとえ強権的で非民主主義的な大統領であっても強いリーダーが国内秩序を維持してくれる方を好むという人が急激に増加したものと考えられる。

ところが、「アラブの春」から一〇年近くが経過したウェーブ7においては、「評価の揺り戻し」を確認することができる。ウェーブ7で「とても良い」または「まあ良い」と答えた割合は、三五・〇八％にまで減少し、「とても悪い」または「まあ悪い」と答えた割合が六四・九二％と増えている。一時は国家の安定という価値を重視して、シーシー政権を受け入れていたかに見えたエジプト人であったが、近年になって「非民主的な強いリーダー」への評価は下がっている。

　シーシー政権は、相変わらず強権的な政治を行っているが、こうした秩序の維持に関してかつてのような好意的な受け止めは減少傾向にあり、現状に対する不満が増大していると考えられる。とりわけ、若者たちは、インターネットを介して現在の政治状況を風刺し続けており、彼らの潜在力を過小評価すべきでないという指摘もある[51]。

　「民主化」なのか「秩序の安定」なのかという二者択一に揺れるなか、エジプトのように急激な意識変化と揺り戻しがあった国もあれば、ヨルダンのように年々「非民主的な強いリーダー」を容認する傾向にある国もある。こうした国においては、強化されつつあるインターネット・コントロールに対しても「容認」されやすい環境が生まれている可能性がある。

　インターネットの自由に関して指導的な役割を果たしてきたかのように見えるアメリカであるが、近年フリーダムハウスによるインターネットの自由度のスコアを落とし続けている。二〇一一年に87であったスコアは、二〇二〇年に76にまで減少しており、特にこのところ四年連続でスコアを落とし続けている。この点について調査主体であるフリーダムハウスは、「フェイスブック、ツイッター、その他のソーシャルメディア・プラットフォームは、ブラック・ライブズ・マター（Black Lives Matter：ＢＬＭ）運動のような市民活動を組織する上で大きな効果を発揮したが、連邦および地方の法執行機関によるソーシャルメディアへの監視が強まったことで、これらのツールの有用性が損なわれてしまった」とコメントしている。[52]

さまざまな側面で、アメリカの動向は、世界中のインターネットと民主主義との関係に影響を及ぼすことになる。影響力の強いテック企業の多くは、アメリカを拠点にしているし、スノーデン事件を一つの契機として、サイバーセキュリティの比重を高めた新しい安全保障観についてもアメリカの考え方は大きな影響を与える。「ソーシャルメディアと人びとの分断」という点でもアメリカは、ある種の先行事例となってしまっている。トランプ前大統領の「煽動」も影響したと考えられる連邦議会乱入事件についても、ソーシャルメディアが大きく関与している。

さらに衝撃的なのは、特に二〇一六年の大統領選挙以来、選挙という民主主義国にとって重要なプロセスにおいて、「不正」や「投票操作」への疑念を払拭することが難しくなっているという点である。この点に関する研究によると、二〇一六年選挙は確かに外国勢力による介入が強く示唆されるものの、二〇一八年の中間選挙および二〇二〇年の大統領選挙ではそうした介入を阻止することに概ね成功しているとされる。[53]

とはいえ、成功の要因は、インターネットの監視を含むサイバーセキュリティの強化である。プライバシーの保護も、公正な選挙も民主主義社会が大切にする価値であるが、アメリカの事例が示唆しているのは、もはや広範囲かつ積極的なインターネットの監視なくしては、選挙の公正さを担保することが難しい世界になってしまっているという事実である。

こうしたアメリカの考え方と具体的な政策は、他国にも影響を与えることになる。目の前にプライバシーと治安という二者択一を迫られた場合、多くの人々は、治安を選択することになるだろう。治安を選択することのメリットは、直接的かつ短期的に実感しやすいが、目に見えない領域でプライバシーが失われていることのデメリットは日常生活で感じにくい。

かつてアメリカは、インターネットの自由という価値を掲げ、非民主主義的な国に対して圧力をかけるということを行っていたが、現在ではこうした単純な構図は成り立ちにくくなっている。こうした国際環境の変化は、インターネットのコントロールを志向する非民主主義的な国のリーダーたちにとって好都合である。したがって、この先も当面の間、インターネットの自由度が改善される見込みは小さいと考えられる。

五　テクノロジーの急速な発展と民主主義をめぐる展望および課題

前節までは、ある種の「意図」を有したインターネットのコントロール、監視ないしは、投票操作といった事象について述べてきた。本章の最後として、「意図をしない」形でインターネット関連技術が民主主義にマイナスの影響を与える事象について触れておきたい。

巨大なテック企業は、毎日膨大な数のプログラムを書き、データを収集・分析しながら業務の「改善」を行い続けている。各企業にはそれぞれ「目的」が存在する。利益の追求は多くの場合、目的ではなく結果である。ここでの目的とは、たとえば各ユーザーが自社サービスのアプリの利用時間を一分でも長くするであるとか、表示する広告のクリック率を高めるなどを指している。こうした目的を達成するために、「何をどうするか」という点が問われることになるが、コンピュータプログラムの場合、その「やり方」や「手順」に相当するのが「アルゴリズム」である。

テック企業がブラックボックス内で日々「改善」するアルゴリズムの目的は、民主主義的価値の促進とは必ずしも一致しない。ただし、こうした企業が民主主義に対して無頓着であるわけでも、敵意を持っているわけでもない。むしろ、自社のサービスを通して民主主義社会をより良いものにしていきたい、していけるはずだと信じている経営者も多い。ランシマンは、この点について以下のように評している。

〔……〕最も声の大きい「課題解決者」はテクノロジー業界の巨人であることが多く、自分たちの技術が、世界の行く手に立ちはだかる難しい課題に対処すると自負している。この新しい課題解決主義の指導者と、多くの信奉者たちは、より民主的な方法で問題が解決されると確信しているので、民主主義に反対することはない。それと同時に、自分たちの技術によって、声なき人々の声を反映し、すべての人が承認される民主主義が実現することができると信じている。ただし、技術と承認をどのように繋ぎ合わせるかは教えてくれない。なぜなら、そうならないからだ。

アメリカ民主主義にとって、マーク・ザッカーバーグがドナルド・トランプ以上の脅威である理由がそこにある。ザッカーバーグは民主制度というシステムを悪用する意図はない。実際、彼から民主主義の不平を聞いたことはない。彼は善意なのである。だが、それこそが脅威なのだ。

〔……〕

トランプは登場したが、いずれ退場していく。ザッカーバーグは居続ける。これが民主主義の未来である。ザッカーバーグはひどい状況を引き起こそうと考えているわけではないので、脅威を感じることはない。多くの問題が解決されるが、新たな問題も数多く生まれるだろう。これまで虐げられ、遠ざけられていた人たちが発言できるようになる。そして、ゆっくりと、だが確実に、民主主義は終焉を迎えるのだ。[54]

技術の発展とＡＩの進化は、サイバースペースの外でも人びとを「監視」することを容易にしている。街中に張り巡らされた監視カメラに、技術進歩が著しい顔認証システムを組み合わせれば、個人の行動の特定は格段に容易になる。ここに、当該人物のクレジットカード履歴、サイトの閲覧履歴、金融機関が保有している当該人物の信用力評価のデータ、さらには電子化された医療カルテ情報を付き合わせると、何が見えてくるのだろうか。ここまでのことはさすがにやられていないだろうと信じたいが、同様のことを可能とするテクノロジーを、我々はすでに手にしている。

政治はこの先、テクノロジーの利用に関して一定の制限を加えるのか、それとも事実上の野放し状態となってしまうのかは、民主主義社会の未来にとって極めて重要なテーマとなる。この点、バートレットは、「私たちが知る民主主義と社会秩序はテクノロジーに破壊されてしまうのだろうか、それとも政治がデジタル世界を従えるのだろうか」という問いかけに対し、「いまのところテクノロジーがこの戦いを制しつつあるのは、日を追うごとに明らかになりつつある。足腰が衰え、弱体化した政治をテクノロジーが押しつぶそうとしている」と述べる。[55]

　ＡＩをめぐり政治がどのような倫理的な枠をはめるのか、そもそも国際的な合意をとりながらそうした枠をはめることが可能なのかという点も、重要な論点となるだろう。ＡＩ倫理をめぐっては、人権、人間性、専門家の責任、公平性、技術の管理、透明性、説明責任、プライバシー、セキュリティ、安全性など、多岐にわたる論点が存在する。[56]

　厄介なことに、ＡＩをめぐる倫理観については、文化的な背景が影響していると推察され、優先すべき価値について広範な合意がとりにくい。たとえば、自動運転車の事故回避プログラムをどのような優先順位で組むべきかについて四〇のパターンにつき、一〇〇〇万人に対して調査した結果（四〇〇〇万のデータ）を分析したところ、倫理観の傾向は、「西洋型」、「東洋型」、「南洋型」の三つのクラスターに分類されるという。[57]

　これらは民主主義の将来と直接的な関係がないように思われるかもしれないが、テクノロジーの急速な進化が「意図せずして」民主主義的な社会を侵食しているような現代では、無視することはできない。テクノロジーが民主主義を「終焉」に導くことを防ごうとするならば、政治や政策がテック企業内部で進行するテクノロジーの動向を感知し、どうすれば適切なコントロールをかけることができるのかという問題に向き合う必要がある。確かに、ランシマンやバートレットらが警告するように、客観的な状況はテクノロジーをめぐる状況の深刻さに政治や政策は気づくことすらできずに、事態は進行しているように見受けられる。「民主主義の後退」から「民主主義の終焉」となることを防ぐためには、政治の側が今以上に、インターネットを取り巻く技術の動向に敏感であることが求められる。

注

1 Asian Development Bank, *ASIA 2050: Realizing the Asian Century* (*Executive Summary*), Asian Development Bank, 2011.〈https://www.adb.org/sites/default/files/publication/28608/asia2050-executive-summary.pdf〉(最終アクセス日：二〇二二年一月一一日)

2 Yascha Mounk and Roberto Stefan Foa, "The End of the Democratic Century: Autocracy's Global Ascendance," *Foreign Affairs*, Vol. 97, No. 3, 2018, pp. 29-36.

3 *Ibid.*, p. 29.

4 Roberto Stefan Foa and Yascha Mounk, "The Sings of Deconsolidation," *Journal of Democracy*, Vol. 28, No. 1, 2017, pp. 5-15.

5 *Ibid.*

6 Larry Diamond, "Facing Up to the Democratic Recession," *Journal of Democracy*, Vol. 26, No. 1, 2015, pp. 141-155.

7 *Ibid.*, pp. 151-152.

8 Espen Geelmuyden Rod and Nils B Weidmann, "Empowering Activists or Autocrats?: The Internet in Authoritarian Regimes," *Journal of Peace Research*, Vol. 52, No. 3, 2015, pp. 338-351.

9 Larry Diamond, "Liberation Technology," *Journal of Democracy*, Vol. 21, No. 3, 2010, pp. 69-83.

10　もっとも、このようなインターネットと経済や政治とを結びつけた議論の原型は、一九九四年にブエノスアイレスで行われた国際電気通信連合（ＩＴＵ）の世界開発会議にて、当時アメリカ副大統領であったゴアの演説（いわゆるゴア・ドクトリン）に求められる。ゴア・ドクトリンでは、第一に「世界情報基盤（ＧＩＩ）は、国民経済と国際経済の両者にとって成長の鍵となり」、第二に「ＧＩＩは、民主主義建設の鍵になる」との表明がなされている。演説の全文については、以下のサイトを参照されたい。〈http://search.itu.int/history/HistoryDigitalCollectionDocLibrary/4.144.57.en.104.pdf〉（最終アクセス日：二〇二一年六月一五日）

11　「グローバルな情報社会に関する沖縄憲章（仮訳）」〈https://www.mofa.go.jp/mofaj/gaiko/summit/ko_2000/documents/it1.html〉（最終アクセス日：二〇二一年六月一五日）

12　「Ｇ８コミュニケ・沖縄２０００（仮訳）」〈https://www.mofa.go.jp/mofaj/gaiko/summit/ko_2000/documents/commu.html〉（最終アクセス日：二〇二一年六月一五日）

13　たとえば、以下の文献を参照されたい。Javier Corrales and Frank Westhoff, "Information Technology Adoption and Political Regimes," *International Studies Quarterly*, Vol. 50, No. 4, 2006, pp. 911-933; Juliann E. Allison (ed.), *Technology, Development, and Democracy: International Conflict and Cooperation in the Information Age*, State University of New York Press, 2002; Pippa Norris, *Digital Divide: Civic Engagement, Information Poverty, and the Internet Worldwide*, Cambridge University Press, 2001.

14　Leslie D. Simon, Javier Corrales and Donald R. Wolfensberger, *Democracy and the Internet: Allies or Adversaries?*, Woodrow Wilson Center Press, 2002.

15　Lawrence Lessig, *CODE and Other Laws of Cyberspace*, Basic Books, 1999. ローレンス・レッシグ／山形浩生・柏木亮二訳『ＣＯＤＥ――インターネットの合法・違法・プライバシー』翔泳社、二〇〇一年。

16　Shanthi Kalathil and Taylor C. Boas, *Open Networks, Closed Regimes: The Internet on Authoritarian Rule*, Brookings Institution Press, 2003.

17　政府によるインターネットへの「コントロールの網」については、主にアラブ諸国を対象とする事例研究を行った以下の文献を参照されたい。山本達也『アラブ諸国の情報統制――インターネット・コントロールの政治学』慶應義塾大学出版会、二〇〇八年。

18　Thomas L. Friedman. *The World is Flat: A Brief History of the Twenty-First Century*. Farrar, Straus and Giroux, 2005. トーマス・フリードマン／伏見威蕃訳『フラット化する世界――経済の大転換と人間の未来　上・下』日本経済新聞社、二〇〇六年、二一―二四頁。

19　*Ibid.* 邦訳、二三頁。

20　山本、前掲書。

21　「アラブの春」とソーシャルメディアとの関係については、以下の文献を参照されたい。山本達也『革命と騒乱のエジプト――ソーシャルメディアとピーク・オイルの政治学』慶應義塾大学出版会、二〇一四年。

22　Clay Shirky. *Here Comes Everybody: The Power of Organizing without Organizations*. Penguin Press, 2008. クレイ・シャーキー／岩下慶一訳『みんな集まれ！――ネットワークが世界を動かす』筑摩書房、二〇一〇年。

23　ウォール街占拠運動については、たとえば、以下の文献を参照されたい。Todd Gitlin. *Occupy Nation: The Roots, The Spirit, and the Promise of Occupy Wall Street*. Harper Collins Publishers, 2012. また、ティーパーティ運動については、以下の文献が参考になる。Theda Skocpol and Vanessa Williamson. *The Tea Party and the Remaking of Republican Conservatism*. Oxford University Press, 2012.

24　Glenn Greenwald. *No Place to Hide: Edward Snowden, the NSA, and the U.S. Surveillance State*. Metropolitan Books, 2014. グレン・グリーンウォルド／田口俊樹・濱野大道・武藤陽生訳『暴露――スノーデンが私に託したファイル』新潮社、二〇一四年。

25　サイバー犯罪については、たとえば、以下の文献を参照されたい。Marc Goodman. *A Journey to the Dark Side of Technology — and How to Survive It*. Bantam Press, 2015. マーク・グッドマン／松浦俊輔訳『フューチャー・クライム――サイバー犯罪からの完全防衛マニュアル』青土社、二〇一六年。また、サイバーセキュリティをめぐる現状と問題点については、以下の文献が参考になる。土屋大洋『サイバーセキュリティと国際政治』千倉書房、二〇一五年。土屋大洋『サイバーグレートゲーム――政治・経済・技術とデータをめぐる地政学』千倉書房、二〇二〇年。

26　Eli Pariser. *The Filter Bubble: How the New Personalized Web is Changing What We Read and How We Think*. Penguin Books, 2011. イーライ・パリサー／井口耕二訳『閉じこもるインターネット――グーグル・パーソナラ

イズ・民主主義』早川書房、二〇一二年。

27　Cass R. Sunstein, *#Republic: Divided Democracy in the Age of Social Media*, Princeton University Press, 2017. キャス・サンスティーン／伊達尚美訳『#リパブリック――インターネットは民主主義になにをもたらすのか』勁草書房、二〇一八年。もっとも、分極化に関する実証研究では、インターネット利用が分極化を促進させるとは言い切れないとする研究結果も複数提出されている。この点については、以下の文献を参照されたい。田中辰雄・浜屋敏『ネットは社会を分断しない』角川新書、二〇一九年。

28　ジャーナリストのキャドウォラダーは、この問題を追い続けながら記事を発表している。全体像の解説は、以下の動画（TED Talk）にて視聴可能である。Carole Cadwalladr, “Facebook's Role in Brexit — and the Threat to Democracy” 〈https://www.ted.com/talks/carole_cadwalladr_facebook_s_role_in_brexit_and_the_threat_to_democracy/〉（最終アクセス日：二〇二一年六月一五日）

29　Carole Cadwalladr, “We're Waiting for Answers': Facebook, Brexit and 40 Questions,” *Guardian*, May 12, 2018. 〈https://www.theguardian.com/technology/2018/may/12/facebook-brexit-russia-unresolved-40-questions〉（最終アクセス日：二〇二一年一月一一日）

30　Jamie Bartlett, *The People vs Tech: How the Internet is Killing Democracy (and How We Save It)*, Penguin Random House, 2018. ジェイミー・バートレット／秋山勝訳『操られる民主主義――デジタル・テクノロジーはいかにして社会を破壊するか』草思社、二〇一八年、七九―一一一頁。

31　*Ibid*. 邦訳、八二―八七頁。

32　Freedom House, “Freedom on the Net” 〈https://freedomhouse.org/report/freedom-net〉（最終アクセス日：二〇二一年二月一一日）

33　フリーダムハウスは、二〇一九年版の報告書からスコア表示の方法を反転させており、数字の大きい国ほどインターネットの自由が確保されている国を表すという形をとっている。本章では、データを使った経年比較を行う目的で、二〇一八年以前のスコアについては、二〇一九年以降の表示方法に合わせて反転させた数値を採用する。

34　Freedom House, *Freedom on the Net 2020: The Pandemic's Digital Shadow*, Freedom House, 2020, p. 5 〈https://

freedomhouse.org/sites/default/files/2020-10/10122020_FOTN2020_Complete_Report_FINAL.pdf〉（最終アクセス日：二〇二一年六月一五日）。

35 *Ibid.*, p. 5.

36 *Ibid.*, p. 4.

37 Freedom House, *Freedom on the Net 2019: The Crisis of Social Media*, Freedom House, 2019, p. 1.

38 Jamie Bartlett, *op.cit.*, 2018. 邦訳、三二頁。

39 Freedom House, *Freedom on the Net 2019: The Crisis of Social Media*, Freedom House, 2019, p. 12.

40 *Ibid.*, p. 12.

41 Freedom House, *op.cit.*, 2020, p. 18.

42 Thorsten Benner, “An Era of Authoritarian Influence?: How Democracies Should Respond,” *Foreign Affairs*, September, 15, 2018〈https: //www. foreignaffairs. com/articles/china/2017-09-15/era-authoritarian-influence〉（最終アクセス日：二〇二一年六月一五日）

43 *Ibid.*

44 National Endowment for Democracy, *Sharp Power: Rising Authoritarian Influence*, National Endowment for Democracy, 2017.〈https://www.ned.org/wp-content/uploads/2017/12/Sharp-Power-Rising-Authoritarian-Influence-Full-Report.pdf〉（最終アクセス日：二〇二一年六月一五日）

45 Christopher Walker and Jessica Ludwig, “The Meaning of Sharp Power: How Authoritarian States Project Influence,” *Foreign Affairs*, November 16, 2017〈https: //www. foreignaffairs. com/articles/china/2017-11-16/meaning-sharp-power〉（最終アクセス日：二〇二一年六月一五日）

46 Jonathan Head, “Defaming a dog: The ways to get arrested for lese-majeste in Thailand,” *BBC News*, December 16, 2015.〈http://www.bbc.com/news/world-asia-35099322〉（最終アクセス日：二〇二一年六月一五日）

47 Freedom House, “Thailand,” *Freedom on the Net 2019*, 2019.〈https://freedomhouse.org/country/thailand/freedom-net/2019〉（最終アクセス日：二〇二一年六月一五日）

48 Oliver Holmes, "Thai printer replaces International New York Times article with blank space," *Guardian*, December 1, 2015.〈http://www.theguardian.com/world/2015/dec/01/thai-printer-international-new-york-times-blank-space〉（最終アクセス日：二〇二一年六月一五日）

49 二〇二〇年版の報告書では、ギリギリで「部分的に自由」へと評価を戻しているが、政治的権利のスコア、市民的自由のスコアどちらかを「1」下落させるだけで、「不自由」に分類される状況にある。なお、二〇一三年版以降のデータは、以下のウェブサイトからダウンロードすることができる。〈https://freedomhouse.org/report/freedom-world/2020/leaderless-struggle-democracy〉（最終アクセス日：二〇二一年六月一五日）

50 本結果は、設問に対して何らかの意思表明をした人のみを対象としたものであり、「わからない」や「答えたくない」という回答、無回答だった人を除いて集計している。

51 Adel Iskandar, "Egyptian Youth's Digital Dissent," *Journal of Democracy*, Vol. 30, No. 3, 2019, pp. 154–164.

52 Freedom House, *op.cit.*, 2019, p. 8.

53 土屋、前掲書、二〇二〇年、四九―八一頁。

54 David Runciman, *How Democracy Ends*, Profile Books Limited, 2019. デイヴィッド・ランシマン／若林茂樹訳『民主主義の壊れ方――クーデタ・大惨事・テクノロジー』白水社、二〇二〇年、二四七―二四八頁。

55 Jamie Bartlett, *op. cit.*, 2018. 邦訳、一一頁。

56 ＡＩ倫理に関する国際的な動向については、以下の記事を参照されたい。江間有沙「なぜ今「ＡＩ倫理」の議論が必要なのか」『MIT Technology Review』第一巻、二〇二〇年、九四―一〇一頁。

57 Iyad Rahwan et.al., "The Moral Machine Experiment," *Nature*, Vol. 563, No. 7729, 2018, pp. 59–64.

第2章　ポスト・グローバリゼーション時代に進展する〈安全保障化〉

二〇一五年以降のトルコを事例として

今井宏平

一　アイデンティティの揺らぎと社会的安全保障

現代グローバリゼーションが進展した冷戦後の時期、軍事技術の発展には注目が集まる一方で、安全保障（セキュリティ）に関しては、感染症をどう防ぐかといった一部の分野以外はあまりスポットが当たらなかった。ただ、この時期は社会における人々の安全保障（社会的安全保障）を検証する安全保障化の枠組みがコペンハーゲン学派から提起されていた。この社会における人々の安全保障は、ソーシャル・ネットワーク・サービス（ＳＮＳ）が普及し、一般の人々が世界大で発信する能力を得たポスト・グローバリゼーションの時代により一層重要性を増した。なぜなら、これまでにない規模での情報にさらされるなかで人々のアイデンティティはより一層揺らぎを見せるようになり、一方で一部の国家指導者などがそうした揺らいだアイデンティティの取り込みを図るための言説および政策を進めたためである。

本章は、ポスト・グローバリゼーションと安全保障の関係に関して、とりわけ社会的脅威（societal threat）を中心とした安全保障化に焦点を当て、二〇一五年以降のトルコ政治を事例として検討する。第一節ではグローバリゼーションとその後のポスト・グローバリゼーションによって世界がどのように変化したのか、これまでの議論をもとに、主権国家の役割を中心に再検討する。第二節では、グローバリゼーションが深化する現代において、安全保障化と社会的脅威がどのような意味を持つのかについて記述する。第三節では安全保障化の観点から二〇一五年以降のトルコの政治を検証する。トルコのレジェップ・タイイップ・エルドアン大統領は権力を固めるために〈安全保障化〉を手段として活用した。とりわけ二〇一五年夏以降の対テロ戦争と二〇一六年七月のクーデタ未遂事件がその起点であり、二〇一五年一一月の総選挙、二〇一七年から二〇一八年にかけての大統領制化の移行に向けた動きの際に、安全保障問題がクローズアップされた。グローバリゼーションおよびポスト・グローバリゼーションの時代、特にＳＮＳが拡散したポスト・グローバリゼーションの時代において、より一層安全保障化の問題が重要になっていることについて述べ、結びとしたい。

二　グローバリゼーションとポスト・グローバリゼーション

グローバリゼーションの核となる定義として、多くの論者が「ヒト・モノ・カネ・情報が地球規模で迅速かつ大量に移動すること」を挙げている。しかし、筆者はこの定義に常々不満を持ってきた。なぜなら、ヒトはモノやカネほど瞬時には移動できないし、ヒト・モノ・カネの移動には、まず情報が必要であり、情報はヒト・モノ・カネとは分けて考える必要があるからである。

グローバリゼーションにはさまざまな時期区分があるが、[1] 本章で扱うグローバリゼーションは、それまで軍事技術として一般に浸透していなかったインターネットが普及したことで加速的に地球規模の移動が迅速化・大量化した冷戦後の現象を指す意味で使用したい。この点からもグローバリゼーションによる動きで情報はその起点である。これまで、この冷戦後の時期に浸透した「現代」グローバリゼーションは一括りのものとして定義されてきた。しかし、一九九〇年代から二〇〇〇年代前半にかけてのグローバリゼーションと二〇〇〇年代後半からのグローバリゼーションは質・量とも異なる。その背景にあるのが、インターネットの登場と同様、もしかするとそれ以上のインパクトをもたらしているＳＮＳの登場である。ここではインターネット革命を契機とした、一九九〇年代から二〇〇〇年代前半にかけての現象およびそれを契機としたさまざまな変化をグローバリゼーション、ＳＮＳが普及した二〇〇〇年代後半から現在にかけての現象とそれを契機とした変化を「ポスト・グローバリゼーション」と区別したい。

一九九〇年代後半から二〇〇〇年代前半に活況を呈したグローバリゼーションに関する議論の中で、最も影響力を持ったものの一つが、『グローバル・トランスフォーメーションズ』の中でデヴィッド・ヘルドらが提示したグローバリゼーションに対する三つの見方であろう。肯定主義者、懐疑主義者、変容主義者という区分がそれに当たる。[2] 肯定主義者が主張したのは、グローバリゼーションが進展すると世界大で繁栄が享受されるという青写真とそれに伴う主権国家の形骸化であった。逆に、懐疑主義者はグローバリゼーションの進展は過大評価であり、主権国家の影響力は継続するという立場をとった。変容主義はその中間の立場でグローバリゼーションは国際社会の秩序や主権国家に影響を与えるが、主権国家が一掃されることはないと主張する。

この区分を再検討すると、全ての立場がある程度は正しいが、それぞれに問題があったことがわかる。肯定主義者に関しては、グローバリゼーションの進展は繁栄だけでなく、多くの問題も引き起こした。例えば、貧富の差の拡大、非先進国の財政破綻、また、ＣＯＶＩＤ-19に代表されるグローバルな感染症もヒト・モノ・カネ・情報の移動と深化がもたらした危機である。さらに主権国家は形骸化されることなく、いまだに十分な影響力を保っている。ただし、懐疑主義者のように、主権国家を絶対的なアクターとし、全てのトランスナショナルな動きを否定することも見当違いである。主権国家の統治能力は強化されているものの、主権国家の基礎が強固な「強い国家」は前述したようにＳＮＳによって国内で分裂・排除を助長する動きが起こっているし、「弱い国家」においては、主権国家内に散在する主権の空白地にテロリストなど、ヒトやモノが容易に入り込むようになってきている。[3] グローバリゼーションによって主権国家の役割や世界秩序が変化しているという変容主義の主張は妥当である。しかし、ヘルドやウルリッヒ・ベック、メアリー・カルドーなどの変容主義者が描いた将来構図はいささか楽観的過ぎた。彼らは世界の人々とのより一層のつながりや一体感を共有するコスモポリタン社会やそのためのコスモポリタン法、その核としての民主主義を標榜した。[4] しかし、現状は新自由主義によって蝕まれ、脱国家化と超国家化（ベックによると主権国家がトランスナショナルに協力すること）が統制なく入り乱れる世界となっている。グローバリゼーションの議論の初期にローランド・ロバートソンが指摘したように、グローバリゼーションはアイデンティティを相対化させるが、人々はその中で自己の拠り所となるアイデンティティを再考することとなる。[5] ＳＮＳの登場によってその再考過程に拍車がかかることになった。

　ＳＮＳ登場前のグローバリゼーションにおいて、情報発信者は何らかの権威もしくは正当性を持った主体の場合が多く、情報の受け手はあくまで受容者であり、発信者と受容者の関係はトップダウン様式であった。こうした状況はＳＮＳの登場によって変化した。ＳＮＳはとりわけ情報の移動を劇的に高め、それに付随してヒト・モノ・カネの移動を助長しただけでなく、国際政治における一般市民の影響力をかつてなく高めることとなった。つまり、ＳＮＳによって、それまではあくまで情報の受け手でしかなかった一般市民も情報の発信者となることが可能となった。また、情報発信者の権威と正当性が相対的に弱まった。

ＳＮＳの登場まで、グローバリゼーションの議論の中心は国際化・拡大・統合・脱領土化・国家の相対化などであり、その拡大や統合に反対、もしくはどのような統合の仕方があるのかが議論となってきた[6]。こうした議論は最終的にグローバル・ガバナンスやコスモポリタニズムといった、包摂的で多元的な機構や状態がグローバリゼーションの世界では求められており、主権国家の力は弱まっていくという帰結を見出してきた。

しかし、「アラブの春」や「オキュパイ・ウォールストリート」に見られるように、ＳＮＳは地域および世界大の拡大をもたらしたものの、その多くは最終的に失敗に終わったり、望んだような結果（例えば民主化の達成）をもたらしたりすることが少なかった。加えて、拡大が必ずしも包摂をもたらすのではなく、排除や分断をもたらし、その中では主権国家の統治能力が逆に強化されるという現実であった。ＳＮＳは情報の繭（インフォーメーション・コクーン）を作り出し、その中でエコーチェンバーを繰り返すことで、排除・分断を強めると指摘されている[7]。かつて、ジョセフ・ナイとロバート・コヘインは、グローバリゼーションによって相互依存が高まるなかで重要なのは、いかに信頼度が高い情報を獲得するかであると述べた[8]。しかし、ポスト・グローバリゼーションの時代では信頼度の高い情報だけでなく、例えフェイク・ニュースのようなものであっても、いかに自分たちの主張に合致する情報を得るかが重要となってきている。ただし、信頼度の高い情報が「獲得」しなければならなかったのに対し、自分の主張と合致する情報は、グーグルやアマゾンなどのＡＩが使用者の思考に沿った情報を提供することなどもあり、受け身で提供されるものとなっている。場合によっては、本人が知らない間に偏りがある情報のみ、受け取ることになりかねない状況にある。これはアイデンティティの結束や強化につながる。一部の主権国家の指導者たちはこれを巧みに利用した。国境を越えた連帯が脆弱なのはやはり物理的な領域を支配できていないからだろう。その意味でも主権国家は依然として影響力を有している。次節では一部の国家指導者がポスト・グローバリゼーション時代に用いて、市民の結束や強化を促す〈安全保障化〉について見ていきたい。

三　ポスト・グローバリゼーション時代における安全保障

（1）分析枠組みとしての安全保障化

グローバリゼーション時代における安全保障に関して、それ以前の冷戦期とは異なる二つのアプローチが注目された。冷戦期において、安全保障の中心は常に軍事中心の国家安全保障であった。しかし、一九八〇年代から冷戦構造が崩壊する時期になると、国内の安全保障にも考慮する動きがでてきた。その流れの中で、一九九四年に国連開発計画の人間開発報告書において、人間の安全保障が提唱された。しかし、人間の安全保障が重視されるのは、主権国家としての脆弱な国々、つまり「弱い国家」が中心であり、先進国のような強い国家に関してはほとんど当てはまらない。強い国家においては異なる安全保障上の問題が生じていた。例えば、ヨーロッパにおいて一九六〇年代以降、労働者として多くの移民が流入したことで、「移民は社会を不安定化させる」という言説を受入国の一部の人びとおよび政党が主張するようになった。こうした移民排斥など、人びとのアイデンティティに基づく社会の不安定化の動きは容易に差別につながり、ナショナリズムと結びつくことで増幅する。こうした傾向は冷戦期から存在したが、国家安全保障の重要性が相対的に低下した冷戦後に顕在化、さらにＳＮＳの登場後のポスト・グローバリゼーションの時代に深化している。

八〇年代末から、こうした強い国家の安全保障に着目したのがコペンハーゲン学派であり、彼らの提示した「安全保障化（securitization）」の議論であった。コペンハーゲン学派の安全保障化の理論の枠組みを提示したものとして、オール・ウィーバーの「安全保障化と脱安全保障化」という論考、そしてバリー・ブザン、ウィーバー、ジャアプ・デ・ウィルデの共著『安全保障――分析の新たな枠組み』がしばしば指摘される。[9] 安全保障化を検討するうえで核となる「社会的安全保障（Societal Security）」に関しては、すでにブザンが一九九一年刊行の『人間・国家・恐怖』の第二版において、『安全保障』でも核となったセクター別に脅威を提示する方法を用いている。[10]

ブザンは『人間・国家・恐怖』において、脅威を軍事的脅威・政治的脅威・社会的脅威・経済的脅威・生態学的脅威という五つの部門に分類している。[11] 軍事的脅威とは、伝統的なハードパワーに基づく脅威である。政治的脅威とは、諸国家の組織的な安定性を損なわせるために分離主義者を扇動したり、政治機構を混乱させたりする脅威である。社会的脅威とは、一般市民が被る社会レベルでの脅威であり、物理的なもの、心理的なもの、文化的なものまでさまざまな形態が考えられる。経済的脅威も非常に多様な形態が考えられるが、端的に述べれば、諸国家の経済や市場に悪影響を及ぼす脅威である。生態学的脅威は、国家に物理的な損害をもたらし、国家のアイディアや国家機構を機能不全にする脅威である。具体的には災害や環境問題などが考えられる。ブザンによると、五つの脅威は、相互依存関係にあり、密接に関連するものとされる。

コペンハーゲン学派の安全保障化の議論は、既存の国際関係理論において、合理主義的選択を前提とする構造的リアリズムやネオリベラリズムにおいては無視され、批判理論からは十分に批判的ではないと見られてきた。[12] ブザンやウィーバーなども自覚的であり、後進の学者も指摘しているように、安全保障化の理論と最も親和性があるのはコンストラクティヴィズムである。安全保障化は、十分な政治的影響と共に実在する脅威によって間主観的に確立することによって構成される。[13] 安全保障化を研究する方法は、言説と政治的配置を検証することである。コペンハーゲン学派によると、安全保障化は三つの過程から成り立つ。第一の過程は、安全保障化処置（securitizing move）とも呼ばれ、言語行為（speech act）を行う主体、具体的には政治家などがいかに実在する脅威を脅威として表現するかである。[14] 第二の過程は、聴衆が安全保障化措置を受け入れるかどうかである。[15] 第三の過程は、政治家が、彼らの言説を受け入れた聴衆に緊急の対応を採るよう促す行動である。

（2）社会的安全保障

ブザンが『人間・国家・恐怖』で言及したセクターの中で最も注目されたのが社会的脅威である。社会的脅威とは、一般市民が被る社会レベルでの脅威であり、物理的なもの、心理的なもの、文化的なものまでさまざまな形態が想定された。[16] また、ブザンやウィーバーたちは、societal threat と social threat は異なると論じている。Societal threat は社会全体の脅威を扱い、social threat は社会を構成する個人もしくは官僚などの個別の脅威を扱う。この社会的脅威が注目されたのは、それ以外の軍事的脅威、政治的脅威、経済的脅威、生物学的脅威が国家安全保障にとっての脅威だったのに対し、社会的脅威は文字通り、国内の社会の安全保障であり、レベルが異なっていた。前述したが、一九八〇年代後半には批判的安全保障論（Critical Security Studies）で知られるケン・ブースなどが個人の安全保障について検討し、その後人間の安全保障も登場するなど、一人の人間の安全保障論も開花しつつあったが、社会の安全保障という発想は独自であった。[17] 社会的脅威／安全保障について、アイディアを提示したのがブザンであり、その後ウィーバーを中心にブザンも参加した『ヨーロッパ安全保障秩序の改変』、『アイデンティティ・移民・ヨーロッパにおける新しい安全保障の課題』という二冊の研究書でアイデンティティの脅威が社会的脅威／安全保障の核となる議論を展開したと説明される。[18] そこでは、国際政治における安全保障は「人々の生活と彼らのアイデンティティの自立を維持する国家と社会の能力」と定義された。[19] また、社会的アイデンティティの核となっているのは、我々意識（we-ness）を強調する集団的アイデンティティとされた。

（3）〈安全保障化〉

安全保障化は、コペンハーゲン学派が提唱したアイデンティティに基づく安全保障の一連の過程の学問的枠組みであったが、冷戦後の時代において、彼らが指摘した枠組みの過程を政策として使用する政権が登場した。単純化すると、人びとの脅威認識を喚起し、我々意識の保護を目指すとともに、敵対する勢力および人びとを排除しようとする政策である。本章では学問的枠組みに関しては安全保障化、政策決定者が施行するその枠組みに類似する政策に関しては〈安全保障化〉と分類したい。

〈安全保障化〉の目的は、セキュリティを強調することによる国民の一体化、具体的には選挙での勝利である。セキュリティに訴えて選挙での勝利を目指す点に注目した議論として、旗の下の結集効果（Rally-round-the-flag）がある。[20] 旗の下の結集効果とは、一般的にアメリカ大統領が戦争に訴えることで国民の愛国心を刺激し、それによって自身の支持率を回復させたり、選挙戦を有利に進めたりするものである。アメリカの事例が多いが、似たような状況にある他国をアメリカと比較、分析した研究もある。[21] 旗の下の結集効果の先行研究では圧倒的に実際の戦争（例えば二〇〇三年のイラク戦争）の事例が多い。しかし、戦争の一形態である対テロ戦争でも十分に旗の下の結集効果は見込むことができよう。旗の下の結集効果は、浜中新吾が指摘しているように、社会的アイデンティティに基づく指導者と国民の脅威認識の共有である。[22] そのため、社会的アイデンティティを論じる安全保障化とは親和性があると言えるだろう。[23] 対テロ戦争も、〈安全保障化〉および旗の下の結集効果の対象となると考えられるが、熱戦よりも長期化する傾向がある。

〈安全保障化〉はポピュリストの政治家たちの手法とその戦略が重なっている。上谷直克によるとポピュリスト研究は、観念的アプローチと戦略的アプローチを採用するものの二つに大別でき、前者は正しいが報われない「我々」人民と腐敗によって甘い汁を吸ってきた「敵」であるエリートや既得権益者を明確に分けて、人民の意見を尊重すべきであるというアプローチ、後者は強いリーダーの統治獲得の手法である。[24] ポピュリストと呼ばれる政治家はどちらか一方、もしくは両方とも政策として使用している場合がある。ポピュリズムもポスト・グローバリゼーションの時代の産物である。その理由は観念的アプローチが対象とするポピュリストにせよ、戦略的アプローチが対象とするポピュリストにせよ、アイデンティティを重視し、その拠り所となることで民意を掌握しようとするためである。そう考えると、ポピュリストの戦略と〈安全保障化〉はある程度重複しており、正確には〈安全保障化〉はポピュリストの戦略の一部であると言えよう。

四　トルコの事例

（1）事例選択の理由

トルコを事例として選択したのには主に二つの理由がある。第一に、二〇〇二年一一月から政権の座に就いている与党の公正発展党がグローバリゼーションを可能な範囲で活用する政策を採ってきたことである。[25] 新自由主義経済の受容にも積極的であり、[26] 後述するように各国とヴィザなしで渡航が可能となるヴィザ・フリー政策も展開した。しかし、ポスト・グローバリゼーションの時代になり、それまでのグローバリゼーションを活用した政策が次第に行き詰ってきた。第二に、二〇一五年夏以降、公正発展党政権が〈安全保障化〉を積極的に活用したためである。[27] トルコは二〇一一年三月に内戦が発生したシリアと九一〇キロメートルもの長さの国境を接しており、シリア内戦に参加するテロリスト（ジハーディスト）に回廊として使用された。また、トルコ国内でも「イスラーム国（ＩＳ）」にシンパシーを抱いた組織によってテロなどが起こった。また、二〇一六年七月一五日には公正発展党政権の転覆を狙うクーデタ未遂事件が発生した。この事件はすぐに収束したが、この事件の背後にはギュレン運動と呼ばれる新興宗教グループがいると結論付けられた。トルコはギュレン運動をテロ組織とし、テロ組織から国家を守ることを主張し、トルコ国民の一体性を訴えた。トルコは国内で対テロ戦争を訴えるとともに、隣国の「弱い国家」であるシリアへの渡航経路となったために、〈安全保障化〉を訴えざるを得ず、かつそれが有効に機能する事例であった。

一方でトルコは安全保障化の事例としてしばしば挙げられる移民・難民問題については〈安全保障化〉を採用していない。トルコには三六〇万人以上のシリア難民が流入しており、シリア難民の処遇とその統合は大きな課題となっている。移民統合政策指数（Migrant Integration Policy Index：以下ＭＩＰＥＸ）の二〇一五年の数値では、差別に関して、トルコは下から二番目のスコアであった。ここからもトルコにおいてシリア難民に対する差別はあると言える。[28] しかし、今のところ選挙などにおいて大きな争点とはなっていない。

（2）ヴィザ・フリー政策の弊害

まず、公正発展党のグローバリゼーションを活用した政策の象徴であった、海外の渡航にヴィザを必要としないヴィザ・フリー政策について確認しておきたい。トルコのヴィザ・フリー政策はもともと一九八〇年代のトゥルグット・オザル政権下で始められた。公正発展党はこの動きを加速させたのである。渡航にヴィザを必要としない国家の数は二〇〇二年に四二ヵ国だったのに対し、二〇二二年には一一一ヵ国と、約三倍にまで増えている。一一一ヵ国のうち、六〇ヵ国は完全なヴィザなしでの入国が可能である。残りの五一ヵ国は入国の際にその場でヴィザを発行してもらうかインターネットによるヴィザ発行が必要となる。

ヴィザ・フリー政策は現在でも適用されているが、二〇一四年にＩＳが台頭、二〇一五年七月から一六年三月の欧州難民危機で諸刃の剣であることが露呈された。外国人が戦闘員としてＩＳに加わろうと考えた際に、入り口として最も適していたのがトルコであった。これはトルコがシリアと九一〇キロメートルに渡る長い国境線を共有していることに加え、ヴィザ・フリー政策を進めたことが一因でもあった。例えば、西ヨーロッパからＩＳに加わった人が多い上位五ヵ国はフランス、イギリス、ドイツ、ベルギー、スウェーデン、そしてバルカン半島諸国であったが、フランス、ドイツ、スウェーデンの国籍の者はパスポートでトルコに九〇日間の滞在が可能であった[29]。また、イギリスとベルギーもヴィザ取得が必要であるが、Ｅヴィザで対応可能となっていた。そのため、外国人戦闘員はＩＳが台頭した当初、ほとんど手続きの必要なくトルコに入ることができた。欧州難民危機でもヴィザ・フリー政策の弊害が露呈された。例えば、トルコとヴィザ・フリーの協定を結んだ北アフリカの国々では、北アフリカからイタリアやスペインへの密航が危険を伴うため、わざわざトルコまで飛行機を使って移動し、トルコからギリシャを経由してヨーロッパに入るケースが見られるという[30]。

　このように、グローバリゼーションにうまく対応していると思われていた公正発展党であったが、二〇一〇年代になり、次第にその対応に苦慮するようになった。もちろん、ＩＳの戦闘員や難民が単にトルコのヴィザ・フリー政策だけでトルコに入国もしくはトルコを経由してシリアに入国できたわけではない。その背景には、ＳＮＳによる勧誘や情報収集、つまりポスト・グローバリゼーションの要因が大きく関わっていた。

（3）〈安全保障化〉による支持の獲得

　それでは、公正発展党、特に政策決定者であるエルドアン大統領がどのように〈安全保障化〉を活用したのか見ていきたい。トルコ政府がその敵として脅威認識を流布したのは「テロリスト」であった。もちろん、これには現実の政治が深く関わっている。トルコの〈安全保障化〉は二〇一五年六月から始まった。

　二〇一五年六月の総選挙で、公正発展党は第一党の座は維持するものの、二〇〇二年一一月の総選挙での勝利以降、維持してきた単独与党の座を失った。連立政権樹立のために他党との交渉も実施されたが交渉は決裂し、二〇一五年一一月に再選挙の実施が決定した。こうした状況下の二〇一五年の

表２－１　2015年以降にトルコで発生した主なテロ

日時	場所	実行犯	犠牲者
2015年６月５日	ディヤルバクル	IS	４名死亡
2015年７月20日	スルチ	IS	32名死亡
2015年10月10日	アンカラ	IS	103名死亡
2016年１月12日	イスタンブル	IS	10名死亡
2016年２月17日	アンカラ	TAK	28名死亡
2016年３月13日	アンカラ	TAK	37名死亡
2016年３月18日	イスタンブル	IS	５名死亡
2016年６月28日	イスタンブル	IS（グローバル）	47名死亡
2016年８月21日	ガジアンテプ	IS	54名死亡
2016年11月４日	ディヤルバクル	IS	11名死亡
2016年12月10日	イスタンブル	TAK	44名死亡
2017年１月１日	イスタンブル	IS（グローバル）	39名死亡

（出所）新聞など参照し、筆者作成。

夏から秋にかけて、トルコでは立て続けにテロ事件が起こった。六月五日、トルコ南東部のディヤルバクルにおいて二日後に迫った六月七日の総選挙前に集会を開いていた親クルド人政党である人民民主党の支持者たちを狙ったテロ、七月二〇日のスルチでのクルド人の集会を狙ったテロ、そしてトルコ共和国史上最悪の一〇三名の死者を出した同年一〇月一〇日のアンカラでのテロはいずれもトルコ出身のＩＳメンバーによるものと見られている（表2-1参照）。

　これに加えて、トルコ政府と一九八四年から抗争している非合法武装組織、クルディスタン労働者党（ＰＫＫ）の間で二〇一三年三月から進められていた和解交渉が二〇一五年七月に頓挫し、両者は再び対立関係を深めた。二〇一六年二月、三月、一二月にはＰＫＫとつながりが強いと言われる「クルディスタン解放の鷹（Ｔ

表２－２　2015年におけるトルコ総選挙の結果（550議席）

政党／投票日	６月７日総選挙（投票率：83.9％）	11月１日総選挙（投票率：85.2％）
公正発展党	40.9％（258）	49.5％（317）
共和人民党	25.0％（132）	25.3％（134）
民族主義行動党	16.3％（80）	11.9％（40）
人民民主主義党	13.1％（80）	10.8％（59）

（出所）高等選挙委員会ウェブサイトを参照し、筆者作成。

ＡＫ）」によるテロが発生した（表２－１参照）。

　こうした状況下で公正発展党はテロに屈しない姿勢を前面に押し出し、再び国民からの支持を獲得することに成功する。公正発展党およびエルドアン大統領は国民に対し、テロとの戦いを主張したうえで、安全を提供できるのは自分たちだけであると説いたのであった。エルドアン大統領はテロリストという敵を明確にし、トルコが安全保障上の脅威にさらされていることを強調した[31]。実際にテロが複数回起きていたので国民もこの公正発展党の主張を受け入れた。六月の総選挙の際、四〇・九％の得票率であった公正発展党は、アンカラでのテロの記憶が鮮明ななかでの一一月の選挙で得票率を四九・五％まで上昇させ、五五〇議席中三一七議席を獲得し、圧勝した（表２－２参照）。安全保障の問題を政治の最重要の争点とし、それを社会に受け入れさせたこの戦略はまさに〈安全保障化〉および対テロとしての旗の下の結集効果の成功例と言えるだろう。

（４）〈安全保障化〉とナショナリスト化による支持の獲得

　公正発展党の〈安全保障化〉を前面に押し出した政策は、二〇一六年七月のクーデタ未遂事件後、それまでとは異なる形となった。まず、七月一五日にエルドアン大統領および公正発展党に不満を抱く軍部の一部のグループが起こしたクーデタ未遂事件を概観したい。このクーデタ未遂によって、一時的にイスタンブルとアンカラの軍の重要施設が占拠され、フルシ・アカル統合参謀総長（当時）をはじめとする軍部のトップも拘束されたが、結果として失敗に終わった。このクーデタ未遂事件の背後にいると言われたのが、アメリカに在住するフェトフッラー・ギュレン師であり、ギュレン師を中心とするギュレン運動であった。ギュレン運動に共鳴した人びとが軍や警察に多数いると言われていた。クーデタ未遂事件は一日で収束したものの、①トルコにおいて三六年ぶりにクーデタが実行されようとしたこと、②多くの一般人の命が奪われたこと、③国会議事堂が爆撃されたこと、で多くのトルコ国民が衝撃を受けた。こうした状況下で、エルドアン大統領も国民にトルコ人として一致団結を図り、脅威に対抗するよう訴えた[32]。トルコ国民の衝撃は脅威認識だけではなく、クーデタ未遂によって多くの人命が損なわれたこと、非合法な手段による権力奪取の試みに対する怒りの認識も作用したかもしれない[33]。いずれにせよ、トルコ共和国が非合法な手段で乗っ取られると考えた多くの国民がアイデンティティの拠り所であるトルコ共和国を守るためにエルドアン政権の支持にまわった。

　クーデタ未遂事件を迅速に収束させたことで、エルドアン大統領の評価が上がった[34]。また、大統領就任後の二〇一四年からエルドアンが提示してきた議院内閣制から大統領制への移行に関しても、それまで否定的であった人びとの一部がクーデタ未遂事件後、態度を改めた。二〇一五年六月の総選挙で公正発展党が単独与党の座を維持できなかった主要因の一つがエルドアンによる大統領制移行の主張であったと言われており、それ以降、エルドアン大統領は大統領制についての言及を控えてきた。しかし、クーデタ未遂事件がその状況を大きく変えた。

また、大国民議会で議席を確保している中道左派の共和人民党、右派の民族主義者行動党、親クルド政党の人民民主党といった野党は大統領制に反対してきた。しかし、クーデタ未遂事件後、民族主義者行動党が大統領制を支持するようになった。特に党首のデヴレット・バフチェリの指導力に疑問を持った民族主義者行動党の支持者の一部が公正発展党に流れた。党内の足並みの乱れと七月一五日クーデタ未遂で求心力が低下したバフチェリは、公正発展党に近づく道を選択した[35]。

ＩＳやＰＫＫによるテロとクーデタ未遂事件の違いは、後者がより一層ナショナリズムの高揚を促した点に求めることができる。公正発展党は民族主義者行動党の協力を得て、大統領制への制度変更を実現することに成功した。公正発展党は二〇〇一年に発足した当初から親イスラーム政党と呼ばれてきたが、同時に中道右派政党でもある。クーデタ未遂事件、そして民族主義者行動党との協力により、公正発展党は中道右派政党の側面、言い換えればナショナリズムの側面を強めた。ヤシャ・モンクが指摘しているように、ナショナリズムは捨て去ろうとしても誰かがそれを目覚めさせたり、餌付けしたりして引き出そうとするものである[36]。エルドアン大統領と公正発展党は二〇一八年のダブル選挙においても対テロ戦争を強調し、旗の下の結集効果による得票率の増加を図った。その対象はＰＫＫ、ＩＳ、そしてギュレン運動であった。

（5）〈安全保障化〉活用の弊害

エルドアン大統領と公正発展党による脅威を利用した〈安全保障化〉の徹底は二〇一五年夏から二〇一八年までかなり有効な政策であった。しかし、その〈安全保障化〉の徹底により、同盟国であり、超大国であるアメリカとの関係が悪化した。具体的にはギュレン運動対策により、アメリカとの間に齟齬が生じた。一九九九年からペンシルヴァニアに在住していたギュレン師は、民主党に多額の献金を行うなど、アメリカの政界との関係が深いと見られていた。事件後、トルコ政府はアメリカ政府にギュレン師のトルコへの引き渡しを要請したが、バラク・オバマ政権もドナルド・トランプ政権も引き渡しには応じていない。また、トルコ政府が二〇一六年一〇月にイズミル在住の福音派のアメリカ人牧師、アンドリュー・ブランソンをギュレン派と関係があったとして逮捕したことに対し、アメリカ政府がブランソンの釈放を要請していた。二〇一八年八月、トランプ政権はアメリカの中間選挙を前に、ブランソンの解放をトルコ政府に強く迫った。よく知られているように、アメリカにおいて福音派はトランプ陣営と関係が深く、重要な票田であった。しかし、トルコ政府がブランソンの解放を拒否したため、トランプ政権は二〇一八年八月にトルコに経済制裁を発動した[37]。

この経済制裁の結果、トルコの経済は悪化する。二〇一八年を通して対ドル価格が四〇%上昇したが、八月だけで二五%も上昇した。また、主要格付け会社が軒並みトルコを格下げしたことで、外資がトルコでの事業に二の足を踏むようになった。二〇一九年に入り、数字上の経済状態は改善したが、二〇一九年の初めは肉や野菜の値段が高騰するなど、国民の生活が圧迫された。結果的にこの状況が二〇一九年三月三一日の中間選挙における公正発展党の苦戦へとつながった。中間選挙の首長選の得票率は四四・三％であったが、イスタンブル、アンカラ、イズミルという三大都市で敗戦した。公正発展党がイスタンブルとアンカラで敗北するのは結党以来、初めてであった[38]。エルドアンと公正発展党は、経済制裁に由来する経済の悪化を「経済テロ」と批判し、それまで同様に〈安全保障化〉によって局面を乗り切ろうとしたが、有効な経済立て直し案を提示できなかったため、得票率が下がったと見られる。二〇一九年の中間選挙では〈安全保障化〉が有効に機能しなかった。

五　ポスト・グローバリゼーション時代に問われる人びとのアイデンティティ

本章では、グローバリゼーションおよびポスト・グローバリゼーションとセキュリティの関係について、安全保障化／〈安全保障化〉をキーワードとして概観した。冷戦終結直後に登場した社会の安全保障に焦点を当てるコペンハーゲン学派の議論は、社会的分断や排除が深刻化したポスト・グローバリゼーションの時代において再度重要性を増している[39]。本章は、ＳＮＳの登場をポスト・グローバリゼーションの時代の幕開けと位置付けた。二〇二〇年初頭からのコロナ・ウィルスの世界的な蔓延はヒトの流れを大きく遮断し、グローバリゼーションの終わりを告げる現象のように思える。しかし、グローバリゼーションからポスト・グローバリゼーションへの移行はすでにＳＮＳの普及に伴い生じていた。前述したように、ポスト・グローバリゼーション時代の特徴はアイデンティティの揺らぎであった。コロナ・ウィルスの世界的拡大はアイデンティティをめぐる政治において、主権国家の優位性もしくは欠点をより一層明らかにした。なぜなら、コロナ・ウィルスの対策は基本的に国家単位で実施されたため、対応の良し悪しが感染者数、死亡者数という具体的な形で判断されることになったためである。

冷戦期まで、安全保障は対外的な脅威（敵対する国家）に対抗し、国内で国民に安全を提供することで成り立ってきたが、グローバリゼーションによってそうした区分が柔軟化され、敵は国外だけでなく、国内にも存在し、また、その主体が必ずしも主権国家というわけではなくなった[40]。こうした状況をコペンハーゲン学派は安全保障化の枠組みで捉え、さらに〈安全保障化〉が政策としても採られることが多くなった。山崎望によると、脅威をもたらす敵の存在が必要不可欠な〈安全保障化〉の過程は、脱民主化の過程であり、例外状態、つまり戦争状態の内部化・日常化を意味する。これにより、法の生成と運用よりもセキュリティの論理に基づく統治が優先される[41]。対テロ戦争を優先し、戒厳令を引いたトルコの対応は、セキュリティの論理が優先された典型的な事例であった。

ＳＮＳが普及するとともに、善悪二元論を好むポピュリスト指導者が多くなっているなかで、〈安全保障化〉は今後さらに多く見られることになるだろう。よって、そのメカニズムを把握することは、現実世界の理解を深めるうえで重要となる。

注

1　滝田賢治「グローバル化論の類型学」星野智編『グローバル化と現代世界』中央大学出版部、二〇一四年、三八―四七頁。

2　デイヴィッド・ヘルド、アンソニー・マグルー、デイヴィッド・ゴールドブラット、ジョナサン・ペラトン／古城利明・臼井久和・滝田賢治・星野智ほか訳『グローバル・トランスフォーメーションズ――政治・経済・文化―』中央大学出版部、二〇〇六年。

3　ブザンは主権国家の構成要素をアイディア、物理的な基礎、制度とし、これらの凝集力が乏しい国家を弱い国家とした。Barry Buzan, *People, States, and Fear* (*Second Edition*), Hertfordshire: Harvester Wheatsheaf, 1991, p. 65. この点に関する詳細は、例えば、今井宏平「「主権の空白地」の統治をめぐるせめぎ合い――イラクとシリアにおける「イスラーム国」とクルド人組織の活動を事例として」『国際政治』第一九四号、二〇一八年、四六―六一頁を参照。

4　ウルリッヒ・ベック／木前利秋・中村健吾訳『グローバル化の社会学――グローバリズムの誤謬　グローバル化への応答』国分社、二〇〇五年。メアリー・カルドー／山本武彦・渡部正樹訳『新戦争論――グローバル時代の組織的暴力』岩波書店、二〇〇三年。

5　Roland Robertson, *Globalization: Social Theory and Global Culture*, London: SAGE Publications, 1992, pp. 164-181.

6　例えば、デヴィッド・ヘルド、アントニー・マッグルー／中谷義和・柳原克行訳『グローバル化と反グローバル化』日本経済評論社、二〇〇三年。Jan Art Scholte, *Globalization: A Critical Introduction* (*Second Edition*), London: Palgrave, 2005.

7　例えば、キャス・サンスティーン／伊達尚美訳『#リパブリック――インターネットは民主主義になにをもたらすのか』勁草書房、二〇一七年。

8　ジョセフ・ナイ、ロバート・コヘイン／滝田賢治監訳『パワーと相互依存』ミネルヴァ書房、二〇一二年。

9　Barry Buzan, Ole Wæver, and Jaap de Wilde, *Security: A New Framework for Analysis*, Boulder: Lynne Rienner Publishers, 1998. コペンハーゲン学派に関しての詳細は、例えば、Stefano Guzzini and Dietrich Jung (eds.),

Contemporary Security Analysis and Copenhagen Peace Research, London: Routledge, 2004を参照。安全保障化はコペンハーゲン学派の独占物ではなく、二〇〇〇年代以降はディデル・ビゴ、テリー・バルザックを中心に、社会学的過程を重視したパリ学派が研究をリードしている。パリ学派に関しての詳細は、例えば、Didier Bigo and Emma McCluskey, "What is a Paris Approach to (In) securitization?: Political Anthropological Research for International Sociology" in Alexandra Gheciu and William. C. Wohlforth (eds.), *Oxford Handbook of International Security*, Oxford: Oxford University Press, 2018, pp. 116–132.

10　生態学脅威を環境脅威へと名称を変更しているが、脅威の内容に変化はない。ただし、一九九八年の著作においては、安全保障の対象を一国だけでなく、二ヵ国または三ヵ国における安全保障の相互依存関係に焦点を当てている。

11　Buzan, *op. cit.*, pp. 116–134.

12　Philippe Bourbeau, *The Securitization of Migration: A Study of Movement and Order*, New York: Routledge, 2011, p. 2. 塚田鉄也「社会の安全保障——その理論的・政治的含意」『桃山法学』第二六号、八七—一〇八頁。

13　Buzan, Wæver, and Wilde, *op.cit.*, p. 25.

14　Michael Williams, "Words, Images, Enemies: Securitization and International Politics," *International Studies Quarterly*, Vol. 47, No. 4, 2002, p. 513.

15　コペンハーゲン学派は聴衆の言語行為の受容に関しての分析は十分ではなかった。この点に関してはパリ学派の議論において進展が見られた。例えば、Sarah Leonard and Christian Kaunert, "Reconceptualizing the Audience in Securitization Theory," in Thierry Balzacq, *Securitization Theory: How Security Problems Emerge and Dissolve*, London: Routledge, 2010, pp. 57–76.

16　*Ibid.*, pp. 122–123.

17　Paul Roe, "Societal Security" in Alan Collins (ed.), *Contemporary Security Studies*, *3rd ed.*, Oxford: Oxford University Press, 2012, p. 177.

18　*Ibid.* 確かに、社会的脅威／安全保障は『アイデンティティ・移民・ヨーロッパにおける新しい安全保障の課題』で深められたが、すでにブザンは『人間・国家・恐怖』の中で社会的アイデンティティが脅威にさらされる点について言及しており、安全保障に関してもウィーバーの未発表論文を引用し、安全保障にとって発話行為が重要だということにも触れている。

19　Barry Buzan, Morten Kelstrup, Pierre Lemaitre, Elzbieta Tromer, and Ole Waever, *The European Security Order Recast: Scenarios for the Post-Cold War Era*, London: Pinter Publishers, 1990, pp. 3-10.

20　旗の下の結集効果を最初に指摘した論文として、John E. Mueller, "Presidential Popularity from Truman to Johnson," *American Political Science Review*, Vol. 64, No. 1, 1970, pp. 18-34.

21　Dieuwertje Kuijpers, "Rally around All the Flags: The Effect of Military Casualties on Incumbent Popularity in Ten Countries 1990-2014," *Foreign Policy Analysis*, Vol. 15, No. 3, 2019, pp. 392-412. アメリカに次いで多いのはイスラエルに関する研究である。

22　浜中新吾「地上戦が引き起こす熱狂――「境界防衛作戦」時の旗下集結効果」『日本国際政治学会二〇一九年度研究大会発表ペーパー』二頁。

23　安全保障化と旗の下の結集効果の違いは大きく二つある。第一に、安全保障化は批判的安全保障論の一つと位置付けられ、定性的な研究が多いのに対し、旗の下の結集効果は紛争研究の中で提唱され、定量的な研究が多い。第二に、安全保障化が一連のプロセスを重視するのに対し、旗の下の結集効果は人々がいかに政権を支持するようになるのかに焦点を当てている。

24　上谷直克「〈書評〉村上勇介編『「ポピュリズム」の政治学――深まる政治社会の亀裂と権威主義化』」『ラテン・アメリカ論集』第五三号、五七―六五頁。

25　公正発展党とグローバリゼーションの関係に関しては以下を参照。Ziya Öniş, "Conservative Globalists Versus Defensive Nationalists: Political Parties and Paradoxes of Europeanization in Turkey," *Journal of Southern Europe and the Balkans*, Vol. 9, No. 3, 2007, pp. 247-261; Ziya Öniş, "Conservative Globalism at the Crossroads: The Justice and Development Party and the Thorny Path to Democratic Consolidation in Turkey," *Mediterranean Politics*, Vol. 14, No. 1, 2009, pp. 21-40; Ziya Öniş, "The Triumph of Conservative Globalism: The Political Economy of the AKP Era," *Turkish Studies*, Vol. 13, No. 2, 2012, pp. 135-152; 今井宏平「分析レポート――「保守的なグローバリスト」から「民族主義的な防御主義者」へ？――公正発展党政権の政策変遷」『アジ研ワール

ド・トレンド』№二六八、二〇一八年、三四―四一頁。

26　一方で、公正発展党は八〇年代から九〇年代にかけて新自由主義の受容がトルコ国内で貧富の格差を拡大させたことを受け、セーフティネットの構築にも力を注いだ。

27　二〇一五年以降、トルコ政府が〈安全保障化〉を推進してきたことは以下の拙稿でも論じており、本章の記述と一部重複している部分がある。今井宏平「「強い大統領」エルドアンに導かれるトルコ」『世界』二〇一九年四月号。今井宏平「公正発展党の内政における政権維持の手法（二〇〇二年〜二〇一九年）」『中東研究』五三六号、二〇一九年、一五―二六頁。

28　ＭＩＰＥＸは労働市場アクセス、家族呼び寄せ、教育、長期滞在、政治参加、国籍取得、反差別、健康という八つの政策分野でそれぞれスコアを提出（最高スコアは一〇〇点）している。トルコは二〇一四年に三八ヵ国で実施されたＭＩＰＥＸでその総合数値が最下位であった。"Turkey", MIPEX 2015 (http://mipex.eu/turkey). 二〇二一年二月五日閲覧。

29　ＩＳに加わった外国人戦闘員の数に関しては以下を参照した。Richard Barrett, "Beyond the Caliphate: Foreign Fighters and the Threat of Returnees," The Soufan Center, October 2017 (http://thesoufancenter.org/wp-content/uploads/2017/10/Beyond-the-Caliphate-Foreign-Fighters-and-the-Threat-of-Returnees-TSC-Report-October-2017.pdf). 二〇二一年二月八日閲覧。トルコ人はＥＵ圏内に渡航する際にはヴィザが必要なので、ＥＵ諸国とトルコ間のヴィザ政策は現状ではトルコが不利な状況になっている。

30　ＦＲＯＮＴＥＸの広報、Ewa Moncure 氏とのインタビュー（二〇一七年八月二九日実施）。

31　例えば、現在大統領府のホームページに掲載されている二〇一五年八月から九月にかけての六回のエルドアン大統領の演説全てでテロに対して言及し、選挙において国家を支持するかテロリストを支持するかの決断を迫った。"8. Muhtarlar Toplantısı'nda Yaptıkları Konuşma (2015/8/12)"; "9. Muhtarlar Toplantısı'nda Yaptıkları Konuşma (2015/8/19)"; "10. Muhtarlar Toplantısı'nda Yaptıkları Konuşma (2015/8/26)"; "3. Uluslararası Ombudsmanlık Sempozyumu'nda Yaptıkları Konuşma (2015/9/16)"; "Türkiye Gençlik Kulübü Federasyonu Kongresi'nde Yaptıkları Konuşma (2015/9/16)"; "11. Muhtarlar Toplantısı'nda Yaptıkları Konuşma (2015/9/29)", *Türkiye Cumhuriyet Cumhurbaşkanlığ Web Site* (https://www.tccb.gov.tr/receptayyiperdogan/

konusmalar/?&page = 18), 二〇二一年二月二三日閲覧。

32　“Millete Hitap (2016/7/19)”, *Türkiye Cumhurbaşkanlığ Web Site* (https://www.tccb.gov.tr/konusmalar/353/47677/millete-hitap), 二〇二一年二月二三日閲覧。

33　Alan. J. Lambert, J.P. Schott, and Laura Scherer, “Threat, Politics, and Attitudes: Toward a Greater Understanding of Rally-‘Round-the-Flag Effects,” *Current Directions in Psychological Science*, Vol. 20, No. 6, 2011, pp. 343-348.

34　毎月世論調査を行っているトルコの世論調査会社Metropollの調べでは、二〇一四年八月から二〇二一年二月現在までの大統領任期期間の間でエルドアン大統領の支持率が最も高かったのがクーデタ未遂事件後で支持率は約六七％であった。Metropoll Twitter (https://twitter.com/metropoll/status/1356523245546201088/photo/2), 二〇二一年二月二三日閲覧。

35　民族主義者行動党の公正発展党への接近に関しては、今井宏平「際立つ民族主義者行動党の存在感――二〇一八年六月のダブル選挙の考察を中心に」『海外事情』六六巻七号、二〇一八年、五五―六七頁。

36　ヤシャ・モンク／吉田徹訳『民主主義を救え！』岩波書店、二〇一九年、二二三頁。

37　ギュレン運動の取り締まりの中心人物であるアブドゥルハミト・ギュル法務大臣とスレイマン・ソイル内務大臣のアメリカにおける資産を凍結し、次いでトルコからの鉄鋼とアルミ製品の関税を二倍に引き上げた。

38　イスタンブルに関しては、公正発展党および民族主義者行動党から選挙不正があったという主張が出され、最終的に高等選挙委員会がイスタンブルの大都市市長選のみ再選挙を行う決定を下した。そしてイスタンブルで六月二三日に再選挙が実施されたが、再度、共和人民党のエクレム・イマームオールが公正発展党の元首相のビナリ・ユルドゥルムに勝利した。

39　Michale J. Butler and Zena Wolf, “Introduction: Revisiting Securitization and the ‘Constructivist Turn’ in Security Studies,” in Michael J. Butler, *Secritization Revisited: Contemporary Applications and Insights*, Routledge: Oxcon, 2020, pp. 5-6.

40　山崎望「例外状態における正統性をめぐる政治――セキュリティによる統治／民衆による支配」杉田敦編『デモクラシーとセキュリティ――グローバル化時代の政治を問い直す』法律文化社、二〇一八年、一九六―一九八頁。

41　山崎、同上論文、二〇二頁。

第3章　ポスト・グローバリゼーションとアメリカ

アメリカの国際秩序形成の揺らぎとその再生の可能性

前嶋和弘

第二次大戦後の国際秩序を作ってきたアメリカ的理念は大きな曲がり角を迎えている。特に二〇一七年からのトランプ政権の四年間には自由貿易から管理貿易への変化や、非合法移民に対する対応などの変化から、「開かれたアメリカ」から「閉ざすアメリカ」に大きく方向転換しつつあるようにみえた。同政権が進めた「アメリカ・ファースト（アメリカ第一主義）」は、アメリカが自ら第二次大戦後に築いてきた国際協調を核とした国際秩序づくりからの逸脱にほかならない。ただ、バイデン政権の誕生で状況はまた大きく変わりつつあるようにもみえる。まだ見えにくいポスト・グローバリゼーションのアメリカは、もしかしたら、「アメリカ・ファースト」的なベクトルではなく、アメリカが国際秩序形成を担ったグローバリゼーション時代への回帰かもしれない。

本章ではポスト・グローバリゼーション時代のアメリカの動向について、まずアメリカが第二次大戦直後から築いてきた国際秩序にふれる。そして、この秩序形成の動きが国際的、さらには国内的な要因から揺らいできた事実を分析する。その揺らぎを背景とした外交政策を行ったトランプ政権期の各種政策を概括した後、政権後半部分の理念外交の復活の兆しともいえるような動きについて振り返る。そして、バイデン政権で一気に目立ちつつあるアメリカの国際秩序形成への関与の復活について検証する。

一　アメリカとグローバリゼーション――覇権維持のための「三つの傘」

第二次大戦後、アメリカはどのように国際秩序を構築し、さらにアメリカの国内政治がどのように「覇権国」としての地位の維持に対応していったかをまず振り返ってみたい。第二次世界大戦終結からこれまでの長い間はアメリカが主導する「パクス・アメリカーナ（Pax Americana：アメリカの平和）」という「アメリカの覇権」が現出した時代である。欧州の衰退と、若い国家であるアメリカの繁栄という歴史的な流れの中、アメリカは第二次大戦後の世界を再構築していった。米ソ冷戦の中、アメリカは明確に「覇権国」の地位を意識し、国際連合や、ドルを基軸通貨とすることを念頭に置いたブレトン・ウッズ体制などを立ち上げたほか、積極的な文化外交を世界的に展開していく。また世論もこれに呼応し、「世界のリーダー」としての意識が国民にも浸透していった。覇権を維持するために「理念の傘」「ドルの傘」「核の傘」という三つの傘を提供し、それぞれを「国際公共財」とすることで戦後の国際秩序を安定化させていった。

（1）「理念の傘」

まず、孤立主義から、自由や民主主義を国際的に拡大していこうという想いから生まれた国際主義（internationalism）への転換はアメリカにとって大きな変化だった。アメリカの外交政策上の大きな方針として建国から間もない一九世紀初めから位置づけられているのが、「モンロー・ドクトリン（Monroe Doctrine）」に代表されるような孤立主義だった。しかし、冷戦という新しい時代に入り、新たな覇権国となったアメリカにとっては、もはや孤立主義にとどまることはできず、自由主義陣営の旗手として、さらには「世界の警察」として、積極的に国際紛争に介入していくことになった。共産主義陣営から自由と民主主義を守るという義務感と、自らの価値観を徹底的に擁護するという姿勢がアメリカの外交政策を支えていた。このように冷戦期においては、アメリカの外交方針のベクトルは、孤立主義に代わり、一種の「宣教師的」な義務感に裏付けられた国際主義の方向に向かっていった。

この義務感の中心にあったのが、「自由と民主主義」というアメリカ建国の理念そのものだった。「自由と民主主義」こそ、アメリカ主導の国際秩序の中核にあり、「理念の傘」が広がっていった。この理念を世界中に拡大する装置として、第二次大戦の戦勝国を中心とする国際連合をアメリカ主導で形成していった。国連の発展は「自由と民主主義」だけでなく、「法の支配」や国際協調の重要性などが広がっていくことを意味していた。国連という組織を通じて、アメリカ主導の国際秩序が政治イデオロギーの面でも広く共有されていく[1]。

第二次大戦でアメリカと戦った日本、ドイツなどの敗戦国は当初、敵国として国際連合から排除されたが、西側陣営の一角としてアメリカとの同盟国になっていく過程の中で、国連加盟を許していった。敗戦国に対しては、「自由と民主主義」という価値観の共有が国連加盟の前提となっていた。そして、アイケンベリーが指摘するところの「自由主義的国際秩序（liberal international order）[2]」の根幹となる考え方として「自由と民主主義」が定着していった。こうしてアメリカは第二次大戦後、「理念の傘」を広げていった。

（2）「ドルの傘」

次に、ドルを基軸通貨とすることを念頭に置いたブレトン・ウッズ体制（Bretton Woods Agreements）の構築と自由貿易を推進することで、アメリカ主導の国際経済の仕組みが第二次大戦後、築かれていった。ドルを基軸通貨として、世界経済が動いていく仕組みができていく。これが第二の傘である「ドルの傘」である。

世界経済を牽引していたアメリカが、一九三〇年代に保護主義貿易に転換したことが、第二次大戦の遠因の一つとなったのではないかという見方がアメリカでは広く共有されてきた。一九二九年に起こった世界恐慌への対策の一環として、一九三〇年六月、連邦議会がスムート・ホーリー法（Smoot-Hawley Tariff Act）を成立させた。同法は二万品目以上の輸入品に関する関税を記録的な高さに引き上げるものであった。これに対して、多くの国はアメリカが輸出する商品に高い報復関税をかけた。アメリカが率先することで、各国のブロック経済圏を広げてしまい、保護貿易主義が台頭する。

その結果、アメリカの輸出入は半分以下に落ち込み、世界経済も悪化した。特に第一次大戦の賠償問題で経済的に疲弊していたドイツも苦しみ、賠償で疲弊するドイツ国民をナチス支持に向かわせてしまったのではないかという懸念があった。

この失敗を繰り返さないため、第二次大戦後、アメリカは自由貿易が進むための国際システムづくりに一気に着手した。自由貿易を堅持するための国際的な取り決めである「関税及び貿易に関する一般協定（ＧＡＴＴ）」を戦後直後に発足させ、さらに、一九九五年にはＧＡＴＴの後続としてさらに強制力を持つ世界貿易機構（ＷＴＯ）を立ち上げている。

資金の流れが止まれば貿易も止まるため、自由貿易を支える国際金融も重要であり、為替の安定政策をアメリカは進めようとしてきた。国際金融の血液としてアメリカが使ったのが自国のドルである。一九四四年のブレトン・ウッズ協定では、為替の安定のために、アメリカドルを世界の基準通貨とし、この金とドルの交換比率（為替相場）を一定に保つことを決めた。「金一オンス＝三五ドル」と定め、そのドルに対し各国通貨の交換比率を定めたことで、ドルが世界に流通するシステムが構築された。金とドルの交換比率は一九七一年までのいわゆるニクソンショックまで続き、戦後の世界経済の発展を支えた。

加盟国の経常収支が著しく悪化した場合などの融資制度などを通じ、自由貿易の促進や為替の安定を進める国際通貨基金（ＩＭＦ）を一九四五年に設立し、現在に至る。第二次世界大戦で疲弊・混乱した世界経済を安定化させるために、ＩＭＦとともに、国際復興開発銀行（ＩＢＲＤ）を設立し、二つの組織を中心に、国際的協力による通貨価値の安定、貿易振興、開発途上国の開発を行い、自由で多角的な世界貿易体制をつくるため為替相場を安定させていった。

（3）「核の傘」

さらに、第二次大戦終盤からソ連との冷戦を予感したアメリカは西欧やアジア諸国との同盟体制の形成に動いた。アメリカが同盟諸国を軍事的に保護するための装置が「核の傘」であり、核保有国に働く抑止の機能を非核保有国に及ぼすことで、アメリカは西側陣営の「陣地」を広げていく形となった。ソビエト連邦を中心とする共産圏に対抗するためのアメリカを中心とする西側陣営の多国間軍事同盟として、欧州では、イギリスやフランスが主体となり、北大西洋条約（ＮＡＴＯ）が一九四九年に締結された。また、アメリカは日本、韓国、フィリピン、オーストラリアなどと二国間の軍事同盟関係を進め、「ハブ・アンド・スポーク」型の軍事機構を次々に構築していった。

さらに、軍事同盟は実質的な経済同盟でもあった。マーシャルプランによって西欧諸国の復興を支え、ガリオア・エロア資金によって日本・琉球・台湾の復興を助けたのは、軍事的な同盟関係の構築がその背景にある。冷戦下でアメリカと軍事同盟を結んだ西欧諸国や日本は、アメリカの強大な軍事力と核の抑止力の庇護の下、復興後も安定した経済成長を遂げることにつながる。西欧諸国や日本は第二次大戦以降後に植民地経済を喪失したが、アメリカとの軍事同盟はこれを補って余りある大きな経済的なメリットをもたらせた。「軍事同盟＝経済同盟」という考え方は、アメリカが脱退したことで論議を呼んだ後述するＴＰＰ（環太平洋パートナーシップ）協定にも受け継がれている。

（4）「文化」の伝播力と「冷戦コンセンサス」

一方、「理念の傘」「核の傘」「ドルの傘」という三つの傘を支えるために、アメリカがとったもう一つの手段が文化外交政策である。第二次大戦後、アメリカは積極的なパブリック・ディプロマシー（広報外交）を世界的に展開し、自らの文化、思想、イデオロギーなどのソフトパワー（soft power）の影響力を高めていった。

ナイによれば、ソフトパワーとは、国家が軍事力や経済力などの対外的な強制力ハードパワー（hard power）によらず、その国の有する文化や政治的価値観、政策の魅力などに対する支持や理解、共感を得ることにより、国際社会からの信頼や、発言力を獲得し得る力のことである。[3] 相手国の政府ではなく相手国の国民に働きかけて、国際社会における自国の存在感やイメージを向上させ、自国についての理解を高めていくのがソフトパワーを使った外交の目標となる。

具体的には、ＵＳＩＡ（United States Information Agency：アメリカ文化情報局、現在は国務省に統合）傘下の西側各国のアメリカンセンターや短波放送のＶＯＡ（ボイス・オブ・アメリカ）による日々の情報発信だけでなく、国際的な奨学金制度、交換留学など永続的な人的交流の関係の構築を第二次大戦直後、一気にアメリカは作り上げた。ソフトパワーはハードパワーと比べて、時間がかかり、効果も拡散するものである。しかし、既存のハリウッド映画やポピュラー音楽などとともにアメリカ政府が意図的に文化的な観点からの影響力の拡大を急いだという相乗効果で、第二次大戦後の冷戦、そして冷戦終結後の現在に至る「世界の文化のアメリカ化」が進んでいくことになる。

第二次大戦前からアメリカはハリウッド映画やディズニー、ポップス、ジャズなどに代表されるような誰にも愛されるようなコンテンツをつくり続けてきた。このようなコンテンツが世界に広がるとともに、民主主義、表現の自由、人権、法の支配などといったアメリカの理念が重なっていった。第二次大戦直後には「ソフトパワー」という言葉そのものはなかったが、アメリカはソフトパワーを強く意識し、ソフトパワーの影響力の拡大を急いだ。

実際、アメリカという国家に対する「魅力」は世界各地から移民を引き寄せていった。厳しい移民制限をした一九二四年移民法の割当制度を撤廃した一九六五年移民法（ハート・セラー法）は「開かれたアメリカ」の復活を希求したものだった。六五年法では新たな受け入れ制限として、年間総枠を国ではなく、世界の地域別に制限した上で、アメリカ市民の親族の優先的受け入れやアメリカ社会が必要としている職業に従事し得る移民の優先的受け入れなどを規定した。同法の背景には、移民の国であるアメリカの根本に戻ろうという動きがあった。その結果、メキシコ系を含むヒスパニック系（ラテン系）やアジア系の人口が急増する。移民に対する複雑な感情はあるものの、アメリカというのは移民の国であり、経済的にも文化的にも積極的に移民を受け入れようとする動きが基本的には排外主義を克服してきた。「多様の中の統一（エ・プルリブス・ウヌム）」は貨幣などに刻まれている国是であり、新しいダイナミズムが生まれてくるという理念である。

覇権やパクス・アメリカーナ、あるいは、国連に象徴される国際公共財などの概念そのものは国民がどれだけ正確に理解したか分かりにくいものではある。ただ、それでも冷戦期の国民世論は明らかに反共でまとまり自由を守ろうとする宣教師的な外交理念を下支えし、国際問題にアメリカが介入していくことを支持していく。

世論を反映して国内政治でも、東側陣営との軍事的対立を優先する傾向が目立っていく。議会は大統領の外交政策をそのまま支持するフリーハンドといわれるような状態が続いていた。大統領の国内政治については議会側が厳しい対応をするが、大統領の外交政策に対しては議会側も支持するというパターンが戦後長く定着した。このようにして、大統領の外交政策に対して、世論も議会もできるだけ対立を避けようとする「冷戦コンセンサス（Cold War Consensus）」が成立していった。

二　冷戦終結後三〇年間の変化

四〇年以上という長い冷戦期において、冷戦コンセンサスは固定的なものだったわけでは全くない。時間がたつにつれ、二大政党の大きな変容など国内政治は大きく変わり、外交政策をめぐる大統領と議会との駆け引きも変貌していった。さらに、ベトナム戦争の泥沼化に代表される国際関係の変化によって、覇権国としてのアメリカ国民の意識にも大きな変化が起きていった。このように、かつての冷戦コンセンサスは構造的に消えていくことになる。議会と大統領は外交政策についても激しく対立する時代になった。さらに外交政策として扱われる争点が拡大するなか、非政府アクターが外交に与える影響も大きくなっており、大統領の外交政策に対してもフリーハンドは与えられなくなっている。さらに、冷戦終結後から現在に至る三〇年間には次に論じる自由貿易への不信、中国の台頭、政治的分極化という三つの大きな変化が生まれていく。

(1) 自由貿易不信

冷戦終結後から現在に至る三〇年間には自由貿易への不信が高まっていく。雇用が中国やメキシコ、日本などに流出していくなか、それまでは金科玉条のように守られていたはずの自由貿易に対する不満が一気に高まる状況になり、グローバル化の進展は格差を広げる象徴になっていく。技術革新、労働組合の衰退なども格差拡大の理由だが、一般に分かりやすいのがグローバル化の進展である。

アメリカの経済的不平等は冷戦終結前から一貫して拡大し続けている。ジニ係数は右肩上がりであり、所得格差は一九八〇年から二〇一六年にかけて約二〇%拡大している。アメリカのジニ係数は二〇一七年には〇・四三四であり、フランスの〇・三二六からイギリスの〇・三九二までの範囲にあるG7諸国のいずれよりも高い。インドの不平等レベル(〇・四九五)に少しずつ近づいている。

アメリカの家計全体の所得は、景気の山と谷による一時的な中断はあるものの、一九七〇年以降、上昇傾向にある。二〇一八年のアメリカ世帯の所得の中央値は七万四六〇〇ドルで、一九七〇年の五万二〇〇〇ドルに比べて四九%増加した。ただ、一九七〇年から二〇〇〇年の間に、所得の中央値は年平均一・二％で四一％増加し、七万八〇〇〇ドルとなったが、二〇〇〇年から二〇一八年にかけて、伸びは年平均〇・三％にまで鈍化した。[4]

さらに特筆すべきは、上位五％の高所得世帯の富の急速な増加である。アメリカの最上位一％の世帯が持つ資産は、アメリカの富の四〇％に相当し、この割合は少なくとも一九六二年以降のどの時点よりも高くなっている。[5] 富める者はさらに豊かになったが、中間層は取り残されてしまった。

アフガニスタン戦争、あるいはイラク戦争を経験するなかで、二〇〇一年九月一一日の同時多発テロ以降の中東重視の安全保障戦略に対する国民の不満も高まっていく。「中東の民主化ではなく、アメリカ国民である私の今の生活を何とかしてくれ」という声が顕著になっていく。こうして、上述の第二次大戦後の国際秩序を支えて様々な「傘」が弱体化していった。

（2）中国の台頭

冷戦終結後から現在に至る三〇年間はアメリカの衰退でだけでなく、次の覇権国とみられている中国の台頭の時代と重なる。冷戦終結直後にはアメリカの単極構造論が浮上していたが、経済的にも軍事的にも中国が目立つようになり、アメリカの国際政治上の立場を揺るがしていく。経済的には一九九〇年から二〇一八年にかけて、アメリカの一人当たり国民総所得（ＧＮＩ）は実質ベースで五六％増えたが、中国の増加は目覚ましく、この間九六〇％増となっている。一九九〇年時点でアメリカの一人当たりＧＮＩはドルベースで中国の七〇倍、購買力平価ベースでも約二五倍だったが、二〇一九年にはドルベースで六倍、購買力平価ベースで四倍まで迫ってきている。[6] また、中国の軍拡のペースも凄まじく、アメリカの国防総省によると、中国は世界最大の海軍を有しており、二〇二〇年段階で一三〇隻以上の主要な水上戦闘機を含む約三五〇隻の艦船と潜水艦からなる総合的な戦闘力を有している。これに対し、アメリカ海軍の戦闘力は二〇二〇年初頭時点で約二九三隻にとどまっている。[7] さらに宇宙やサイバースペースにおける軍事能力をアメリカと競い合っている。

さらに、中国も第二次大戦後のアメリカが行ったのと同じように、一帯一路、アジアインフラ投資銀行、ＲＥＣＰ（地域的な包括的経済連携）などの国際経済、国際金融に積極的に関与することで、国際的な影響力を伸ばしてきた。中国の場合には上述のソフトパワーはいまだ弱いものの、民主国家を分断したり、弱体化させるための文化戦略である「シャープパワー」を効果的に使ってきた。ソーシャルメディアを使った世論操作や選挙への介入のほか、アメリカのＣＡＴＶ・衛星向けに展開する「ＣＣＴＶアメリカ」（二〇一二年開局、現在は「ＣＧＴＮアメリカ」）を介した情報拡散、さらには、中国の言語や文化、歴史を広めるという孔子学院（Confucius Institute）」（二〇〇四年開始）などがシャープパワーの例である。いずれも、アメリカの開放性を利用した戦略である点は共通している。[8]

アメリカから中国への覇権交代論も浮上しつつある。新興勢力が台頭し、既存勢力の不安が増大すると、従来の覇権国家と台頭する新興国家との間で戦争が不可避な状態にまで衝突する現象である、「ツキディディスの罠（Thucydides Trap）」論[9]も指摘されるようになった。国際関係上の不安定さが増すなか、アメリカが「世界の警察官」である時代も終わりつつあるのかもしれないという認識も世界的に広がりつつある。

（3）政治的分極化

冷戦終結後から現在に至る三〇年間にはちょうどアメリカ国内的には分断である政治的分極化（political polarization）が一気に進展した時期と重なる。アメリカの政治的なイデオロギーはクリントン政権の一九九〇年代半ば頃から、世論や政党エリートの意見が、右と左に大きく分かれてきた。かつて、アメリカの世論は真ん中に収斂していたが、民主党支持者と共和党支持者の間のイデオロギー的な差が開いて、議会の中でも、同じように民主党と共和党の二つの政党の立ち位置が離れつつある。[10]政治的分極化のために、内政にしろ、外交にしろ、大統領が提示する政策について、議会では大統領の政党の所属議員は支持し、対立党の議員は反発するという新たなパターンが生まれている。

分極化に関連し、近年の大統領は国内的な大きな政治的変化として、分割政府（divided government）という面倒な問題に直面する。分割政府とは、大統領の所属政党と、上院、下院の多数派党のどれか一つでも別の政党になることである。日本の場合、衆議院と参議院の多数派党が異なる状況をねじれというが、アメリカの場合、三つのうちのどれか一つでも異なる状況になると、簡単にねじれてしまい、分割政府になる。分割政府そのものは、それほど大きな問題ではなかったが、ただ、分割政府に分極化が加わると、全く政治が動かない状況になる。一九七〇年代頃のアメリカの議会においては、共和党の半分ほどの議員は民主党の半分ほどの議員と組んで、例えば環境法案を通しており、ほかにも様々な法案を通していた。アメリカには党議拘束はないが、今、アメリカでは、議員の九割ほどが自分の政党のところに投票する。日本には党議拘束があるが、アメリカの場合は党議拘束がなくても結束している状況である。分極化と分割政府が重なると、政治が動かず、人々が政治に対して不満を持つことになる。

　政治的分極化の進展と世界的な情報技術の変化は無縁ではない。インターネットの爆発的普及、なかでもソーシャルメディアは政治的な言説を大きく変えつつある。誰もが自分の意見を言え、ポピュリズム的な政治の流れを生み出しているだけでなく、自分の支持する情報ばかりに囲まれていく「フィルターバブル（filter bubble）」「エコーチェンバー（echo chamber）」といわれる現象も起こっていく。ソーシャルメディアが政治的分極化をさらに加速化させていく。[11] トランプに対する根強い支持が集まる一方で、リベラル色が強い政治家であるバーニー・サンダース上院議員や、アレクサンドリア・オカシオコルテス下院議員が人気を集めていることにもつながっていく。

　分極化が極まった状況は、アメリカの歴史において過去の時代にも一度ある。アメリカでは議会における党議拘束はないものの、主要法案に投票する際、上下両院ともに共和党、民主党のいずれも九割以上の議員が同じ党で結束する状況が続いている。[12] このような高い結束率は激しい対立を背景にしているのはいうまでもない。高い結束率は南北戦争前後にとても似ている。南北戦争の時代とは、共和党を中心とする北部と民主党を中心とする南部から成るアメリカにおいて、独立を求める南部と反対する北部が殺し合った時代である。今人々は、殺し合いではなくソーシャルメディアで罵倒し合う時代になっている。

三　トランプ政権時の「アメリカ・ファースト」

この冷戦後の過去三〇年の国際関係の変化、そしてアメリカの内政の変化をみれば、アメリカの国際秩序形成の動きが明らかに揺らいでいる。冷戦コンセンサスが過去のものとなり、政治的分極化が極まった状態で分割政府が恒常化するという状況は、アメリカのリーダーである大統領にとって、政策運営が非常に困難になっていることを意味する。

その揺らぎを背景としたのがトランプ政権の一連の政策である。大きな衝撃をもってみられたトランプ政権がもたらした外交の一連の変化は、決してアブノーマルなものではなく、ある程度の必然性を持っていた。誤解を恐れずにいえば、国際秩序からの逸脱にも合理性があった。分極化が極まるなか、トランプ政権がどんな政策を打ち出しても民主党支持者からは否定的な反応となる。

分極化とともにトランプ政権後半の二年間（第一一六議会）は、上院では共和党が多数派を維持したが、下院は民主党が多数派だったため、分割政府となった。最初の二年間（第一一五議会）では上下両院は共和党が多数派であり、分割政府ではなく統一政府（unified government）だったが、党議拘束がないほか[13]、上院には少数派が多数派を止めることができるフィリバスター（合法的議事妨害）があるため、実質的には分割政府に近い状態だった[14]。

やりにくさを緩和させ、政策を少しでも動かすためには支持層を徹底的に固める必要性があり、支持層へ政策的な還元を徹底したのがトランプ政権だった。トランプ政権時には国際主義に対して比較的否定的な共和党支持者の声を代弁するかのようにこれまでアメリカが作り上げてきた国際秩序形成からの逸脱を模索した。具体的には自由貿易、国際協調、「開かれた国」、「世界の警察官」の役割の見直しの四点がある。そのいずれも「アメリカ・ファースト（アメリカ第一主義）」という言葉で象徴される。

（1）自由貿易から管理貿易への転換

まず、自由貿易やグローバル化に対する反発の背景には、過去三〇年間、アメリカ国内の格差が少しずつ進んだ点が大きい。上述のようにグローバル化する世界経済の中で、アメリカ国内で特に共和党支持者の間で自由貿易がやり玉に挙がった。特に中国に対する批判は強い。中国の場合、二〇〇一年にＷＴＯに加盟したが、その後も国家資本主義的な体制は変わっていない。半官半民の中国企業との合弁は技術移転を半ば強要されてしまい、知的所有権はないがしろにされているのが現状である。中国政府の為替操作の疑いは常に浮上している。トランプの支持者の一部は「自由貿易は経済的なテロだ」とさえ、言い放っている。トランプ政権は「アメリカは貿易を自由に開いているのに、他の国は自由貿易とは名ばかりで、市場開放は不徹底」とし、「アメリカ国内の多くの人々を犠牲にしてほかの国を富ませていた」という主張をした。

この流れの中、アメリカにとって「公正で相互的な貿易（fair and reciprocal trade）」を達成しようというのがトランプ政権の狙いであった。関税を上げるなどの制裁をちらつかせ、各国と二国間協定で再交渉し、「不公正」を正していくとした。その手段として、自由貿易から管理貿易への転換を進めた。環太平洋パートナーシップ協定（ＴＰＰ）からの脱退に始まり、北米自由貿易協定（ＮＡＦＴＡ）と米韓自由貿易協定（ＫＯＲＵＳ　ＦＴＡ）の見直し協議など、トランプ政権は矢継ぎ早にこれまでにアメリカが作り上げた国際間の自由貿易の秩序を次々に壊そうとしてきた。

不公正なとする貿易と戦うためにあらゆる法的手段を使うとし、外国からの製品に対しての関税引き上げを行った。特に中国の「経済侵略」に対しては、徹底的に対抗していく姿勢を明確に示した。二〇一八年三月下旬、自国産業の保護を目的に鉄鋼・アルミニウム製品の輸入制限を開始し、中国や日本などを対象に鉄鋼、アルミの追加関税を発動し、六月から欧州連合（ＥＵ）やカナダ、メキシコも対象に加えた。これに対して、日本を除く多数の国が報復関税を発動するなど、世界的な貿易戦争が広がった。中国製品に対してはその後も知的財産権侵害を理由とした制裁関税を数度にわたって課した。国家の富の源泉は貨幣の量であり貿易黒字を経済政策のポイントとみなす、一六～一八世紀の重商主義的という過去の遺物とみられてきたものが復活してきた。

自由貿易から管理貿易に向かったトランプ政権の大きな変化について、上述のように、自由貿易の中で、各国経済は互いに成長するという理想から考えれば、世界経済にとっては自由貿易から保護主義にベクトルが変わることは見逃せない兆しではある。自由貿易が後退することは、世界を不安定化させる可能性があるため懸念はアメリカの中にもある。

ただ、自由貿易やグローバル化に対する懸念を抱いているのはトランプだけではない。二〇一六年選挙でも民主党の予備選で大健闘したサンダースも徹底的にTPPに反対を唱えた。この動きをみて、民主党の予備選で勝利したヒラリー・クリントンも自説を曲げ、TPPに反対の立場を取らなくてはならなかった。

(2) 国際協調路線の見直し

アメリカの理念を伝える装置であった国連に象徴される国際公共財に対しても、「途上国寄りで改革が必要」という声が共和党支持者を中心に広がっていった。二〇一七年一月のトランプ政権発足直後、アメリカは地球温暖化対策の国際枠組みであるパリ協定やTPPからの離脱を次々に宣言していく。また、WTOについても、脱退を何度もほのめかした。二〇二〇年には新型コロナウイルスへの対応で「中国寄り」だと批判してきた世界保健機関(WHO)からの脱退も表明した。

トランプ政権時の国際協調路線の見直しについては、マルチラテラルな外交(国連、WTO、G20など)から、各国首脳と個別に話し合い、取引をしていく「一対一外交」を重視するというスタイルの変化も大きい。多国間交渉でなく、〝取引〟の結果が見えやすい二国間交渉を行う取引の中では理念(人権、多様性、民主主義)よりも、「国益」を最大限に重視していく姿勢が顕著になる。

（３）「開かれたアメリカ」の路線変更

国益重視の中で、「開かれた国」というアメリカの理念も変わっていく。一種の排外主義である。「メキシコ国境に壁を造る」「イスラム教徒の入国禁止」など、アメリカに入ってくる多様な人々を規制していく動きをトランプ政権は加速させた。オバマ大統領は二〇一二年六月に大統領令で非合法移民のうち、いくつかの条件に当てはまる若者に限っては在留を認める「ＤＡＣＡ（Deferred Action for Childhood Arrivals：幼児不法入国者送還猶予措置）」を導入したが、二〇一七年九月にトランプ大統領はこの制度の廃止を大統領令で決めた。

トランプ政権では非合法な移民だけでなく、合法的な移民についても各種の制限を行った。高度な技能を持つ専門職の外国人労働者の受け入れのためのＨ１Ｂビザについても、発給に大きな制限を行った。「閉ざすアメリカ」のベクトルの中、アメリカという「顔」は大きく変わっていった。二〇二一年四月末に広報された二〇二〇年に実施した一〇年に一度の国勢調査結果では、アメリカの人口は三億三一四四万九二八一人で一〇年に比べ七・四％増にとどまり、一七九〇年の調査開始後、世界恐慌後の一九三〇年代の成長率七・三％をわずかに上回る史上二番目に低い伸び率だった[15]。その一〇年前の調査では、二〇〇一年から二〇一〇年までの一〇年間に永住権を与えられた移民の数は一〇五〇万人を超えており、一〇年単位ではアメリカの歴史上もっとも移民の数が多くなっていたのとはあまりにも対照的である。

（４）「世界の警察官」の役割の縮小

さらに、トランプ政権では明確に「世界の警察官」の役割の見直しも打ち出した。シリア、アフガニスタンから撤退の方向性を探り、中東への軍事介入などを見直していった。同盟国に対し、「新しい同盟関係」として、駐留米軍に対する負担が足りなければ米軍そのものを縮小、さらには撤退させる可能性を示唆した。韓国、欧州、日本などがその対象となった。一連の動きは「世界の警察官」であるアメリカの責任からの解放を目指したともいえる。

例えば、在日駐留米軍の経費を例に出して、この点を論じてみる。二〇一六年の選挙戦の直前から、トランプは在日駐留米軍の全額負担に応じなければ、米軍撤退など、日米間の合意を解消し、核保有も含め、自主防衛を促す可能性があると何度も発言した。これに対して日本側は、米軍駐留経費に占める割合の中で日本側の負担は七五％に達しており、他の多くの同盟国よりも日本側は負担しているなどと主張した。さらに、日米安全保障条約は片務的なものではなく、「極東における平和と安全」のために米軍は駐留しており、日本という戦略的に非常に重要な場所を利用し、アメリカの対中国、対北朝鮮政策の最前線としての在日米軍の役割があるといったメリットなどを挙げ、日本側は反論した。

ただ、一連のトランプ政権の主張は取引の材料にもみえる。トランプ政権の立場からみれば、ブラフのような発言であっても日本側に議論を巻き起こし、負担増の可能性を引き出せる可能性がある。さらに、貿易交渉などで日本からの譲歩を引き出せるかもしれない。「アメリカが無理をして日本を守っている。その経費を負担すべきなのは当然だ」と思い込んでいるトランプ大統領の熱狂的な支持者たちの心をつかむ合理的なやり方ともいえる。

それでも、外交や安全保障は言葉のゲームでもある。在日駐留米軍の撤退の可能性が、たとえほんの少しでも実際にみえてきた段階で、中国を含む近隣諸国の出方も変わってくるであろう。「日米同盟が崩れてしまう」というイメージは少しずつ国内の安保法制議論をめぐる世論にも影響を与えていく。そうなると、東アジア、南アジアの地政学的なリスクが高まり、不安定要因となる。このような動きは上述の第二次大戦後のアメリカ中心の国際秩序形成の動きと逆行する。

トランプ大統領の行動をみていると、トランプ政権はまるで壊し屋のように、上述したアメリカが意図的に作り出していった国際秩序を意図的に崩しながら、ふるまったようにすらみえる。理念の面でもトランプ政権のアメリカに対しての危惧は少なくない。フリーダムハウスの民主主義の指標はアメリカを中心にかなり落ち込んでいる。トランプ大統領の破天荒なツイッターからは法の支配という言葉も色あせてしまうように世界は受け止めた。ポスト・グローバリズムといえるような世界各国の様々な動きの震源地はトランプ政権にあるようにみえる。

それでも、注意しないといけないのは、トランプ政権以前からこの手の方向修正の動きがあった点である。「アメリカはもはや世界の警察官ではない」と明言したのは、オバマ政権であり、次のトランプ政権との継続性もあった。核開発を続けた北朝鮮が内部崩壊するのを待つという「戦略的忍耐」や二〇一三年夏に「レッドラインを超えた」はずのシリアへの人道的観点からの介入を見送った不作為などのオバマ政権の政策スタイルもあってアメリカ衰退論、不作為論が同政権の外交の枕詞のように語られてきた。

（5）トランプ政権終盤の変化

国際社会におけるアメリカの役割が揺らぐなか、それでもトランプ政権終盤には理念外交への回帰とでもいえるような状況が生まれつつあった。これは中国に対する厳しい対抗姿勢の中、アメリカが民主主義や法の支配、人権などを重視する必要性が高まったためである。

中国が二〇一七年六月に民間企業などに当局の情報収集活動への協力を義務付ける「国家情報法」を施行して以来、米中のあつれきは明らかに激化した。上述の貿易上の不均衡に加え、中国を安全保障上の脅威としてトランプ政権が強く認識するようになる。国家安全保障戦略（NSS2017、二〇一七年一二月）、国家防衛戦略（NDS 2018、二〇一八年一月）、核態勢見直し（NPR 2018、二〇一八年二月）と政権発足約一年の間に、中国とロシアを念頭に置いた安全保障上の国家戦略をアップデートしている。さらにトランプ米政権は二〇一八年二月、中国の台頭を強く意識し、有事の際の台湾防衛などを明記した内部文書を作成した[16]。

二〇二〇年七月二三日のポンペオ国務長官の対中政策の演説[17]は、対中強硬の動きがさらに一歩進んだ「理念外交」への回帰の端緒にもみえる。ポンペオ長官はアメリカのこれまでの歴代政権が続けてきた、一定の関係を保つことで変化を促す「関与政策」について、「失敗だった」と訴えた。中国に対抗するため、有志の民主主義国による新たな連合も提唱した。「中国共産党は知的財産を盗もうとし続けてきた」「中国は国内で独裁主義的となり、海外ではより攻撃的に自由への敵意をむき出しにしている」「トランプ大統領は「もうたくさんだ」と言っている」「中国が振る舞いを改めないのであれば、我々は米国民の安全や経済を守るため行動する」「両国間の根本的な政治的、イデオロギーの違いをもはや無視することはできない」「世界の自由国家は、より創造的かつ断固とした方法で中国共産党の態度を変えさせなくてはならない」「中国共産党に関していうなら「信頼するな、そして確かめよ」という原則が重要だ」などが演説の骨子となっている。

独裁への反発、自由の強調など、アメリカのこれまでの外交の理念に回帰しつつあるのは注目に値する。演説の中でのニクソン政権の対中姿勢などへの言及も「新冷戦」を念頭にしているとみられる。対共産党という本丸に迫ろうとしているほか、中国の封じ込めを超えて、巻き返しを進めているようにもみえる。これまでの貿易やハイテクの対立も、最終的には国家や共産党が変わらないと動かないという現実をトランプ政権は再認識したのかもしれない。中国の企業の場合、国家資本主義から呪縛があり、テクノロジーなり技術なり、あるいは盗んだ情報なりを吸い上げて、国や軍に渡してしまう可能性がある。この共産党への敵視は、アメリカのイデオロギー外交への復帰にすらみえる。

そもそも、トランプ政権の対中政策をめぐる動きの根底には次なる覇権国に成長しつつある中国の台頭を崩そうとする秩序維持の動きもそれ以前から見え隠れしている。安全保障上の対中強硬姿勢が、民主主義や自由、法の秩序などのアメリカ的価値の優位性を強調する動きにつながるのはむしろ必然ともいえる。

四　バイデン政権と今後のアメリカ

上述のように第二次大戦後の国際秩序を築いてきた際の理念といえる価値を鮮明にする萌芽がトランプ政権の最後の半年にはみえた。この流れを引き継いだのが二〇二一年一月に誕生したバイデン政権である。前政権のやり方からの明確な決別と、前政権からの継続性を同時に有しているのがバイデン政権の外交安全保障である。トランプ政権の外交・安全保障上のアプローチと明確に異なるのは、国際秩序形成への意志、民主主義という理念の重視、外交スタイルの変化である。一方、トランプ政権からの継続性が目立つのは、世論の重視、対中政策などの方向性である。

（1）国際秩序形成への意志

バイデン政権はアメリカの国際秩序形成への意志を鮮明にしつつある。バイデン大統領は「アメリカは戻ってきた（America is Back）」「外交が戻ってきた（Diplomacy is Back）」とのフレーズを繰り返し使っている[18]。トランプ以前の外交安全保障に対する明確な回帰をうたい、アメリカの国際秩序形成への意志を鮮明にしつつある。

バイデン外交にはトランプ前政権と比べて大きな変化が三つある。一つ目は、国際協調を重視する姿勢を鮮明にしていることである。パリ協定へ復帰し、世界保健機関（ＷＨＯ）からの脱退を撤回した。国際的な同盟関係を素早く回復させるのがポイントであり、トランプ外交がアメリカの孤立を招いたとし、欧州を含めた同盟国も重視し、関係改善にも力を注ぐ姿勢をみせている。世界中の同盟国らと関係を強化し、大国間競争に必要な抑止力を提供する姿勢を明確に示している。また、二〇二〇年から猛威を振るう新型コロナウイルス対応についてもワクチンを共同購入し公平に分配する国際的枠組みであるＣＯＶＡＸに加盟し、中心的な役割を取りながら、国際協調で進めていくことを決めている。

さらにトランプ政権時代、「国を閉ざす」象徴だった米墨国境の壁について、バイデン政権発足とともに建設を取りやめた。さらに、前政権が設定した九月末までの二〇二一会計年度に受け入れる難民の上限一万五〇〇〇人を六万二五〇〇人まで引き上げ、二〇二一年一〇月に始まる次年度には、上限数をさらに二倍の一二万五〇〇〇人に拡大する方針を明らかにしている。[19]「開かれたアメリカ」の復活ともいえる。

ただ、注意しないといけないのは、完全にトランプ政権以前の動きに戻ったわけではないということである。同盟国の重視といっても、「世界の警察官」であるアメリカの防衛的な責任を同盟国に負担させようという流れにもみえる。この点などトランプ政権、あるいはオバマ政権からの継続性も見え隠れしている。

（2）民主主義というイデオロギー

二つ目は、世界各地の民主主義を支える姿勢である。民主国家の首脳を集めた「世界民主主義サミット」の開催を約束しており、トランプ政権が、サウジアラビア、ロシアなど権威主義的な国々と付き合いを深めていたのとは大きく異なっている。

民主主義の根幹にあるものが人権や環境であると考えるのもバイデン政権の特徴である。例えば、ロシアの反体制派指導者ナワリヌイ氏の毒殺未遂事件を踏まえ、アメリカはロシア政府高官らに制裁を初めて発動した。ロシアとは二〇二一年二月、核軍縮条約である新戦略兵器削減条約（新ＳＴＡＲＴ）の延長合意を行ったが、人権問題では厳しい姿勢を示している。気候変動問題も、人類の生存を揺るがす問題として重視しており、パリ協定に速やかに復帰した。環境対策が不十分な国からの輸入品に対して炭素国境調整課税も検討している。今後、各国を巻き込んだテーマになるだろう。

さらに、トランプ政権以上に、バイデン政権は米中対立を「民主主義対権威主義」というイデオロギー対立というプリズムでみている。上述の「国家安全保障戦略」策定指針では中国について「攻撃的かつ威圧的に振る舞い、国際システムの中核をなすルールや価値観を弱体化させている」と指摘した。

実際、中国的な権威主義が民主主義を侵食し続けている。途上国の権威主義的な体制の国家を中国は資金提供を行って援助し、味方につけ、勢力を拡大する。コロナ禍でのワクチン外交という手段も含め、自由民主主義的な国家の中でも中国の経済力と国際的な政治力に取り込まれ、中国の動きに反対できない。

このような中国の動きを封じ込めるように、バイデン政権は民主主義を共通の価値観とする「民主主義グローバルサミット」を二〇二一年一二月にオンラインで開いた。民主主義と法に基づく国際秩序を強く押し出すことで、中国への強い対抗姿勢を打ち出したわけである。このあたりは「共産主義対資本主義」という冷戦時代をほうふつとさせる。

（3）外交スタイルの変化

三つ目は、外交交渉そのものに対して重きを置いている点もバイデン外交の特徴だ。外交スタイルもかつてに戻りつつある。専門家によるチームに交渉を委ねて外交を動かす点が特徴である。事務方のボトムアップ重視に戻った。トランプ時代のようにトップが当日決めるのではなく、実務者たちが積み上げてきた交渉が形になるという従来のオバマ政権時のスタイルに戻ったことを意味する。

その分、実務者同士のプロセスで、緻密な外交交渉が進む。日米首脳会談の議論も、三月の日米外務・防衛担当閣僚協議（2プラス2）の延長線だった。共同文書に盛り込まれた「台湾海峡の平和と安定の重要性」「両岸（中台）問題の平和的解決」などの言葉も中国をけん制しながらも過度に刺激しないために何度も検討した知恵が反映されているといえる。

外交交渉は対立だけでなく、部分的な妥協や協力も行いながら進んでいくのが常である。イラン核合意復帰や、北朝鮮の非核化の進展などにも中国に交渉に加わらせるように仕向けてくる展開もこの論考を書いている二〇二二年五月末の段階でも予想される。

（4）世論の重視という継続性

そもそも国内の分極化はバイデン政権でも全く変わっていない。一一七議会では民主党が上下両院で多数派とはなっていても、上院は五〇対五〇（法案投票で同数となった場合には、上院議長であるハリス副大統領が票を投じるため、多数派は民主党となる）、下院の共和党との議席の差は一〇以下であり、実質的には分割政府に近い。分極化の時代の中、内政でも外交でも世論を重視する姿勢が顕著であるというのは、トランプ政権からバイデン政権に受け継がれている。バイデン政権が掲げている「ミドルクラスのための外交」という一大スローガンは、アメリカの国民の声を反映した外交を行う姿勢を示したものだ。

そのアメリカ国民の対中意識は近年、かなり悪化している。ギャラップの調査では、中国に対して「好意的」にみる層（「とても好意的」「おおむね好意的」）と、「非好意的」にみる見方（「とても非好意的」「おおむね非好意的」）は長年拮抗していたが、二〇一九年を境に中国に対して「非好意的」にみる層が「好意的」にみる方よりも増えている。二〇二〇年二月の調査では六七％が「非好意的」となり、一九七九年の調査開始以来、過去最悪となった。二〇二一年二月の調査ではさらに悪化し、「非好意的」は七九％と圧倒的な数となった。「好意的」が二〇％であり、五九ポイントも離れてしまっている[20]。

このように、中国に対する厳しい見方はアメリカ国民の間でも広く共有されている。トランプ政権が顕在化させた中国の安全保障、貿易上の脅威に加え、中国のコロナ対応についての疑念が強まった結果であろう。バイデン政権にとって、中国に対する厳しい姿勢を貫くことは「ミドルクラスのための外交」を実現させることにほかならない。

さらに、世論の中でもまずは確実にリベラル派の意見に配慮する外交姿勢になるのは容易に想像される。リベラル派の世論を配慮すれば、気候変動対策や香港、チベット、ウイグルなどの人権問題が対中政策の中での優先順位の上位を占めるようになる。これがトランプ政権だったら、温暖化対策などは外していたに違いない。このあたりが人権や国際協調などを重視するかつてのアメリカ外交への回帰につながっていく。

(5) 中国への圧力政策の堅持

さらに、中国との関係を競争・対決を軸に組み立てており、その点がトランプ政権からの継続性もあるといえる。バイデン政権になっても中国への圧力政策の堅持は変わらない。バイデン政権は二一年三月初め、「国家安全保障戦略」の策定に向けた指針の中で、「経済、外交、軍事、先端技術の力を組み合わせ、安定的で開かれた国際システムに対抗しうる唯一の競争相手だ」と中国を最大のライバルであるとする見方を示している。

指針を説明したブリンケン国務長官は二一年一月に行われた自らの上院外交委員会の指名承認公聴

会で、「中国に対して強硬姿勢を取った点では、トランプ大統領は正しかった」「トランプが多くの分野で採用した手法には全く同意できないが、原理原則は正しかったし、わが国の外交政策に有益だった」と発言している。このように中国の力による現状変更に対する強い警戒感はバイデン政権も共有している。

バイデン政権は「新冷戦」という言葉を使おうとしない。これは中国に対する過度な刺激を避けたいという意図がまずあるのだろう。ただ、米中の直接的な軍事衝突の可能性も局地的には視野に入りつつあり、「熱い戦争」になってしまいかねないほど、中国の軍拡が目立っている。その背景には、中国共産党は東シナ海、南シナ海での自由で開かれた国際秩序を自分たちの新秩序に置き換えようとしているという事実がある。特に、二〇一九年の年初に習近平国家主席が台湾政策を発表して以来、実質的な台湾への統一を視野に入れているという見方もあるなか、台湾、あるいはその前段階として台湾が実効支配する東沙諸島あたりが発火点になる可能性が出てきた。二〇二一年四月の日米首脳会談の共同文書でも、台湾海峡の安定が重要だとの認識がはっきりと記録された。台湾と尖閣はわずか一七〇キロの距離であり、台湾問題は日本自身の安全保障の問題でもある。

バイデン政権内でも高い関税をかけ合うことに対して否定的にみる見方も広がっているといわれており、軍事利用に転用できる情報技術関連については高関税を維持しても農産物などの貿易は自由化するデカップリングが今後本格化してくるかもしれない。

(6) 自由貿易をめぐって

さらに各種世論調査の結果を眺めると、中国との貿易戦争にも今後大きな変化が想像される。自由貿易といえばかつては共和党支持者の一丁目一番地といえるようなものだったが、例えばシカゴ外交評議会の二〇二〇年七月の調査によると、中国からの輸入品に対する関税の引き上げに対して賛成するのは、共和党支持者が七六%だったが、民主党支持者は三九%と半分程度だった。[21] さらに中国に限らず、「自由貿易・グローバル化を支持する」のは共和党支持者が五〇%にとどまっていたのに対し、民主党支持者は七五%になっている。[22]

それでも、自由貿易への即座の復帰ではないところには注目したい。多くのアメリカ企業の雇用や工場を国内に引き戻し、製造業で何百万もの雇用を創出していくために、バイデン政権は政府によるアメリカ製品の購入やアメリカ国内に工場を戻した企業に対する税制優遇などを進めていくとしている。

五　おわりに

ここまで、アメリカの国際秩序形成の揺らぎとその再生の可能性を論じてきた。バイデン政権でアメリカの国際秩序形成の復活とみえる動きも目立っている。まだ見えにくいポスト・グローバリゼーションのアメリカは、もしかしたら、「アメリカ・ファースト」的なベクトルではなく、アメリカが国際秩序形成を担ったグローバリゼーション時代への回帰かもしれない。ただ、トランプ政権時代からの継続的な要素も政策の中に反映されており、実際に覇権交替期が進んでいくのか、その答えは今後さらに可視化されていくであろう。さらに二〇二二年二月に始まったロシアのウクライナ侵攻への対応も今後のアメリカの国際秩序形成の動きに大きく影響していく。

注

1　前嶋和弘「政治・外交——曲がり角を迎えた「自由と民主政治」という理想」上智大学アメリカ・カナダ研究所編『北米研究入門2』上智大学出版、二〇一九年、一六九—二〇一頁。

2　G. John Ikenberry, *Liberal Order and Imperial Ambition: American Power and International Order*, Polity Press, 2005.

3　Joseph S. Nye, *Soft Power: The Means to Success in World Politics*, Public Affairs, 2004.

4　https://www.pewresearch.org/social-trends/2020/01/09/trends-in-income-and-wealth-inequality/（二〇二二年四月三〇日にアクセス）

5　https://www.washingtonpost.com/news/wonk/wp/2017/12/06/the-richest-1-percent-now-owns-more-of-the-countrys-wealth-than-at-any-time-in-the-past-50-years/（二〇二二年四月三〇日にアクセス）

6　https://jp.reuters.com/article/china-us-column-idJPKBN2770JF（二〇二二年四月二〇日にアクセス）

7　https://media.defense.gov/2020/Sep/01/2002488689/-1/-1/1/2020-DOD-CHINA-MILITARY-POWER-REPORT-FINAL.PDF（二〇二二年四月二〇日にアクセス）

8　前嶋和弘「「シャープパワー」は自由な社会が生んだ鬼っ子か」『ヤフーニュース』二〇一八年七月三一日 https://news.yahoo.co.jp/byline/maeshimakazuhiro/20180731-00091462/（二〇二二年四月二〇日にアクセス）

9　Allison, Graham, *Destined for War: Can America and China Escape Thucydides's Trap?*, New York: Houghton Mifflin Harcourt, 2017.

10　前嶋和弘「１９５０年代以降の利益の多様化と政治の分極化」吉野孝・前嶋和弘編『アメリカの選挙デモクラ

シー』東信堂、二〇二〇年、三三―六二頁。

11　前嶋和弘・山脇岳志・津山恵子編『アメリカ現代政治とメディア』東洋経済新報社、二〇一九年。特に1章。

12　前嶋和弘「分極化と議会」久保文明編『トランプ政権の分析――分極化と政策的収斂の間で』日本評論社、二〇二一年、二三―三六頁。

13　上院議員の総数一〇〇人のうち、共和党で五十数人いたとしても、五人ほどは離反する可能性は常にある。

14　上院一〇〇人のうち、六〇議席を確保していなければ、フィリバスターを行う少数派を止めること（クローチャー）はできない。

15　https://www.census.gov/newsroom/press-releases/2021/2020-census-apportionment-results.html（二〇二一年四月三〇日にアクセス）

16　朝日新聞の峯村健司記者のスクープ。沖縄や台湾、フィリピンなどを結ぶ「第一列島線」内の中国軍の進出を阻止するための戦略も盛り込まれており、台湾や沖縄の尖閣諸島を含めた「第一列島線」内を米軍が防衛することを明記している。https://www.asahi.com/articles/ASP1D7K5MP1DULZU00X.html（二〇二一年四月一〇日にアクセス）

17　https://2017-2021.state.gov/secretary-pompeo-to-deliver-a-speech-at-the-richard-nixon-presidential-library/index.html（二〇二一年四月一〇日にアクセス）

18　https://www.state.gov/dipnote-us-department-of-state-official-blog/america-is-back-president-biden-outlines-his-vision-for-u-s-foreign-policy/（二〇二一年四月二〇日にアクセス）

19　https://www.whitehouse.gov/briefing-room/statements-releases/2021/05/03/statement-by-president-joe-biden-on-refugee-admissions/（二〇二一年五月四日にアクセス）

20　https://news.gallup.com/poll/1627/china.aspx

21　https://www.thechicagocouncil.org/sites/default/files/2020-12/report_2020ccs_americadivided_0.pdf　四および三〇頁。

22　同、三五頁。自由貿易についての実際の質問文は次の通り。「あなたはグローバリゼーション、特にアメリカの経済が世界中の国々と結びつきを強めていることは、アメリカにとって良いことだと思いますか？　グローバル化、特にアメリカの経済が世界中の国々とつながりを強めていることは、アメリカにとってほとんど良いことだと思いますか、それともほとんど悪いことだと思いますか？」。

第4章　WHO・IHR体制における感染症対策としての往来制限
ペスト、SARS、COVID-19

小松志朗

一　国境を越えられない世界

人の国際移動はグローバル化の要である。日々、多くの人々が国境を越えることにより国家と国家が結びつき、脱国家的関係が発展し、ひいては世界の一体化が進んできた。いくらインターネットが発達してオンラインのコミュニケーションが容易になり、活発になったとはいえ、生身の人間の国際的な往来は現代社会の不可欠な要素である。世界全体で、国際航空便の有償旅客キロ数（旅客数×飛行距離）は二〇一〇年代に約一・八倍増え、[1]国際観光客の数も同時期に増加傾向が続き二〇一九年は年間一四億六〇〇〇万人にのぼった。[2]

ところが二〇二〇年、COVID-19（新型コロナウイルス感染症）のパンデミックで状況は一変した。ウイルスが自国に侵入するのを恐れた各国政府が「外国人お断り」と言わんばかりに、人の国際移動を部分的／全面的に止める往来制限（渡航制限、出入国制限）を続々と始めたのである。中国で原因不明の肺炎患者の集団発生が報告されたのは、二〇一九年一二月末。世界保健機関（ＷＨＯ）が新型コロナウイルスによる新しい感染症が発生したことを公式に認めたのは、年が明けて一月中旬である。各国政府はすぐさま反応し、四月下旬にはすべての国家が何らかの往来制限を実施していた。[3]こうしてあっという間に世界中で国境が閉ざされ、人の国際移動は激減した。当然そこには、制限の有無とは関係なく人々が自分の判断で移動を控えた影響もあるが、やはり各国政府が権力を行使して移動を強制的に止めたことが間違いなく響いている。[4]二〇二〇年三、四月の国際航空便の有償旅客キロ数は前年比九八％減少し、九月になっても八九％近く減少した。[5]国際観光客数は年間で前年比七四％減少し、一九九〇年の水準まで落ち込んだ。[6]国際航空運送協会（ＩＡＴＡ）は、二〇二〇年を総括するレポートの中で厳しい現状を次のように表現した。「航空産業は危機にある。これは第二次世界大戦以降、もっとも深刻な現代社会の切断（de-connecting）である」[7]。国境を越えられない世界を目の当たりにした私たちに、この言葉は決して大袈裟に聞こえない。

世界全体を俯瞰したとき、これほど広範囲にわたり国境が閉ざされた状況は異常事態である。しかし、個々の国家についていえば、国境を閉ざすのはある意味自然な動きでもある。人の国際移動がウイルスを広げるのだから、その移動、特に外からの入国を止めることは、一国の感染症対策としては異常などころかむしろ合理的ではないか――。と思いきや、話はそれほど単純ではない。後述するように、実は往来制限は対策としていくつかの問題を抱えており、ＷＨＯや専門家、そして保健分野の国際ルールである国際保健規則（International Health Regulations[8] 以下、ＩＨＲ）によって否定されてきた。控えめにいっても、往来制限の是非は感染症対策の争点なのである。実際、ＣＯＶＩＤ-19への対応をめぐって、ＷＨＯと加盟国の間では往来制限に対する姿勢がはっきり分かれた。感染症が国際的に広がる最中に国境を閉ざすべきか否か。国際社会はまだ答えを探っているのである。

以上の問題意識にもとづき、本章は感染症対策としての往来制限を考察対象にする。一見合理的な措置に思われる往来制限は、どのような文脈でその是非が国際的な争点になってきたのか、特に国際制度の観点から考えてみたい。

人の国際移動がグローバル化の要であるなら、今回のパンデミックはグローバル化の負の帰結、副産物だといえる。一方、往来制限という措置は、国家の権力行使あるいは機能強化により国際移動を止めるものである。それを世界中の国々が実施した現実は、グローバル化の方向性とは逆に国家と国境の存在感が再び強まっていることを意味する。とはいえ、国家がグローバル化を完全に放棄したわけではなく、正確にいえばその管理を強化しているとみるべきだろう。従って、二〇二〇年の往来制限の世界的な流行は、反グローバル化というよりポスト・グローバル化の現象だといえる。本章の議論を通じて浮かび上がるのは、グローバル化とポスト・グローバル化の狭間に立たされた国際制度の現在地である。

二　往来制限の効果、弊害、理由

二〇二〇年に世界中で往来制限が流行したことは、見方によっては衝撃的だった。なぜなら、従来、往来制限は感染症の国際的な拡大を止める効果に乏しいとの評価が科学の世界では一般的で、これまで決して推奨されてこなかったからである。筆者はこの点を前に論じたので詳細は省くが、疫学の分野では先行研究の積み重ねによりそうした評価が確立していた[9]。ＣＯＶＩＤ-19に関しても、例えば著名な疫学者のヘイマンが二〇二〇年五月に、「感染拡大を防ぐ上で国境はあまり役に立たないでしょう。大部分の疫学者はむしろ国内でしっかり監視することが重要だと考えています[10]」と語っていたし、世界有数の感染症の研究機関であるジョンズ・ホプキンズ大学の疫学者ヌッツォも三月に、当時アメリカがヨーロッパを対象に始めた往来制限に反対する見解を述べていた[11]。同じ頃の医学誌のランセットや科学誌のサイエンスにも、新型コロナ対策としての往来制限に反対する論考が掲載された[12]。

そしてＷＨＯも、ＣＯＶＩＤ-19の国際的な感染拡大が続くなか、一貫して往来制限はしないようにとのメッセージを発し続けた[13]。二〇二〇年一月三〇日に「国際的に懸念される公衆衛生の緊急事態（ＰＨＥＩＣ）[14]」を宣言したときですら、加盟国への勧告において改めて往来制限に反対している[15]。これについて、リーらはランセット誌上でこう評価した。「この勧告は、当時得られたデータと、過去のアウトブレイクのエビデンス、そしてＩＨＲの基軸をなす原則にもとづいていた[16]」。

なぜ、私たちの直感に反して往来制限は感染拡大を止めることができないのか。最大の理由は、人の国際・国内移動のルートと、人と人の接触ポイントが多種多様であり、国境のどこを閉ざせばウイルスの侵入を止められるのかを、アウトブレイクの発生直後に素早く的確に見極めるのは至難の技だからである。また、十分に遮断したつもりでも必ずどこかに抜け穴、漏れが生じる。グローバル化の進む今日、ウイルスが侵入する前に人の国際移動を一〇〇％止めるのはおよそ非現実的な試みである。そして、一旦ウイルスの侵入を許して国内の流行が始まってしまえば、往来制限をやる意味はますます薄れていく。ただ、新型コロナ対策の成功例とされるニュージーランドと台湾が早期に徹底した往来制限を行っていたことなどから、その効果に対する科学的評価が今後少し変わる可能性はある。この点は本章の最後に考えたい。

加えて、感染症対策としての効果の低さとは別に、往来制限は弊害の大きさも問題視されてきた。一つは社会経済への悪影響である。今日、どの国の社会経済も人とモノが国境を越えて行き来することを前提に成り立っているため、往来制限は多方面に損害と停滞をもたらす。例えば、ＣＯＶＩＤ－19により国際観光が大幅に縮小した結果、世界のＧＤＰは二兆ドル以上減ったといわれる[17]。

もう一つの弊害は、各国政府が自国の感染状況をＷＨＯに報告するインセンティブが下がることである。上述の社会経済への悪影響が特に大きいのは、往来制限の対象にされる感染国であるため、その措置は感染国に対する事実上の「制裁」になりかねない。そうなると感染国は、自国の感染状況の情報をＷＨＯや他国と共有した途端に往来制限の対象にされて、多大な不利益を被るのではと予想すれば、情報を隠す恐れがある。つまり、感染症対策にとって極めて重要な報告・情報共有を、往来制限が妨げかねない。図式的に表せば、「往来制限→社会経済への悪影響→報告のインセンティブの低下→情報隠し→対策の遅れ」という負の連鎖が論理的に成り立つのである。実際、国際的な感染症対策の現行の制度は、まさにこの問題を強く意識して作られた経緯がある。これについては次節で改めて論じたい。

以上のように、往来制限は効果が低いうえに弊害が大きいため、ＷＨＯも専門家も推奨してこなかった。では、なぜ二〇二〇年に世界中の国々は往来制限に走ったのか。そこに一定の科学的根拠があり得ることは否定できないが（往来制限の効果はゼロではない）、それよりも重要なものとして、少なくとも三つの政治的な理由が考えられる。一つは安全保障の論理である。すでに一九九〇年代から、先進国は感染症を安全保障の問題として捉えていて、[18] いまでは国際的に「グローバル・ヘルス・セキュリティ」という概念が研究と実務の両方で普及している。国際連合の安全保障理事会は過去に三回、感染症に関する決議を採択しており、しかもそのうちの一回は感染症（エボラ出血熱）が「国際の平和と安全に対する脅威」であることを認める内容だった。[19] ＣＯＶＩＤ-19に関しては、いまのところ安保理決議こそ採択されていないものの（二〇二一年三月時点）、各国の政治指導者が安全保障の観点からＣＯＶＩＤ-19を語る場面は珍しくない。アメリカのトランプ大統領やフランスのマクロン大統領のように、それを「戦争」になぞらえる者もいた。[20] 安全保障の論理は、内と外を分ける境界線を引いて、外敵を排除する発想が根幹にあることから、それを感染症対策に持ち込めば自ずと往来制限が対策として採用されやすくなる。この点は、国際関係論において「安全保障化（securitization）」の問題として（しばしば批判的に）論じられてきた[21]。

二つ目の理由は、資源（カネ、物資、人員、技術など）の制約である。往来制限に比べて、科学的に効果が高いとされる検査、隔離、治療、ワクチンなどの国内対策は相当の資源を投入しなければならない。従って、政府からすれば、とりあえず低コストで始められる（かつ表面上は効果があるようにみえる）往来制限は魅力的な選択肢となる。世界観光機関（ＵＮＷＴＯ）の二〇二〇年一二月のレポートによれば、先進国と比べて途上国は制限を緩和する動きが鈍い[22]。これが示唆するのは、対策の資源が不足しがちな途上国ほど往来制限に頼らざるを得ない現実である。別の言い方をすれば、各国が往来制限に頼るのは、その効果に確信があるからというより資源の制約ゆえのやむを得ない選択なのではないか[23]。

最後に三つ目の理由として、国内世論もあるだろう。外国で発生した新しい感染症が自国に入ってきそうなとき、やはり多くの一般市民が入国を制限する措置を自国の政府に求めるし、そうした世論を政府は無視できない。往来制限は疫学的な効果は低くとも、国民の不安を和らげるという意味での政治的な効果は高いといえる。

ただ、以上三つの理由は一般論であり、ＣＯＶＩＤ-19の事例に当てはまるのかどうかは、政策過程の分析など実証研究をしなければ分からない。紙幅に限りがあるためその課題は別稿に譲るとして、ここで強調したいのは、往来制限という措置はいかに科学と国際協調の観点から否定されようとも、国家の側にはそれを採用する政治的な理由が十分にあるため、常に国際的な争点になり得ることである。ポスト・グローバル化の契機が常に国家の中に潜んでいるとも言い表せよう。

次節から、この点を国際制度の問題として考えていきたい。二〇二〇年にWHOが往来制限にはっきり反対したにもかかわらず、すべての加盟国がそれを行った事実は、国家の一方的な機能強化に対抗しきれない国際制度の限界を示唆する。言い換えれば、国際制度は何らかの限界を抱えているために、ポスト・グローバル化の流れを抑えられないのではないか。その限界の実体を見定めるために、まずは次節で現行の制度が往来制限を明確に否定するようになった経緯を確認する。

三　報告・情報共有のインセンティブの問題

今日、国際的な感染症対策の制度は、国際法のIHRと国際機構のWHOが基軸となっている。IHRは対策に関する国際協調の法的枠組みであり、WHOは対策と協調の司令塔を担う。これをWHO・IHR体制と呼んでもいいだろう。簡単にその歴史をたどると、一九五一年にWHOの加盟国が総会（世界保健総会）で採択した国際衛生規則が、一九六九年に改名されてIHRとなった。改名の後、IHRは一九七三年と一九八一年に細かい修正がなされて、さらに大幅な改定をすることが一九九五年の総会で決まった。二〇〇五年に改定作業が完結して新しいIHRが誕生し、二〇〇七年に発効して今日に至る。このように二〇世紀から二一世紀にかけて制度の再編が進んだ結果、いまのWH

Ｏ・ＩＨＲ体制ができあがった。以下、二〇〇五年に改定された後のＩＨＲを「新ＩＨＲ」、それ以前のものを「旧ＩＨＲ」として区別する。

なぜ旧ＩＨＲは変える必要があったのか。ＷＨＯが二〇〇二年のレポートで、その問題点を五つに整理している。

（1）旧ＩＨＲの適用対象はコレラ、ペスト、黄熱病の三つしかない。
（2）アウトブレイクの報告に関して、ＷＨＯは感染国に全面的に依存している。
（3）ＷＨＯと感染国の協力を促す規定がほとんどない。
（4）感染国に規則の遵守を促すインセンティブがない。
（5）ＷＨＯは、アウトブレイクの実態に応じて具体的な措置を指示する能力をもっていない。[24]

このうち（2）（3）（4）が、先述の報告・情報共有と往来制限の問題に関わっている。旧ＩＨＲの下では、ある国でアウトブレイクが起きても、当該国の政府が自発的にＷＨＯに報告をして国際的な情報共有に協力する保証はなかった。そして、まさに往来制限が報告・情報共有のインセンティブを下げる問題が、旧ＩＨＲを改定する主要な理由の一つだった。キャッシュとナラシマンの二〇〇〇年の論文によれば、「グローバルな疾病対策におけるこの規則〔旧ＩＨＲ〕の役割の強化を目指す、改定プロセスが考慮に入れていたのは、過去に過剰反応の恐れから報告について躊躇があったこと、十分な検出能力が不足していたこと、そして規則の対象範囲が限られていたことである」[25]（傍点筆者）。二〇世紀後半の旧ＩＨＲの時代には、感染国が往来・貿易制限の悪影響を懸念して情報を隠す問題が頻繁に起きていたのである。「〔ＷＨＯにアウトブレイクの〕報告をしない国家は、過去に報告をした国家が被った深刻な悪影響を引き合いに出して、その懸念を正当化していた」[26]。そして、感染国から十分な情報を得られないＷＨＯは思うような活動ができずにいた。デイビスらが当時の状況を次のように説明する。「疾病のアウトブレイクを報告しないことが日常茶飯事になっていたので、ＷＨＯの手は縛られていた。ＷＨＯは強制手段もなく、〔旧〕ＩＨＲの規定では当該国がアウトブレイクを公式に報告・確認しなければ、どんな情報があっても動けなかったのである」[27]。

この点に関して、旧ＩＨＲの改定を強く後押しした事例の一つに、一九九四年のインドのペストがある[28]。それは発生から一ヶ月もたたないうちに収束したごく小規模、限定的なアウトブレイクだったが、インド政府が早い段階からＷＨＯへの報告を積極的に行った結果、アジアと東地中海沿岸の国々がすぐに往来・貿易制限を始めた。ＷＨＯの反対に構わず各国が強行したその制限は、アウトブレイクの実態とまったく釣り合いのとれない過剰反応だった。同じ頃、ペルーとベトナムでインドより多くのペスト患者が出たのだが、両国に対する往来・貿易制限を始めた国家は一つもなかった。明らかに、インドに対する往来・貿易制限は非合理的な対応であり、パニックといってよかった。結局、自国の感染状況を国際社会に正直に伝えたインドは、その報いとして一七億ドルもの経済的損失を被ったのである。インドの事例と、同時期に類似の問題が起きたペルーのコレラの事例を踏まえて、キャッシュとナラシマンはこう述べる。「完全で正確な報告を実現するためには、疾病のアウトブレイクを報告した国家に対する国際的な厳しい反応を防ぐことに、もっと注意を払うべきである。貧しい国々は、疾病のアウトブレイクが起きやすく、アウトブレイクを正確に報告するための手段は乏しく、そしてアウトブレイクを報告したときに被る経済的な悪影響が大きいので、脆弱な立場にある」[29]。

一九九〇年代にインドで発生したペストのアウトブレイクは、旧ＩＨＲの時代に常態化していた往来制限の問題を改めて浮き彫りにしたといえよう。当然、ＷＨＯはそうした事態を重く受けとめ、前出の二〇〇二年のレポートにおいて往来制限の問題を語る箇所で、インドの事例に言及している。

> 貿易・往来のグローバル化が広範囲にわたるので、各国は感染症が世界の他の地域から流入することを恐れている。そのため、〔旧〕ＩＨＲの条項に違反するような悪影響を及ぼしかねない貿易・往来の禁止措置がしばしば実施され、その根拠が感染症の流入のリスク認識だけという場合も時々あった。〔感染国の〕近隣諸国や貿易相手国などのこうした過剰反応は、一九九四年のインドのペストのアウトブレイクで起きたように、時として世界規模になり得る。インドは一七億米ドルを失ったとみられ、他の国々もこのアウトブレイクが適切な公衆衛生上の関心を集める前に、不要な「対策」に何百万ドルも注ぎ込んだ[30]。

そして同レポートには、ＩＨＲの改定によって、往来制限が報告・情報共有のインセンティブを下げる問題を克服したいというＷＨＯの狙いがはっきり書かれている。

グローバルなサーベイランスのシステムを機能させるには、公衆衛生危機の報告が経済に与える影響を考慮に入れなければならない。もしＷＨＯの通知・対応システムが、〔報告をした国家が被る〕観光・貿易の損害を公衆衛生の観点からみて必要なレベルにまで減らせなければ、加盟国は通知・報告の義務を無視する恐れがある。[31]

この文脈において、二〇〇二〜二〇〇三年のＳＡＲＳ（重症急性呼吸器症候群）の流行時にＷＨＯがとった行動は注目に値する。ＳＡＲＳは二〇〇二年一一月に中国の広東省で発生したとみられ、二〇〇三年二月から香港を介して世界数十ヶ国に広がった。これに対して、ＷＨＯは四月から感染地域への渡航の自粛を求める勧告を出した。渡航自粛という穏当な類とはいえ、ＷＨＯはなぜ往来制限を勧告したのか。まずいえるのは、それは未知の感染症が急速に広がる非常事態におけるやむを得ない最終手段だったことである。ＷＨＯは決して早い段階から積極的な往来制限を呼びかけたわけではない。ＷＨＯがＳＡＲＳに関する最初のアラートを二〇〇三年三月一二日に発したとき、感染はすでに香港とベトナムに広がっていたが、往来制限については何も述べていない[32]。三月一五日に二回目のアラートを発したときには、さらにカナダ、インドネシア、フィリピン、シンガポール、タイにまで感染が広がっていた。それでもＷＨＯが人の国際移動に関して発したメッセージは、旅行者自身が自分の発熱や咳などの症状に注意してほしい、症状がある場合には移動を控えてほしいといった程度のものであり、一般的な往来制限はむしろ明確に否定した。「現時点では、いかなる目的地に関しても人々に往来の中止を求める勧告はしない」、「健康な旅客の往来を制限することが必要になりそうな兆候はいまのところ出ていないが、全ての旅客・乗務員はもし前述の症状が出たら診察を受けるよう指示されるべきである」[33]。つまり、この段階でＷＨＯが国際社会に伝えたのは、未知のウイルスに感染した（疑いのある）人は旅行を控えるべきであるという、ごく常識的かつ控え目な対策だった。

ＷＨＯがそれより強めの往来制限を勧告するようになったのは四月二日からで、はじめに対象地域に指定されたのは中国の香港と広東省である[34]。その後、対象地域は北京、上海、天津、内モンゴル、河北省、トロント、台北（後に台湾全土）へと広がった。ただし、これもやはり控え目な勧告だった。まず、この勧告でＷＨＯは感染地域への不要不急の渡航を延期するよう求めただけで、感染地域から他の国家に渡航することには何ら言及していない。別の言い方をすれば、勧告の主旨は各国政府に国境管理の強化を呼びかけることではなく、個人に旅行計画の変更を促すことだったのである。しかも、対象地域は基本的に国単位ではなく国内の特定地域にピンポイントで絞り込まれたうえ、状況が改善した地域はすぐに対象から外された。例えば、カナダのトロントは対象に指定されてからわずか一週間後に、香港と広東省は約一ヶ月半後に解除されている。ＷＨＯ自身が異例の往来制限に踏み切った事実は重要だが、それは二〇二〇年に各国政府が新型コロナ対策として行った制限とはまるで次元の異なるものだった。ＳＡＲＳという未知の感染症に直面してもなお、ＷＨＯは抑制的に行動したのである。

さらに注目すべき点として、感染地域であっても渡航自粛の対象地域に指定されなかったケースがある。実はＷＨＯは、ある狙いをもって対象を選別していたのである。[35] そもそも、はじめに香港と広東省が対象に指定されたのは、ＳＡＲＳの情報を出し渋る中国政府に痺れを切らしたＷＨＯが、事実上の「制裁」として渡航自粛の勧告に踏み切った経緯がある。逆に、積極的に報告をしていたシンガポールとベトナムは対象地域に指定されなかった。つまりＷＨＯは、感染地域の政府が報告・情報共有に協力するか否かを判断基準に対象を選別することにより、報告・情報共有のインセンティブを高めようとしていたのである。

改めて整理すると、二〇〇三年にＷＨＯが出した渡航自粛の勧告は注目すべき二つの特徴があった。第一に、それは対象地域も内容も控え目なものであり、人の国際移動を一般的に制限するようなものではなかった。第二に、各国の報告・情報共有への協力度合いと、渡航自粛の対象地域の指定を結びつけることで、報告のインセンティブを高める狙いがそこにはあった。これら二点を合わせて考えれば、ＷＨＯは往来制限に対する否定的な姿勢を原則論として堅持しながら、しかしあえてそれを一種のテコとして用いることで加盟国の報告・情報共有を促したのだとまとめられよう。

インドのペストにおいて往来制限の弊害が改めてはっきりした一方、ＳＡＲＳではＷＨＯが問題解決の方向性を示した。このような二〇世紀後半の反省と二一世紀初頭の経験を経て、国際社会の達した結論がＷＨＯ・ＩＨＲ体制の理念として具現することになる。

四　ＷＨＯ・ＩＨＲ体制の理念と欠陥[36]

以上の歴史的背景のもと、二〇〇五年に誕生した新ＩＨＲは往来制限を制限する規定を明確かつ具体的に定めた。まず第二条が、新ＩＨＲの目的として「疾病の国際的な蔓延に対して予防・保護・制御・保健的対応を行うこと」を掲げつつ、重要な留保をつけている。すなわち、その方法は公衆衛生上のリスクと釣り合いのとれたものでなければならない、また「国際的な往来と貿易を不必要に妨げる」ことは避けるべきであるとする。このように新しい規則の目的を記した条項に、往来制限を否定する文言が入った点は注目すべきである。そして第四三条において、往来制限のようなＷＨＯの勧告以上の対策（追加措置）を加盟国が実施する場合に満たすべき具体的な条件として、「ＩＨＲの規定に沿う」、「人の国際移動を過度に制限しない」、「健康に対するリスクの科学的エビデンスやＷＨＯの指導・助言に基づく」などが列挙されている。さらに、追加措置が人とモノの国際移動を大幅に妨げる場合、当該国はその内容と公衆衛生上の正当な理由をＷＨＯにすぐ報告しなければならない。新ＩＨＲの「礎石（cornerstone）」[37]と評されるほど重要な第四三条は、たとえウイルスが国境を越えて広がろうとも安易な往来制限を決して許さないのである。現代のパンデミック（のリスク）はグローバル化の負の帰結、副産物だが、それでも新ＩＨＲはグローバル化を否定しない。グローバル化を止めずに感染拡大を止めることが、ＷＨＯ・ＩＨＲ体制の理念だといえよう。

この理念のもと、往来制限に頼らない対策を考えるなら、各国の国内対策の強化や支援が重要になる。その意味で、二〇〇五年を境に、国際的な感染症対策の焦点は国境という「線」から国内対策という「面」に移ったのである。カムラトスコットはこう述べる。「この枠組みの根本的な特徴として、かつては感染症に対するある種の強迫観念――各国政府は外からの流入を防ごうとする――を助長してきたが、それが病気のアウトブレイクの拡大を防ぐ国内体制の整備を積極的に支援するものへと変わった」[38]。デイビスらも、ＩＨＲの改定によって感染症対策の重点が「国境管理」から「病気のアウトブレイクをその発生源で封じ込めること」に移り変わったとみる[39]（この場合の「発生源」とは、最初に感染症が発生した国家だけでなく、感染症が外から流入した国家も含む）。そして効果的な国内対策を実現するためには、情報面の国際協調、すなわちアウトブレイクの報告・情報共有が大前提となる。以上をまとめると、現行のＷＨＯ・ＩＨＲ体制において、「往来制限の制限」と「報告・情報共有の促進」と「国内対策の強化」が感染症対策の三本柱であり、これらが有機的に結びつくことで上記の理念が実現する。もし同体制が狙い通りに運用されれば、もはや往来制限の是非が国際的な争点として浮上することはないはずだった。

しかし二〇二〇年、ＷＨＯ・ＩＨＲ体制の理念は挫折した。先述のように、ウイルスの侵入を恐れた世界中の国々が、ＩＨＲの規定とＷＨＯの勧告を無視してなりふり構わず往来制限を行ったのである。各種制限の中で一番厳しい全面的な入国禁止の措置ですら、もはや珍しくはなくなった。二一世紀の国際的な感染症対策の制度がポスト・グローバル化の流れに圧倒されて、部分的にせよ機能不全に陥ったのである。ただ、今回ほど深刻ではないにせよ同じ問題は以前にも起きていた。例えば、二〇〇九年の新型インフルエンザと二〇一四年のエボラ出血熱の流行時に、一部の加盟国がやはりＷＨＯの勧告に従わず往来制限を行っていた[40]。二〇〇五年にＩＨＲが改定された後も、現実には往来制限をめぐって国際社会の足並みが揃わない状態は続いているのである。だとすれば、二〇二〇年に起きた制度の機能不全は突発的な出来事ではなく、もともと何か潜在的な問題があり、それがＣＯＶＩＤ-19を機に劇的な形で顕在化したものとみるべきだろう。

その潜在的な問題とは、新ＩＨＲが上述の理念を実現するために必要な権限をＷＨＯに与えていないことである。第二条と第四三条に往来制限の制限ルールが明記されたものの、加盟国に遵守を促すのに十分な仕組み、とりわけ罰則規定は設けられていない。つまりＷＨＯは加盟国に対する強制力をもたず、あくまで加盟国の自発的な協力に頼るしかないのである。こうしたＷＨＯの権限不足という制度の弱点、欠陥があるために加盟国の往来制限を止められないこと、従ってＷＨＯの権限強化が必要なことは、過去に新型インフルエンザとエボラ出血熱の事例を検証した委員会・パネルが指摘していた[41]。だがこれまでに進展はなく、ＣＯＶＩＤ-19の事例をみる限りむしろ問題は悪化しているように思われる。確かに、旧ＩＨＲに比べれば、新ＩＨＲが加盟国に報告・情報共有を促すべく往来制限の制限ルールを明確に定めたことは、制度改革としては一歩前進だった。とはいえ、まだ改革は道半ばだといわざるを得ない。同ルールの設定により、加盟国にとって報告をするインセンティブは少なくとも前よりは高まったが、往来制限を控えるインセンティブは高まっていない。つまり、いまの制度ではポスト・グローバル化に対する歯止めが弱いのである。

さらにいえば、この制度的欠陥は往来制限に限った話ではない。カムラトスコットによると、ＩＨＲの改定の結果、実は加盟国に対するＷＨＯの従属性が全般的に強まったという。[42]「興味深いことに、ＩＨＲの改定版が感染症の拡大防止における加盟国の役割と責任を強化しようとした一方、その法的枠組みはＷＨＯに逆の方向に作用し、この国際機構の権限を縮小した。〔……〕加盟国は、ＩＨＲの改定を担った政府間ワーキンググループをこの国際機構を支配するために利用して、健康に対する脅威への迅速な国際的対応を左右する機構の力をかなり削いだようにみえる」[43]。具体的には、以下の四点においてＷＨＯの従属性が強化された。第一に、ＷＨＯはＰＨＥＩＣ宣言を検討する際に、臨時の緊急委員会を開催しなければならず、そこに感染国の代表を招いて意見を聞かなければならない。これは迅速な宣言を難しくするという意味で、ＷＨＯにとって足枷になる。第二に、ＷＨＯがＰＨＥＩＣに関する情報を公開するには、その情報がすでに他で公開されていることが条件になっているうえ、加盟国と情報を共有する際にも事前に感染国と協議しなければならない。第三に、ＷＨＯが感染国に調査団を送る際には当事国の同意を必要とすることが強調されている。第四に、ＩＨＲは感染症への対応能力を維持・強化する責任が各国政府にあることを繰り返し確認することで、「ＷＨＯに対する個々の政府の権威を執拗に強調している」[44]。一点補足すると、ＰＨＥＩＣは二〇〇五年の改定でＩＨＲに初めて導入された概念である。これによりＷＨＯは、加盟国に迅速な行動を促す新たな制度的ツールを手に入れたといえる。ところが、その運用に対する加盟国の縛りがきついため、果たしてＰ

ＨＥＩＣの導入がＷＨＯの権限強化につながったのかどうかは判然としない。

　こうしたＷＨＯの従属性に関する問題意識は、現実の国際社会でも広く共有されている。ＣＯＶＩＤ-19の国際的な対応を検証したＷＨＯの独立委員会が二〇二一年一月の報告書で指摘したのは、二〇一一～二〇二〇年に類似の委員会・パネルが作成した一四の報告書に同じ提言が書かれていることだった。「それらの結論が一貫して指摘してきたのは、ＷＨＯが保健分野における指導・調整機関としての役割を強化する必要があるということだった。〔……〕同様に、過去のパネルの多くが国際保健規則二〇〇五年版の機能強化も提案していた[45]」。だが制度改革はあまり進んでいない。一部で改善がみられるものの、「しかし全体としては、包括的な改革は進まなかったし、最上位の国際レベルのリーダーシップ、財政、ガバナンスの問題への取り組みもなかった[46]」。また、報告・情報共有を含む国際協調が十分とは言い難い現状もある。「本パネルが感じたのは、疾病のアウトブレイクの報告について、それがパンデミックになるのかどうかを確かめ、支援と封じ込めのための資源を現地に送るＷＨＯの権限が著しく制限されていることである。協力のインセンティブが弱すぎるため、各国は国際システムに対して、規律・透明性・責任のある、かつ時宜を得た方法で関与していない[47]」。独立委員会の共同議長にいわせれば、「加盟国はＷＨＯに指導力を求めるが、十分な権限と資金を与えていない[48]」。現行のＷＨＯ・ＩＨＲ体制がグローバル化を止めずに感染拡大を止めるという理念を確立した後も、往来制限は繰り返し行われ、果ては同体制が機能不全に陥るところまでポスト・グローバル化が進行した。その背景には、ＷＨＯの従属性という制度的欠陥が長らく放置されてきた現実がある。

五　制度の継続とパワー・バランスの変化

以上のように、現行のＷＨＯ・ＩＨＲ体制は二〇〇五年に誕生してから今日まで、本質的な部分は変わっていない。一方でこの間、ＷＨＯの加盟国であるアメリカと中国、より広くは西洋諸国と非西洋諸国のパワー・バランスは大きく変わった。それは現代世界の地殻変動ともいうべき広範かつ歴史的な事象であり、国際社会の様々なところに影響を及ぼしている。ＷＨＯも例外ではない。では、制度は変わらずパワー・バランスが変わった結果、往来制限に関して何が起きたのか。

アメリカは世界の中で比較的に早く（二〇二〇年二月）往来制限を始めた。しかし、先述の通りＷＨＯはもともと往来制限には反対していたため、アメリカとＷＨＯの間で対立が生じた。当時、ＷＨＯは各国に往来制限を止めるよう呼びかけ続けていたが、自分のやり方を否定されたと感じたトランプ大統領の怒りを買う結果になった。以下は、トランプがＷＨＯのテドロス事務局長に宛てた書簡の一部である（二〇二〇年五月）。

> あなたは〔……〕、私が中国から来る人々に対してアメリカ合衆国の国境を閉じたこと、あるいは入国を禁じたことについてはどういうわけか反対しました。私はあなたの希望に構わず入国禁止を実施しました。他国の政府はあなたの発言に従って、命を救えたはずの中国発着便の制限を

> 実施するのを遅らせたのですから、この問題に関するあなたの政治的な権謀術数は致命的でした。信じられないことに、二〇二〇年二月三日、あなたは自身の見解をさらに強固なものにして、中国は世界をウイルスから守る素晴らしい仕事をしているのだから、往来制限は「利益よりも害が大きい」と述べました。しかしその時にもう世界は知っていました。中国当局が武漢市をロックダウンする前に、五〇〇万を超える人々が街から出るのを許していたこと、そしてその人々の多くが世界中の国々に向かっていたことを[49]。

トランプがＷＨＯからの異論に敏感に反応したのは、ＷＨＯの背後に中国の影をみたからである。ＷＨＯが往来制限に反対するのは、ＣＯＶＩＤ-19の発生源とされる中国に配慮したか、もしくは中国から働きかけがあったからではないか――。確かに、二一世紀初頭から目覚ましい成長を遂げた中国の国際的な存在感は大きく、ＷＨＯなどの国際機構に対する影響力が強まっている。そうした時代背景があるため、ＣＯＶＩＤ-19への対応をめぐってＷＨＯが中国に「忖度」しているのではないかとの疑念、批判の声は、トランプ政権に限らず多方面から出ていた。本来、往来制限に関するＷＨＯの立場は中国の問題と切り離して考えるべきである。ＷＨＯが往来制限に反対したのは、グローバル化を止めずに感染拡大を止めるというＷＨＯ・ＩＨＲ体制の理念からすれば、当然のことだった。ところがトランプ大統領は、中国への対抗意識に引きずられて問題の本質を見誤り、アメリカとＷＨＯの間に不要不急の対立を引き起こした。

前節の議論を踏まえると、国際制度の観点からみた場合、重要なのはそうした誤解や対立の生じる余地がＷＨＯ・ＩＨＲ体制には存在することである。ＷＨＯの権限不足、従属性という制度的欠陥から敷衍すれば、相対的にパワーの大きい加盟国がなおさらＷＨＯに影響力を及ぼしやすいことになる。従って、二一世紀にＷＨＯが「中国寄り」とはいわないまでも中国と良好な関係を築こうと考えるのは、現行の制度設計からすれば、良いか悪いかは別にして自然な流れである。ＷＨＯに専門的なアドバイスをしてきた、公衆衛生法の専門家ゴスティンにいわせれば、「ＷＨＯはとりわけ強力な国に対して礼儀正しく接しているだけで、中国寄りだとは思わない」[50]。ＷＨＯの健康推進部長を務めたキックブッシュも、ＷＨＯが中国寄りだとは思えず、実際にはむしろアメリカが常に圧力をかけていると指摘したうえで、こう述べる。「ただ、中国の国際的立場が変化したのは間違いありません。二〇〇三年にＳＡＲＳ〔……〕が流行した時、ＷＨＯは中国を発展途上国として扱いました。十数年を経て中国は超大国になり、それなりの接し方が必要になりました〔。〕〔……〕大国に対しては機関から離れていかないよう、つなぎとめなければなりません」[51]。しかしアメリカにとってみれば、たとえＷＨＯと中国の接近が客観的にみて自然な流れだとしても、まったく望ましくないし、疑念が拭えない。こうして制度の継続（弱いままのＷＨＯ）とパワー・バランスの変化（強くなった中国）が重なった結果、往来制限の是非は米中対立の文脈で政治色の濃い争点になったのである。

　そして、制度とパワー・バランスの関係を以上のように整理すると、西洋諸国にとっては皮肉な現実が浮かび上がる。ＩＨＲの改定作業が進められた一九九〇〜二〇〇〇年代は、冷戦に勝利した西洋諸国が国際社会の中で圧倒的に優位な立場にいた時期であり、当然、改定作業を主導したのは西洋諸国である。デイビスによれば、ＩＨＲの改定が実現したのはＷＨＯと西洋諸国の間で利害が一致したからであり、改定によりＷＨＯの権限が強化されたとはいえ、あくまでそれは西洋諸国の意志に沿うものだったという。[52]「国際機構が世界政治の中で権威ある役割を果たせるのは確かだが、一方で私たちが忘れてはならないのは、ＷＨＯのパワーは、特定の国家集団〔西洋諸国〕が自分たちの利益だけを考えて委譲したものだということである。先進国はＷＨＯに仕事を任せたが、それは自分たちの狭い利益を念頭に置いて感染症のアジェンダをＷＨＯに押し付けたのである」[53]。

　デイビスは前出のカムラトスコットとは違い、ＷＨＯの権限が強化されたとみているが、たとえそうだとしても、あくまでそれは西洋諸国の許容範囲にとどまるものだったわけである。二人の見解の共通点を抽出すれば、このときの制度再編の眼目は、ＷＨＯの従属性を都合良く固定化することにあったといえよう。しかし、いま振り返ると西洋諸国が制度再編に取り組んでいた時期の後半、すなわち二〇〇〇年代からアメリカと中国、西洋と非西洋の間でパワー・バランスが変わり始めた。その結果、数十年前の西洋主導の制度設計がいまのＷＨＯと中国の接近を促し、アメリカとＷＨＯの対立を招いた。考えてみれば、米中対立それ自体が、感染症とは別次元のところで進むポスト・グローバル化である。なぜなら、両国ともこれまでグローバル化の恩恵を受けてパワーを増大しながら、いまや対立と分断を世界中に広げているからである。ＷＨＯ・ＩＨＲ体制は、そうしたポスト・グローバル化の影響にも晒されやすい制度設計になっていると理解できよう。

六　科学はグローバル化の味方なのか

前節までの議論は次のようにまとめられる。感染症対策としての往来制限は一見合理的な措置のように思われるが、効果の低さと弊害の大きさゆえにＷＨＯも専門家も従来推奨してこなかった。二〇〇五年に誕生した現行のＷＨＯ・ＩＨＲ体制は、二〇世紀後半の反省を踏まえ、グローバル化を止めずに感染拡大を止めるという理念を明確にして、往来制限の制限ルールを確立した。しかし、同体制はＷＨＯの権限不足、従属性という制度的欠陥があるため、現実には国家の一方的な機能強化に歯止めをかけることができず、往来制限が繰り返し行われる状態は続いている。その意味で、往来制限の是非は今日まで国際的な争点であり続けている。さらに、制度のあり方が変わらない一方で米中間のパワー・バランスが変わるなか、ＷＨＯと中国が接近した結果、アメリカとＷＨＯの間で往来制限の是非が極めて政治的な争点になった。ただ、もとをたどれば、ＷＨＯが中国のような新しい大国に接近せざるを得ないような制度設計にしたのは、西洋諸国である。こうしていまＷＨＯ・ＩＨＲ体制は、国家の機能強化と米中対立という二つのポスト・グローバル化に直面し、対応に苦慮している。

ところで、以上の議論の出発点には、往来制限の効果は低いとみる従来の科学的評価があった。しかし最近になって、その評価に変化の兆しがみられる。すなわち、ＣＯＶＩＤ-19の事例では往来制限が感染拡大をそれなりに抑えたと主張する研究が、少しずつ出てきている[54]。二〇二〇年五月に往来制限の効果を否定していた前出のヘイマンも、九月の時点で、「ますます〔……〕私たちが学んでいるのは、時には往来・貿易を制限する必要があるのかもしれないということだ[55]」と述べている。今後新たな研究が積み重なるなかで、従来の科学的知見が修正される可能性はある。効果の評価は筆者の専門外なので、それについては専門家の議論を見守るしかない。ただ、現時点の研究動向をみる限り、仮に評価が変わるにしても、「低い」から「高い」へと一八〇度変わることはなく、「好条件が揃えばそれほど低くはない」程度の評価にとどまるのではないか。少なくとも、すぐにＷＨＯが全面的に方針を転換して往来制限を推奨するとは考えにくい。

二〇二一年一月のＷＨＯの勧告をみると、かつてのように往来制限をきっぱり否定するトーンは鳴りを潜めているが、強く推奨するわけでもなく、慎重な言い回しになっている。「感染拡大を抑える手段として往来禁止を使うべきか否か、いつ使うべきかについては、慎重な検討をするべきである。その決定は最も確かなエビデンスに基づくべきである[56]」。この一年前の二〇二〇年一月三〇日に出された勧告を高く評価した前出のリーも、同年九月には、往来制限の評価の変化について、「確かにそれに関する議論の仕方はガラッと変わった」と認めつつ、「しかしエビデンスは変わっていない。まだ私たちにはエビデンスが乏しい」と語っている[57]。

いずれにせよ、往来制限が従来思われていたより効果が高いと分かれば、各国政府にとっては朗報だろう。しかし本章の議論にもとづき国際的な視点から考えると、そこから問題が派生する可能性は否定できない。第三節でみたように、ＷＨＯ・ＩＨＲ体制において往来制限が否定された理由の一つとして重要だったのは、それが報告・情報共有のインセンティブを下げるという、二〇世紀後半の反省に裏打ちされた強い懸念である。また第四節で論じたように、報告・情報共有は各国の国内対策の大前提であり、「往来制限の制限」と「報告・情報共有の促進」と「国内対策の強化」は国際的な感染症対策の三本柱として結びついている。一つ目の柱を安易に崩すと、他の二つも揺らいで全体が崩れてしまうかもしれない。従って、ＷＨＯは難しい舵取りを迫られる。科学的知見が変われば、ＷＨＯは従来通りきっぱりと往来制限を否定することはできないが、かといって往来制限を無制限に認めてしまうと感染国からの報告・情報共有が滞り、そのため各国が有効な国内対策を打てず、結果として国際的な感染拡大を制御できなくなる恐れがある。つまり、ＷＨＯは往来制限のメリット（感染拡大を止める効果）とデメリット（報告・情報共有を妨げるリスク）を慎重に比較し、感染症対策の方向性を見直さなければならない。場合によっては、それはグローバル化を止めないというＷＨＯ・ＩＨＲ体制の理念を見直すことにつながるかもしれない。

　本章の議論は、科学がグローバル化の味方であることを前提にしていたが、いまその前提が揺らいでいる。そして現実の世界に目を向ければ、科学的な議論とは関係なくポスト・グローバル化の流れ――国家の機能強化による往来制限の流行――が強まっている。このような文脈において、往来制限の是非がこれまで以上に複雑な形で国際的な争点となっている。ＷＨＯ・ＩＨＲ体制はこの先、グローバル化とポスト・グローバル化のどちらに軸足を置くのか。国境を越えられない世界が大きな問いを残していった。

＊本章は、ＪＳＰＳ科研費JP17KT0119の助成を受けた研究「感染症対策における人の国際移動の管理――国際関係論と理論疫学による学際的研究（基盤研究Ｃ）」の成果の一部である。

注

1　International Civil Aviation Organization（ICAO）, *Annual Report 2019*.

2　World Tourism Organization（UNWTO）, *2020: A Year in Review*.

3　UNWTO, *Covid-19 Related Travel Restrictions: A Global Review for Tourism*, Second Report, 28 April 2020, p. 2. 二〇二〇年一月三〇日にＷＨＯがＰＨＥＩＣ宣言をした時点で、すでに一一ヶ国が往来制限を始めていた。その数は、六日後の二月五日には四〇ヶ国、さらにその五日後の二月一〇日には五六ヶ国に増え、三月一一日にＷＨＯがパンデミックを宣言した時点で八五ヶ国にのぼった。完全な国境封鎖を行った国家の数は、ピーク時の五月に世界の七五％、一六三ヶ国まで増えた。*Ibid*., pp. 4-5; UNWTO, *Covid-19 Related Travel Restrictions: A Global Review for Tourism*, Eighth Report, 2 December 2020, p. 13.

4　ＩＡＴＡのレポートには「国際的な航空旅行は、国内の航空旅行や世界の航空貨物よりもはるかに大きな打撃を受けた。これは、各国政府が国境の外からＣＯＶＩＤ‐19が侵入するのを防ぐために往来制限を実施した結果である」と書かれている。International Air Transport Association（IATA）, *Annual Review 2020*, p. 12.

5　*Ibid*.

6　UNWTO, *2020: A Year in Review*.

7　IATA, *op.cit*., p. 8.

8　World Health Organization（WHO）, *International Health Regulations*（*2005*）, Second Edition, WHO, 2008.

9　小松志朗「国際政治の視点から考える感染症対策――ＣＯＶＩＤ‐19をめぐるアメリカ、ＷＨＯ、中国の関係」『公共政策研究』第二〇号、二〇二〇年、一〇一―一〇三頁。Paolo Bajardi et al., "Human Mobility Networks, Travel Restrictions, and the Global Spread of 2009 H1N1 Pandemic," *PLoS ONE*, 6-1, 2011, e16591; Ana LP Mateus et al., "Effectiveness of Travel Restrictions in the Rapid Containment of Human Influenza: A Systematic

Review," *Bulletin of the World Health Organization*, 92-12, 2014, pp. 868-880D.

10 『朝日新聞』二〇二〇年五月一日、五頁。

11 NPR Website, "Public Health Experts Question Trump's Ban on Most Travelers from Europe," 12 March 2020.（Accessed on 1 March 2021）

12 Roojin Habibi et al., "Do Not Violate the International Health Regulations during the COVID-19," *The Lancet*, 395, 2020, pp. 664-666; Benjamin Mason Meier et al., "Travel Restrictions Violate International Law," *Science*, 367, 2020, p. 1436.

13 WHO, "Travel Advice," 10 January 2020; 24 January; 11 February; 29 February.

14 原語はPublic Health Emergency of International Concernである。新ＩＨＲの第一条において、「疾病の国際的な蔓延を通じて諸国家に対する公衆衛生上のリスクをもたらし、国際社会による協調的な対応を必要とする例外的事態」と定義されている。

15 WHO, "Statement on the Second Meeting of the International Health Regulations（2005）Emergency Committee regarding the Outbreak of Novel Coronavirus（2019-nCoV）," 30 January 2020.

16 Kelley Lee et al., "Global Coordination on Cross-border Travel and Trade Measures Crucial to COVID-19 Response," *The Lancet*, 395, 2020, p. 1593.

17 UNWTO, *op. cit.*

18 Sara E. Davies, "Securitizing Infectious Disease," *International Affairs*, 84-2, 2008, pp. 298-302.

19 UN Doc., S/RES/1308, 17 July 2000; S/RES/1983, 7 June 2011; S/RES/2177, 18 September 2014.

20 『朝日新聞』二〇二〇年三月二〇日、一一頁。

21 例えば、Mely Caballero-Anthony, "Combating Infectious Diseases in East Asia: Securitization and Global Public Goods for Health and Human Security," *Journal of International Affairs*, 59-2, 2006, pp. 105-127; Christian Enemark, "Is Pandemic Flu a Security Threat?" *Survival*, 51-1, 2009, pp. 191-214.

22 UNWTO, *Covid-19 Related Travel Restrictions: A Global Review for Tourism*, Eighth Report, p. 27.

23 この点について、筆者はロックダウン（都市封鎖）の問題と合わせて論じたことがある。小松、前掲論文、一

○三一一〇五頁。

24　WHO, *Global Crises-Global Solutions: Managing Public Health Emergencies of International Concern through the Revised International Health Regulations*, WHO, 2002, p. 3の要約。

25　Richard A. Cash and Vasant Narasimhan, "Impediments to Global Surveillance of Infectious Diseases: Consequences of Open Reporting in a Global Economy," *Bulletin of the World Health Organization*, 78, 2000, p. 1359.

26　*Ibid.*

27　Sara E. Davies, Adam Kamradt–Scott and Simon Rushton, *Disease Diplomacy: International Norms and Global Health Security*, Johns Hopkins University Press, 2015, p. 5.

28　Cash and Narasimhan, *op.cit.*, pp. 1360–1362.

29　*Ibid.*, p. 1365.

30　WHO, *op.cit.*, p. 3.

31　*Ibid.*, p. 8.

32　WHO, "WHO Issues a Global Alert about Cases of Atypical Pneumonia," News Release, 12 March 2003.

33　WHO, "World Health Organization Issues Emergency Travel Advisory," News Release, 15 March 2003.

34　WHO, "Update 92: Chronology of Travel Recommendations, Areas with Local Transmission," Disease Outbreak News, 1 July 2003.

35　Davies, Kamradt–Scott and Rushton, *op.cit.*, pp. 47–55, 66.

36　本節と次節は、以下の拙稿の内容を発展させたものである。小松、前掲論文。

37　WHO, *Implementation of the International Health Regulations （2005）*, Report of the Review Committee on the Functioning of the International Health Regulations （2005） in Relation to Pandemic （H1N1） 2009, WHO, 2011, p. 81.

38　Adam Kamradt–Scott, "The Evolving WHO: Implications for Global Health Security," *Global Public Health*, 6-8, 2011, p. 804.

39 Davies, Kamradt-Scott and Rushton, *op.cit.*, p. 6.

40 小松志朗「世界政府の感染症対策――人の移動をめぐる国境のジレンマ」大庭弘継編『超国家権力の探求――その可能性と脆弱性』南山大学社会倫理研究所、二〇一七年、三五―四二頁。

41 WHO, *Implementation of the International Health Regulations* (*2005*), p. 13; WHO, *Emergencies Preparedness, Response*, Report of the Ebola Interim Assessment Panel, WHO, 2015, p. 12. 小松、前掲書、四二―四五頁。

42 Kamradt-Scott, *op.cit.*, pp. 804-806.

43 *Ibid.*, p. 804.

44 *Ibid.*, p. 806.

45 Independent Panel for Pandemic Preparedness and Response, *Second Report on Progress*, 18 January 2021, p. 12.

46 *Ibid.*

47 *Ibid.*, p. 7.

48 『朝日新聞』二〇二〇年三月一〇日、二頁。

49 トランプ大統領のテドロスWHO事務局長宛の書簡、同大統領のツイッター、二〇二〇年五月一八日（最終アクセス、二〇二〇年八月一日）。

50 『朝日新聞』二〇二〇年三月一〇日、二頁。

51 同上、二〇二〇年七月一六日、九頁。

52 Davies, pp. 295-313.

53 *Ibid.*, pp. 312-313.

54 Karen A. Grepin et al., "Evidence of the Effectiveness of Travel-Related Measures during the Early Phase of the COVID-19 Pandemic: A Rapid Systematic Review," *BMJ Glonbal Health*, 6, 2021, e004537; Timothy W. Russell et al., "Effect of Internationally Imported Cases on Internal Spread of COVID-19: A Mathematical Modelling Study," *Lancet Public Health*, 6, 2021, pp. e12-20.

55 *New York Times* (*Web*), "Ski, Party, Seed a Pandemic: The Travel Rules That Let Covid-19 Take Flight," 30

September 2020.（Accessed on 1 March 2021）

56 WHO, "Statement on the Sixth Meeting of the International Health Regulations（2005）Emergency Committee regarding the Coronavirus Disease（COVID-19）," 15 January 2021.

57 *New York Times*（*Web*）, *op. cit.*

第5章　ＣＯＶＩＤ-19パンデミックと地方自治

民意でよみとく社会の変化

野田　遊

一　社会の変化へのアプローチ

ボランティアやＮＰＯが急増した九〇年代以降、政府が関与する社会の領域はますます縮小するものとされ、その状況は「政府のゆらぎ」と表現されていた。[1]しかし、そうした考えは、二〇二〇年に世界を覆ったＣＯＶＩＤ-19パンデミックによって一変し、国家や政府の役割が焦点化されることになる。[2]制御困難なＣＯＶＩＤ-19パンデミックは、社会に対する民意を変え、緊急事態宣言下で国から権限を付与された都道府県（以下「府県」という）に対する注目度はかつてないほど高まった。府県といえば、国と市町村の間に位置する役割が不明瞭な存在であったのが、パンデミックにともない住民に対する情報発信の中心的主体として眼前に現れた。政府の役割は、組織の能力を対象としたもので、当該能力は民意との関係における信頼として解釈できる概念である。[3] 言い換えれば、ＣＯＶＩＤ-19パンデミックにともなう社会の変化は、政府に対する役割認識とともに住民からの信頼に着目した議論を必要とする。

本章では、ＣＯＶＩＤ-19による感染拡大というグローバリゼーションの中で生じた政府の役割向上に対して定量的に接近する。定量的分析は、評論家や専門家の不十分な根拠の言論を是正するように作用する。本章が民意に注目するのは、社会の変化は民意の変化を独立変数とし、社会が落ち着き常態化する段階になると民意の変化が従属変数となるように、民意と社会は密接に関係するからである。本章の社会的意義は、社会や自治体と住民の関係による地方自治がこれからいかなる方向にむかうのが望ましいかを思案するための基礎的認識を共有できるところにある。

社会の変化へのアプローチに際して、政府の構成主体と、社会の対立軸を想定した検証が有益である。政府の構成主体は、府県の場合、知事や府県職員のほか、議員、住民といった主体を想定できる。公共的なるものの捉え方は、地方自治において政府と住民が切り離されたものとは理解しない。パンデミックで注目度が増した知事を筆頭に、他の主体への信頼も加味した地域全体の信頼性から社会をよみとく必要がある。住民が税金や権利を信託する府県は、住民の意向に沿って行政活動を展開し、住民自身がその成果を享受しわが事として課題を担うからである。この意味において、住民が信頼する対象には他の住民も含まれるのである。一方、社会の対立軸は、パンデミックの解消を実現しようとする公衆衛生上の安全のために、私権やプライバシーとの対比で公共の福祉をいかに重視するかを問うている。[4] 以下、社会における府県の役割認識、知事に対する信頼とその要因、公共の福祉と地域の信頼性の関係の三つの側面における民意から、地方自治が直面している社会の変化をよみとこう。

二　高まる自治体の役割認識

社会における府県の役割拡大はいかに認識されたか。第三波が日本を襲い曜日別一日の陽性者数が最高値を塗り替えていった二〇二〇年一二月二二日〜二四日に、ＧＭＯリサーチ株式会社のパネルによるウェブアンケートを用いて住民の認識変化を調査した。二〇二〇年二月のパンデミック前との比較で府県をはじめとした様々な主体の役割認識を把握することとし、次の質問を行った。「新型コロナウイルス流行前より現在は、○○○の社会での役割をいっそう認識するようになった」の○○○の部分に各主体を入れて回答を求めた。主体とは、国の首相、議員、官僚、都道府県や市町村の首長、議員、公務員という政府間比較を行うための主体のほか、パンデミックへの対処において最も大きく貢献している医療機関、また民間企業、ＮＰＯや市民団体、大学研究者、マスコミなどである。選択肢は、「まったく同意しない」から「強く同意する」の七点尺度とした。ただし、直感的なわかりやすさのため、図では〇〜一〇〇の尺度に変換したＰＴＭ[5]も表記している。

図5-1をみてみよう。医療機関の役割は、あらゆる主体の中で最も認識が高まったことが明らかである。医療機関は、普段から社会的に最重要ともいえるサービスを提供してきたが、今次のパンデ

図５－１　COVID-19パンデミックにともなう各主体への役割認識の高まり

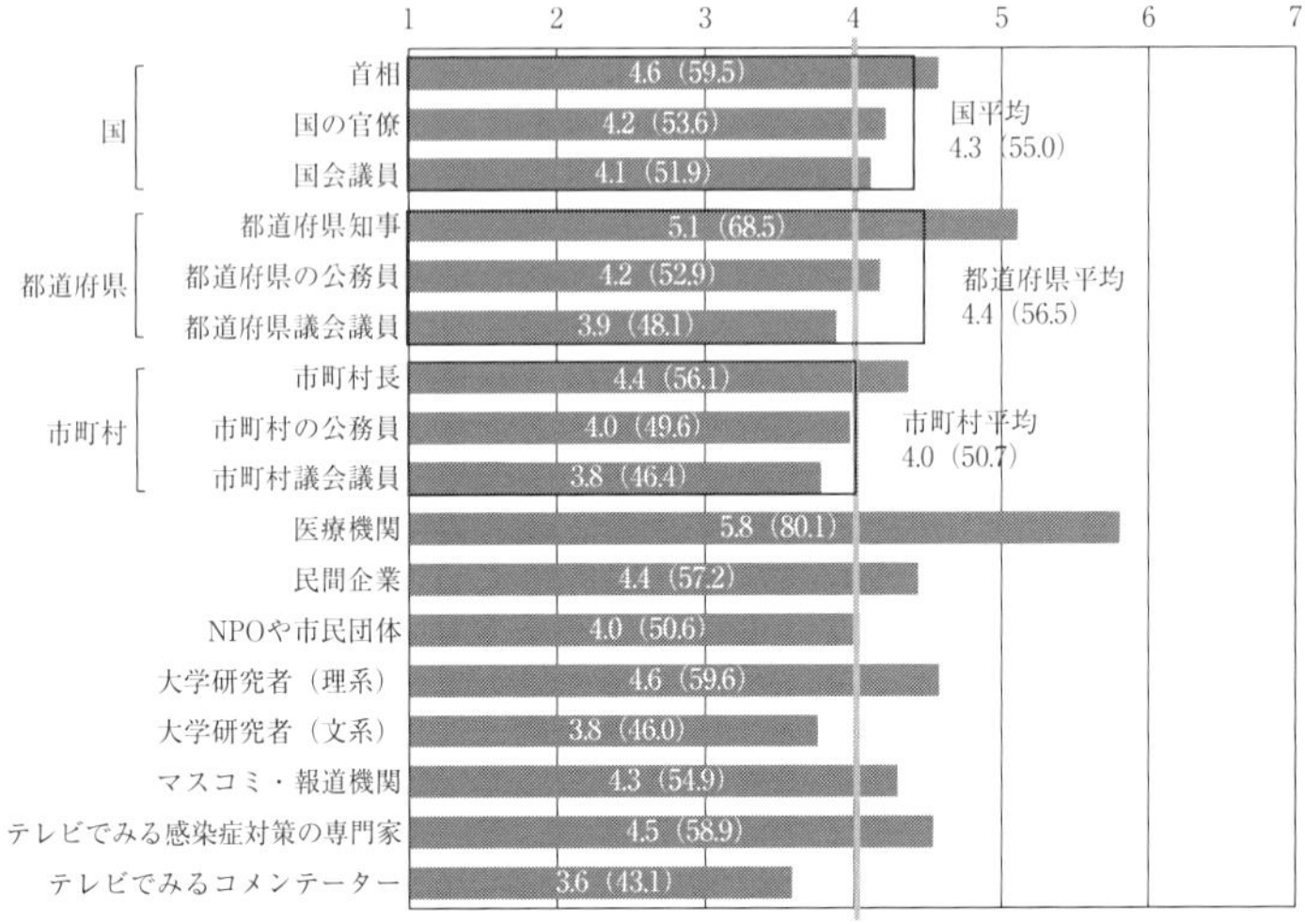

（注）N＝334。７点尺度、括弧内は PTM。年齢は17-20代6.9％、30代12.6％、40代25.7％、50代25.4％、60代19.5％、70代以上9.9％。地域は東京都13.2％、神奈川県12.3％、千葉県9.6％、大阪府6.9％、愛知県5.4％、埼玉県4.8％、北海道4.2％、京都府3.3％、兵庫県3.3％、その他は３％以下。

ミックにより認識はさらに大きく高まった。医療の最前線で戦う医療従事者への尊敬と感謝の念を抱く多くの回答者が医療機関の役割拡大を強く認識した結果である。

注目の府県はどうであろうか。驚いたことに、知事への役割認識が医療機関に次いで高まったのがわかる。しかも首相や感染症の専門家よりも高い。市町村長は、首相より低いとはいえ国会議員や国の官僚より高い。府県の公務員は国の官僚と同程度であるが、国会議員より高い。府県議会議員は国会議員より低く、市町村の公務員は自治体議会議員より高いが、国の官僚より低い。このように、府県（PTM平均五六・五）、国（五五・〇）、市町村（五〇・七）の順に役割が大きくなったと認識されている。まとめると、第一に知事の圧倒的な役割の上昇が明瞭であり、平均でみると感染症対策を地域で具体的に先導した府県の役割向上が大きく、知事や府県が自治の主体として再認識されたといえる。

一方、かつて政府のゆらぎが指摘された際の立役者であったＮＰＯや市民団体はＰＴＭでみてほぼ五〇の水準にとどまり、パンデミック下では特に役割が大きくなったとは認識されていない。また、自治体議会議員、大学研究者（文系）[6]、テレビのコメンテーターに至っては、社会における役割認識はＰＴＭが五〇以下の水準で、二〇二〇年のパンデミックの危機対応に貢献した主体であるとは認識されていない。

三　知事のリーダーシップに対する信頼

（１）先行者不利益とリーダーシップ

府県における地域の信頼性については、知事が地域を管理するトップとしてのリーダーシップをもって公共的問題対処に挑み、行政がそのもとで適切に政策を遂行することが求められる。[7]住民はといえば、権利を政府に信託する本人として政府を統制する役割を担う一方、他の住民との間でも信頼感が醸成されている状況が地方自治の理想である。感染症対策においては、これら知事、職員、住民のうち、政策執行の指揮命令系統のトップとしての知事への信頼が、地域の信頼性確保の大前提となる。

知事のリーダーシップには、目立たないが着実に有効な政策を実践する閉鎖型のものもあり、マスコミを通じた露出度の高い開放型リーダーシップだけが優れているわけではない。[8]ただし、パンデミック下では、都市圏の知事間の開放型リーダーシップの相違が、住民に対して強く印象づけられた。特に第一波の外出自粛時は、住民は不安と持て余す時間の中、テレビやインターネットから感染拡大の不確実性を少しでも解消しようと、ＣＯＶＩＤ-19関連情報を自ら入手した。そうした中で知事の会見やテレビ番組出演時の発言は、大きなインパクトを住民に与えた。住民の目に映ったのは、自らリスクをとり判断し対応する知事、効果的なキーワードで印象づける知事、国や大都市圏の中心自治体への批判が目立つ知事、たどたどしい口調で先行知事を後追いする知事といった姿であった。

言うまでもなく、当初評価が高かったのは、自らリスクをとり先頭に立つリーダーであり、開放型リーダーシップを発揮したのは、北海道鈴木知事や大阪府吉村知事であった。閉鎖型リーダーシップで評価が高かったのは、いち早くドライブスルーによるＰＣＲ検査を行い、医師会との連携を手堅く推進した鳥取県平井知事、ＣＯＶＩＤ-19対応都道府県調査（医療サービス情報を提供するエムスリー株式会社が医師会員に対して行った調査）[9]で一位と評価が高かった福井県杉本知事、感染初期にクラスターを経験するもその後県民を守る強い姿勢から早い段階でＰＣＲ検査を徹底しホームページで県民に状況をわかりやすく説明した和歌山県の仁坂知事であった。彼らも同様、自らリスクをとり判断するタイプの知事である。

パンデミック下で知事の対応リスクが高くなる理由は、第一に緊急時の状況定義の難しさがある。[10]第二は、公表する数字が一人歩きするからである。第三は法制度の未整備である。二〇二一年二月の改正コロナ関連法成立に伴うまん延防止等重点措置により、時短・休業要請命令、過料や行政罰を科すことが可能となったが、二〇二〇年の段階では法制度が不十分であったことによる。このような高リスク下で先行的に自粛要請や目標設定を行うのは、政治生命をかける勇気を要し、まさに先行者不利益の状況であった。

最も早くリーダーシップを発揮したのは北海道鈴木知事であった。二〇二〇年一月二八日に北海道で最初の感染者が発生し、三月二日の国の要請よりも早い二月二六日に、北海道内の学校休校を要請し、その直後の二八日には、道独自のものとなるが、緊急事態宣言を国よりも早くに発表した。結果責任は自ら負うという知事の強いメッセージは、道民だけでなく国民から称賛の的となった。

医療提供体制等の負荷や感染の状況に基づく四ステージ基準の国提言は八月七日に全国に通知される。ただし、その三ヶ月前に全国に先駆けて出口戦略を示したのは大阪府吉村知事であった。緊急事態宣言発出後、四月下旬になっても外出自粛や休業要請を解除する基準・目標はどこからも提示されなかった。[11]五月末への緊急事態宣言延長が明らかにされる五月一日、吉村知事は、感染経路不明の新規感染者数、陽性率、重症者病床使用率による外出自粛解除、前二指標と新規感染経路不明者の前週増加比に基づく自粛要請等を行う出口戦略となる大阪モデルを明らかにする。[12]当モデルは五月八日に適用され、警戒状況を通天閣の信号で表す印象的な方法を採用し、あわせて市町村との連携による医療供給体制の強化が進められた。保健関連事務については、政令指定都市や保健所政令市が独自に管理する事務を府県で包括的に把握することが求められた。

吉村知事が全国でいち早くワクチンや治療薬の開発で、大阪大学や病院機構等と連携協定を結んだというニュースも光明が見えるようであった。他方、ポビドンヨードうがい液が予防になりうるという知事会見は、商品品薄の問題を生み、科学的根拠が不十分という批判を受けた。とはいえ、先行者不利益下の課題解決に向けたアクティブな姿により当時の信頼はしばらく維持されたと思われる。

大阪府による出口戦略提示後、他府県においても休業要請緩和基準が発表され、自治体間の横並び競争が生じた。その後、全国的に新しい生活様式の実践例を提示したり、ウィズコロナ版の行政計画や指針が策定されるようになる。

東京都の小池知事のリーダーシップの特徴は、三密回避などのわかりやすいキーワードの活用、タレント起用による外出自粛要請、早期に準備された独自の感染防止協力金や事業者支援、奨励金であった。首都圏のリーダーとしてマスコミへの露出が多かったこともあり、対応への批判もしばしばみられたが、三密のキーワードは瞬く間に全国で使用され、感染状況が厳しく対応が困難な中で知事を応援する声も多かった。ただし、第三波が日本を襲うなか、鈴木知事や吉村知事が営業時短要請を進めGo toトラベルキャンペーンの一時停止を国にいち早く要請した一方、小池知事は菅首相からのアドバイスがあったものの年末にかけて時短要請を行わなかった。[13] 結果、東京都はしばらく感染者数増加に歯止めがかからなかった。都の協力金の財源も逼迫し、国の原資依存に切り替えるため都県共

郵　便　は　が　き

恐縮ですが
切手を貼って
お出し下さい

606-8161

京都市左京区
一乗寺木ノ本町 15

ナカニシヤ出版
愛読者カード係 行

■ ご注文書 （小社刊行物のご注文にご利用ください）

書　名	本体価格	冊 数

ご購入方法（A・B どちらかをお選びください）

A. 裏面のご住所へ送付（代金引換手数料･送料をご負担ください）

B. 下記ご指定の書店で受け取り（入荷連絡が書店からあります）

市　　町　　書店
区　　村　　店

愛読者カード

今後の企画の参考、書籍案内に利用させていただきます。ご意見・ご感想は匿名にて、小社サイトなどの宣伝媒体に掲載させていただくことがあります。

お買い上げの書名
（ふりがな） お名前　　　　　　　　　　　　　　　　　（　　　歳）
ご住所　〒　　　－
電話　（　　　）　　　ご職業
Eメール　　　　@

■ お買い上げ書店名

市　町　書店・ネット書店名
区　村　（　　　　　　　　）

■ 本書を何でお知りになりましたか

1. 書店で見て　2. 広告（　　　　）　3. 書評（　　　　）
4. 人から聞いて　5. 図書目録　6. ダイレクトメール　7. SNS
8. その他（　　　　　　　　）

■ お買い求めの動機

1. テーマへの興味　2. 執筆者への関心　3. 教養・趣味として
4. 講義のテキストとして　5. その他（　　　　）

■ 本書に対するご意見・ご感想

同で緊急事態宣言を要請し、二〇二一年一月八日に発効された。

その後、関東一都三県の緊急事態宣言解除より三週間早い二〇二一年二月末に大阪府など六府県で宣言が解除されると、三月終わりに大阪府の一日当たり感染者数が東京都を抜いて最多で報告される。大阪府や東京都などにおいては、まん延防止等重点措置が適用され、一方、ワクチン接種は遅々として進まない状況であった。このような状況で、大阪府吉村知事の緊急事態宣言の早い解除要請と、まん延防止等重点措置適用要請の遅さを批判するマスメディアのコメンテーターもいた。ただしこれも、感染拡大判明後の後出しコメントであり、先行者不利益下でリーダーシップを発揮する府知事の支持が著しく低下することはなかった。他方、先行的政治判断が裏目に出て、一時変異型ウイルスによる感染者が大阪府で激増することもあった。以降、二〇二一年春に第四波、東京五輪が開催された夏に第五波、九月からの感染者激減、二〇二二年初頭からの第六波を経験する中、知事のリーダーシップは絶えず注目を集めた。

なお、パンデミックは大都市圏で生じるため中心自治体の知事の行動に近隣府県は左右され、不満を抱きがちとなる。これは、共同利益から得られる分配が自治体間で不平等であると認識されることからくる調整リスクの問題でもある。[14] たとえば、神奈川県黒岩知事は休業・時短要請の業種指定を小池知事が突然行ったため東京都にあわせる必要があったこと、また、出口戦略は自治体が決めるものではないと考えていたが吉村知事がそれを行ったことを述べている。[15] ただし、テレビで黒岩知事が国に対する批判を声高に叫ぶ姿を何度か見て、筆者には、知事本人が自らリスクをとり判断するような姿勢を有しているようには見えなかった。一般的な話であるが、緊急時には、先行者不利益の状況で、前例踏襲思考から抜け出せない素性が垣間見えるものだと感じる。

（2）府県間の信頼の相違

府県間で信頼が異なる点を定量的に探索しよう。ここでは図5-1の調査とは異なり、府県間の相違を鮮に析出するために大規模標本（四三九七サンプル）を用いた関西アンケート（二〇二〇年八月二五日～九月一日に回収、株式会社クロス・マーケティングのパネル）を活用する。[16] 先述のCOVID-19対応都道府県調査では大阪府吉村知事三位、和歌山県仁坂知事五位、滋賀県三日月知事二九位、京都府西脇知事四一位、兵庫県井戸知事（当時）四四位、奈良県荒井知事四六位であり、関西は、全国の上位、中位、下位で構成される地域といえる。

関西アンケートの冒頭では、感染症拡大リスクが高まるなか、自治体の情報提供と予防に関するデータ収集のために行うと断ったうえで質問している。したがって、信頼に関する回答は感染リスク下を念頭においたものとなる。「まったく信頼していない」から「とても信頼している」までの七点尺度で捉え、ＰＴＭも算出した。調査時期は二〇二〇年八月末である。つまり、外出自粛の記憶が薄れておらず、八月にかけて第二波の感染増加を経験した直後のデータ収集である。

府県間の信頼の相違の結果を図5-2に示している。まず、知事、行政、住民、専門家に対する信頼について府県間の分散分析を行ったところ、専門家に対する信頼のみ府県間で差はみられず、その

図５－２　関西二府四県別にみた知事・行政・住民・感染症専門家に対する信頼

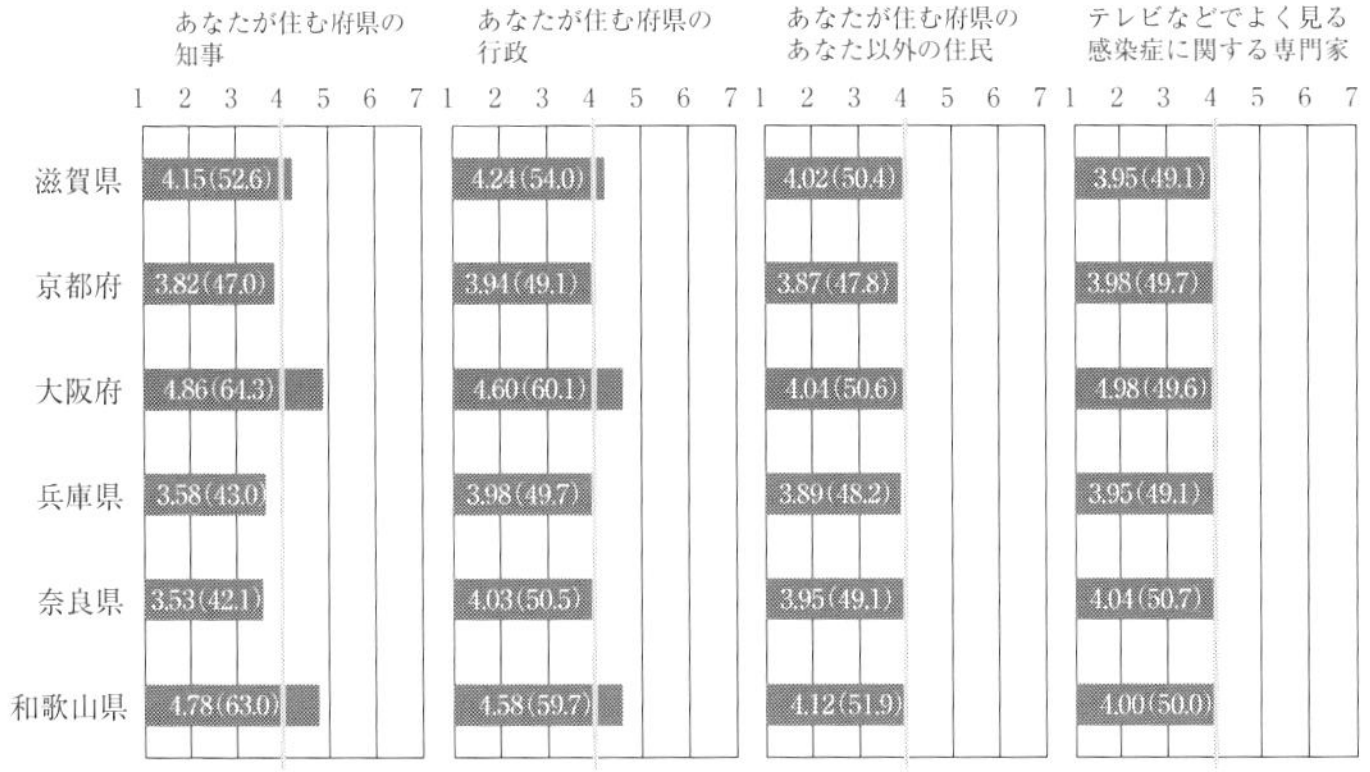

（注）Ｎ＝4,397。７点尺度、括弧内はPTM。

他はすべて一％水準で差が検出された。[17]

　さて、知事に対する信頼は、特に大阪府と和歌山県でかなり高い。ＰＴＭはそれぞれ六四・三と六三である。知事への信頼でＰＴＭが五〇以上であるのは、大阪府と和歌山県、滋賀県のみである。本調査の順位は、先述のＣＯＶＩＤ-19対応都道府県調査と同様である。前例のない事態でいち早く出口戦略を示した大阪府の吉村知事に対する信頼は非常に高く、次いで、県のホームページで「知事からのメッセージ」を発信し、感染状況をしっかりと解釈して見解をわかりやすく披露する和歌山県仁坂知事に対する信頼もかなり高いということである。他方、奈良県、兵庫県、京都府の当時の知事に対する信頼は、ＰＴＭでみて五〇に満たない。

　大阪府、和歌山県、滋賀県では、行政に対する信頼も高くなっており、知事に対する信頼が行政への信頼に影響していると推察される。特に、大阪府や和歌山県の行政に対する信頼は高い。一方、兵庫県と京都府では行政に対する信頼は低い。奈良県は知事に対する信頼は低いが行政に対しては低くはない。知事に対する信頼と行政に対する信頼は奈良県を除き連動していると思われるが、順位は入れ替わる。行政に対する不信か、府民の批判的態度が強いのかは定かでないが、京都府に対する信頼は最下位である。

以上、関西では特に大阪府や和歌山県の知事に対する信頼が高く、奈良県、兵庫県、京都府の知事への信頼は低い。行政に対する信頼は知事への信頼に概ね連動しているようである。一方、住民に対する信頼の府県差はどうか。図からは和歌山県、大阪府、滋賀県においてＰＴＭで五〇以上となっているが、府県差は大きくはない。

感染症の専門家に対する信頼は、府県間で変わらない。水準はＰＴＭでみて五〇程度である。これは、私たちでも予想できるようなコメントをテレビで繰り返し聞いた住民の率直な評価である。デスラットの研究では、アメリカの大統領が公衆衛生の徹底を図るメッセンジャーである場合、外出自粛の促進効果がみられるが、大学病院の専門家がメッセンジャーの場合の効果は弱いという[18]。日本とは異なり感染症の最先端の研究者が多いアメリカでさえこうした結果である。

（3）知事に対する信頼の要因

感染リスク下で住民が注目したのは先行者不利益の中での知事の判断力と行動力であり、その表れが出口戦略や発信情報の明確性といった情報管理の徹底であると考えられる。ここでは、図５-２と同じ関西アンケートにより、出口戦略と情報の明確性の二つが知事に対する信頼に影響するかどうかを明らかにする。

出口戦略は、「新型コロナウィルスに関して府県がつくった休業要請や外出自粛の解除の基準はわかりやすい」かどうかについて同意の程度で質問した。[19] 情報の明確性は、府県だけでなく、市町村の情報提供も含めた質問になっているが「①居住府県や市町村における感染者数や重症者数、死亡者数は毎日公式に発表されている」、「②新型コロナウィルスに感染した場合の手順はわかりやすく公表されている」、「③居住府県や市町村の医療供給体制は、わかりやすく公表されている」の三つの回答の合計値とした。[20] これらの情報管理に関する変数（出口戦略と情報の明確性）に、属性（年齢（一八～七〇代）、女性ダミー、大学・高等専門学校・大学院卒業ダミー）を加えたモデル一、モデル一に支持政党である維新の会支持と共産党支持を加えたモデル二、モデル二に府県ダミーと居住都市が政令指定都市である場合のダミー変数を加えたモデル三を作成し、最小二乗法で推定したところ、いずれのモデルも情報管理の高い影響力が検出された。図5-3では、最も変数の多いモデル三を用いて、知事に対する信頼への各要因の影響を表している。[21] なお、変数の単位に依存せず比較できるように標準化係数を図示している。

図5-3が示す非常に明瞭な点として、出口戦略や情報の明確性が知事への信頼にかなり高い影響力をもつことがわかる。特に情報の明確性の信頼への効果が高い。また、府県ダミーの中では、大阪府の値が非常に大きい。この府県ダミーの意味は、情報管理の徹底や支持政党、性別、学歴、大都市かどうかとは関係なく、大阪府民であるという理由で知事を信頼する効果である。政令指定都市の係

図５－３　COVID-19パンデミック下の知事に対する信頼の要因

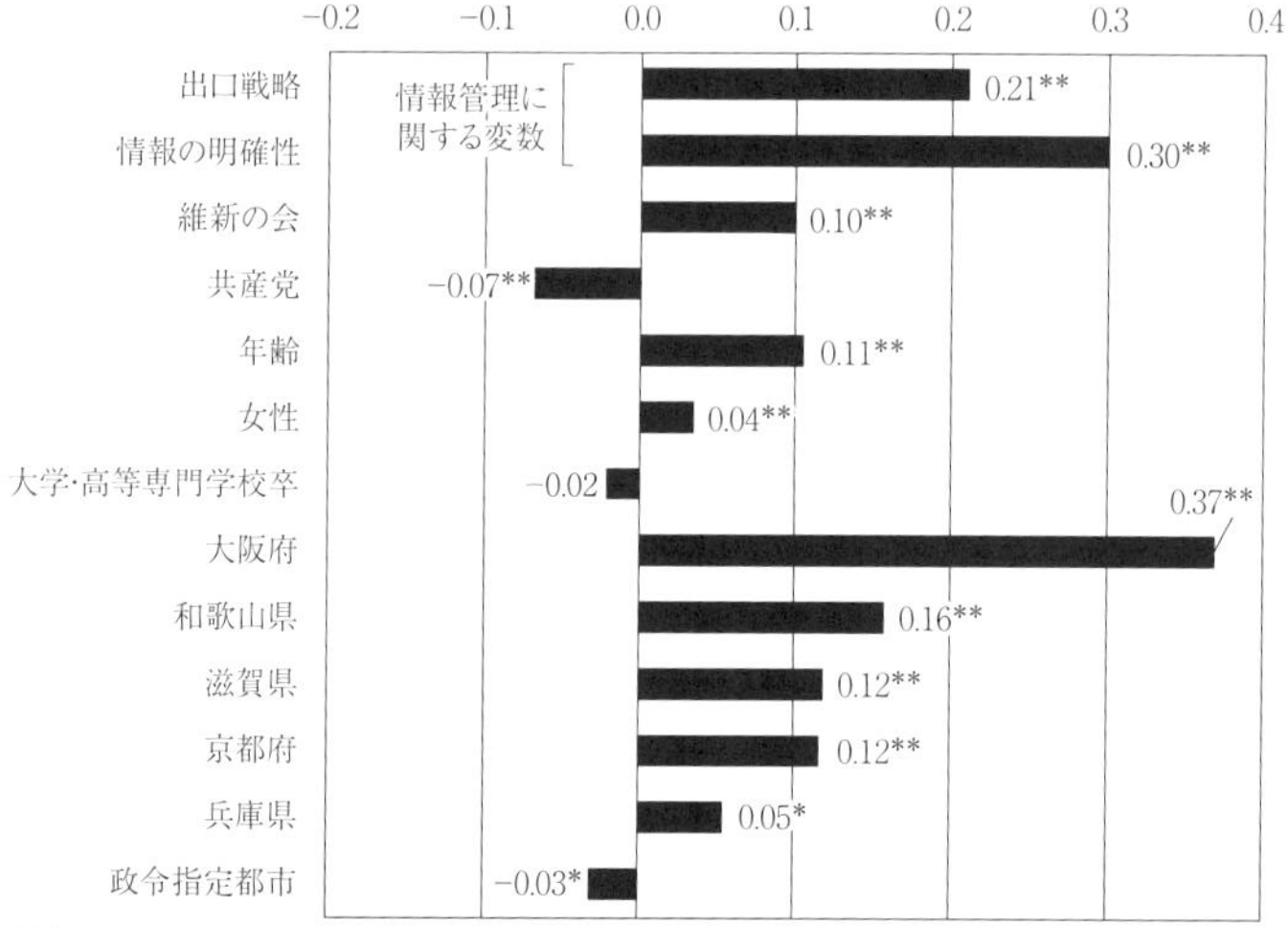

（注）N＝4,397。標準偏回帰係数。図５－２と同じ調査ソースによる。$^{**}p<0.01$, $^{*}p<0.05$

数が示すのは、大都市住民が府県知事への信頼にネガティブな影響を与える点であり、本章では深掘りしないが大変興味深い。支持政党の影響は、住民がもつ事前の信念としての効果であり、維新の会支持者は信頼にプラス、逆に共産党支持者はマイナスの影響を与えている。ある意味で、知事に対する好き嫌いの類の要素も含まれるであろう。他に、年齢は高くなるほど、また、性別は女性の場合に知事への信頼が高くなる傾向がある。教育水準は信頼とは関係しない。

大阪府民であるから、あるいは政治的信念から知事を信頼する効果もみられたわけであるが、そうした効果を差し引いたとしても、パンデミック下の知事の情報管理による信頼向上の高い効果が析出される。この因果から、情報を操る為政者に先導される負の側面への懸念もあろうが、しかしながら、情報管理の徹底は地方自治において信頼を生むということである。

四　公共の福祉志向と地方自治

（1）公共の福祉志向に関する三指標

公共の福祉は、プライバシーや私権との対比で捉えられる社会のあり方をめぐる主要な論点である。この論点と地域の信頼性や情報管理の関係に接近すれば、二〇二〇年のパンデミック下で顕現した社会の変化をよみとく民意をより鮮明にできる。日本は、外出や営業に対する規制や個人情報の管理が容易な国ではない。今次のパンデミックで、日本がプライバシーや私権の保護の程度が強く、感染拡大抑制に向けた個人情報の効率的管理ができないことを強く認識した国民も多かったと思われる[22]。

実際、住民はプライバシーの保護より公共の福祉をどの程度望んでいるだろうか。また、公共の福祉のための社会協力の態度として、自身のプライバシーに関する情報提供をどの程度許容するであろうか。プライバシー保護と比較した公共の福祉重視の態度が法律や社会的ルールの遵守といった側面を強調する尺度であるのに対して、社会協力の態度は、自らが公共の福祉のために協力する行為としての尺度である。他に、管理困難性についての認識も重要である。各自治体が公表する感染者情報の範囲は、感染場所の具体の地区や施設名が判明せず住民の外出時の注意に役立たないものも多い。政府が感染者情報の管理のために導入した接触確認アプリＣＯＣＯＡにおいても個人情報を保持しない

図５－４　公共の福祉志向に関する三指標

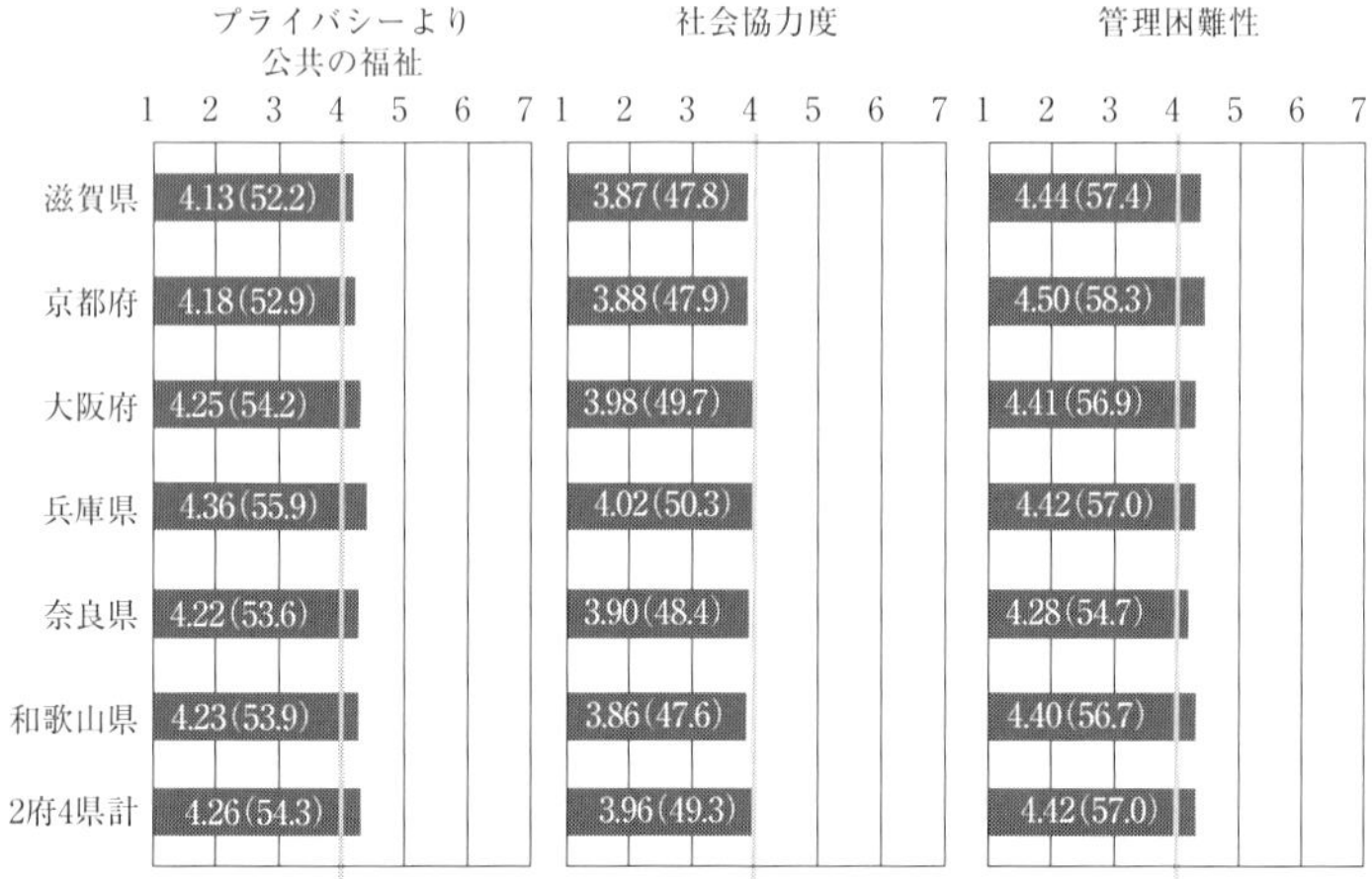

（注）N＝4,397。７点尺度、括弧内はPTM。図２と同じ調査ソースによる。

設計が採用された。このように管理困難性は、公衆衛生上の公共の福祉に関して国民の大きな懸念材料となった。

以上の点をふまえ、関西アンケートでは、プライバシーに比した公共の福祉（感染症の流行対策においては、プライバシーの保護よりも公共の福祉を重視すべきだ）、社会協力度（感染症の流行対策のためには、自分のプライバシーに関わる情報は提供してよい）、管理困難性（日本は私権やプライバシーが強すぎて社会にとって必要な情報を入手できない）について、七点尺度で同意の程度を把握した。

図５-４にその状況を示している。プライバシーに比して公共の福祉を重視する回答は多いといえる。ただし、その水準はＰＴＭで五〇をわずかに上回る程度である。社会協力度は五〇に満たないが、ほとんど半数といってよい水準である。

一方、管理困難性は公共の福祉重視の程度よりもさらに高い水準にある。回答者から推測される住民の公共の福祉志向のイメージは、プライバシー保護か公共の福祉のいずれかに偏ることがない状態にあり、ここに民意の把握の難しさと面白さがある。しかも興味深い点は、これら三指標の府県差はほとんどないことである[23]。

（2）公共の福祉志向と地域の信頼性

三指標は公共の福祉志向を因子とする変数として解釈できる。公共の福祉志向が、地域の信頼性とどのように関係するかが注目すべき因果である。わたしたちは、自分が居住する府県の知事と議員を選出し、そのもとで府県職員が政策を管理執行する。府県の主たる税収源となるのは住民の税金であり、政府の正統性はプリンシパルである住民の意思に基づく。政府や社会を信頼するかどうかは、知事、職員に加え、府県内の自分以外の住民への信頼と密接に関連し、これら三主体への信頼に関わる因子として、地域の信頼性が位置づけられる。これは、地方自治の能力の源泉ともいえるものである。また、先の分析で明瞭にした出口戦略や発信情報の明確性といった発信情報に関する変数の因子として情報管理を位置づけることができる。情報管理の徹底は地域の信頼性を向上させ、地方自治をより強固なものにするはずである。

　これら公共の福祉志向、地域の信頼性、情報管理の間の関係について共分散構造分析により明らかにする。ただし、注意を要するのは、公共の福祉志向と地域の信頼性の間でどちらからの因果を想定するかである。公共の福祉志向は、個人があらかじめ保有する事前の信念として解釈できるもので、平たくいえば、個人の私権やプライバシーに比した社会の管理のためのルールの遵守とそれへの協力の態度を示すものである。この意味において、公共の福祉志向から地域の信頼性へ因果の矢印を設定できる。公共の福祉志向の人にとってみれば、パンデミック下の社会管理の不徹底を問題視し、地域の信頼性にネガティブな影響を与える連関を想定できる。このように、公共の福祉志向は、政治的信念や個人の宗教観、その他の信条と同様に個人の事前の信念として作用する見方である。

しかし、パンデミック下で知事のリーダーシップが発揮されている姿をみて公共の福祉志向が高まるとも解釈できる。これは、旗の下への結集効果（The rally-round-the-flag effect）とよばれ、危機的状況における国民の連帯感や政権への支持が上昇する現象である[24]。知事や行政、他の住民の言動から連帯感を抱く効果である。加えて、パンデミック下の実証研究では、明確な情報、あるいは詳細な情報が政府の信頼を高め、そのことが国民の予防行動の促進意識に影響する点が指摘されている[25]。むしろ、集団行動を促進するためにはエビデンスに基づく情報とともに市民間の合意に関する信頼構築が必要ともいわれる[26]。公共の福祉志向の強弱と予防行動の意識は必ずしも同義ではないが、予防行動の意識が促進されるのであるから、地域の信頼性が公共の福祉志向に対して、同様のインパクトを与える因果を想定することもできる。

こうしたことから、公共の福祉志向から地域の信頼性への連関を想定する公共の福祉連関モデルと、地域の信頼性から公共の福祉志向へ影響を与える公共の福祉醸成モデルを検証することとした[27]。結果は図5-5に示すとおりである。両モデルの適合度をみると、公共の福祉連関モデルの方がより良好

図５－５　公共の福祉志向と地域の信頼性の関係

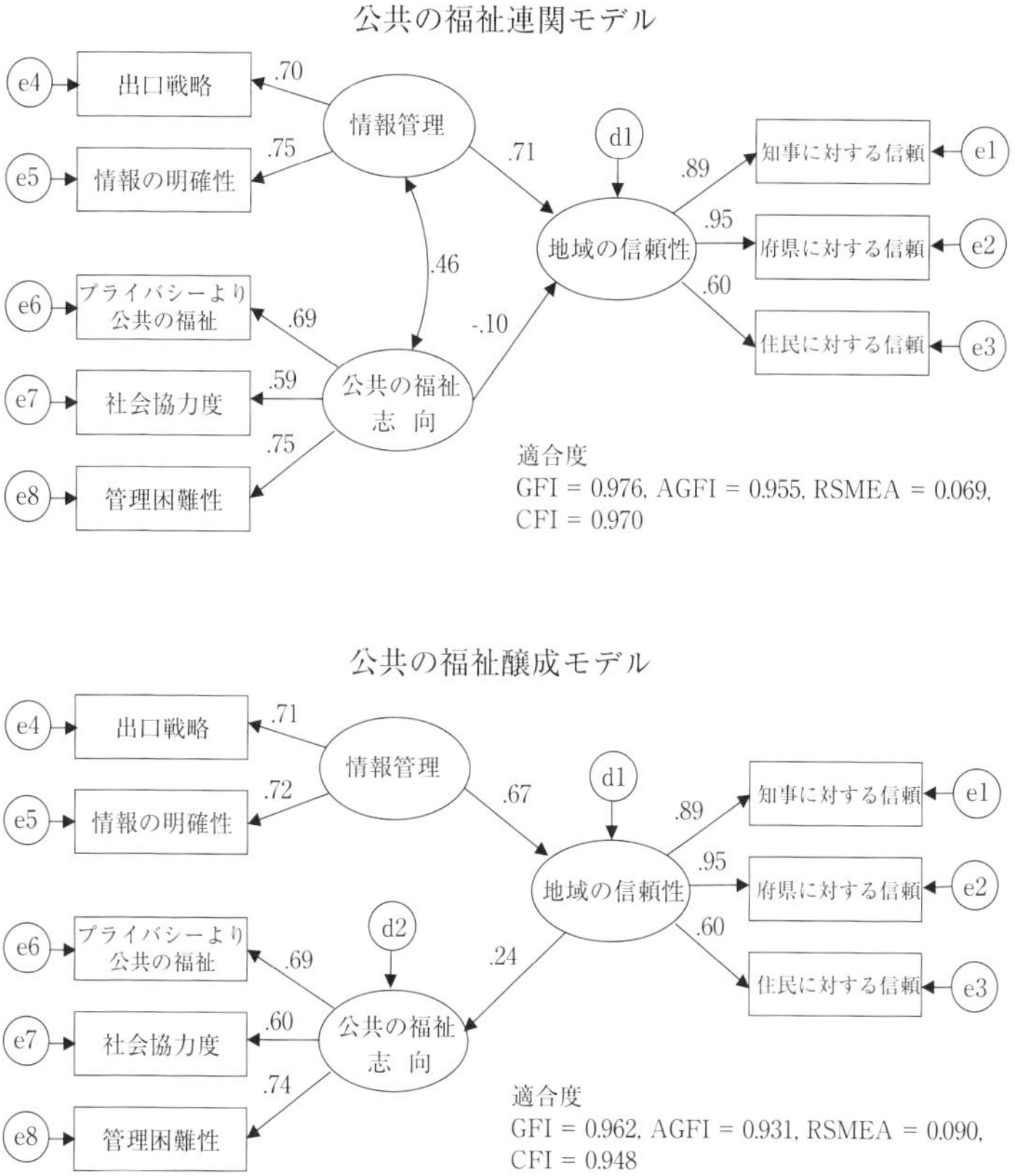

（注）N＝4,397。情報管理→出口戦略、公共の福祉志向→管理困難性、地域の信頼性→住民に対する信頼は係数を１に固定する制約を課したうえで最尤法により推定し、標準化解を求めた。推定したパス係数はすべて0.1％水準で有意。

である。両モデルともすべての係数は〇・一％水準で有意である。標本数は大規模なもので、関西の住民の年齢と性別は実際の人口における構成と近似している。しかも知事への信頼は高低を含むバランスのとれた標本であり、分析結果の一般化可能性もある程度は高い。

係数から明らかであるのは、両モデルとも出口戦略と情報の明確性の因子である情報管理について、その徹底が地域の信頼性に〇・七一や〇・六七という高いポジティブな影響を与える点である。図5-3では、情報管理に関する変数が知事の信頼に与える高い効果をみた。ただし、知事、府県、他住民への信頼といった変数から包括的に導出された因子である地域の信頼性でみても、情報管理の徹底は信頼性に強いインパクトを与えるのである。不確実性が高い社会は明確性を求め、そうした雰囲気の中で情報管理が徹底されると、住民は地域に信頼感をもつわけである。そして、それが地方自治の能力の源泉になる。

注目の公共の福祉志向の影響についてはどうであろうか。プライバシーと比べた公共の福祉、社会協力度、管理困難性の因子として位置づけられた公共の福祉志向は、公共の福祉連関モデルにおいては、地域の信頼性に対してネガティブな影響を及ぼしている。その程度は、マイナス〇・一であるため、他のパスと比べて小さい。ただし、公共の福祉重視の態度をとり、地方自治を推進する社会に対して自らのプライバシーの情報を提供する気持ちをもち、さらに、社会における私権やプライバシーが強すぎると感じている人たちにとってみれば、地域に対する信頼性が低いようすがわかる。すなわち、現状の自治体の管理能力や住民の行動では地域における感染症対策が徹底できないと感じ、知事、行政、住民の因子であり自治の源泉でもある地域の信頼性が弱くなっている証左である。

文字数制約の関係で図示できないが、公共の福祉志向の信頼性へのネガティブなインパクトは、地域の信頼性という因子に対するものとしてではなく、観測変数である知事の信頼に対して設定してもなお有意にマイナスとなった。この場合においても他の変数間の因果は、図5-5の福祉連関モデルとすべて同様であり、また適合度も高かった。知事に対する信頼が最も高かった大阪府の標本のみで分析した結果では、公共の福祉志向からの影響は、地域の信頼性に向けたケースと知事への信頼に向けたケースのいずれも有意にはならなかった。ただし、符号はマイナスのままであった。こうしたことから、公共の福祉志向は地域の信頼性に対して、地域によっては有意にならないものの、総じてネガティブなインパクトを与えるといえそうである。知事への高い信頼を維持する大阪府においてさえ、公共の福祉志向の人は、地域の信頼性に疑念を抱いている可能性がある。

他方、図5-5下側に示すように、公共の福祉醸成モデルでは、地域の信頼性は公共の福祉志向を促進する効果を検出できる。地域の信頼性を高く感じている人は、公共の福祉志向を強める。これは、知事のリーダーシップや行政の対応、住民の行動を鑑み、旗の下への結集効果も作用しつつ現れた現象の可能性がある。大阪府の標本のみで検証した場合、また、地域の信頼性の代わりに知事の信頼を設定した場合、適合度がやや低下するが、符号や係数の値は同様であった。適合度でいえば公共の福祉連関モデルの方がよいのであるが、公共の福祉が地域の信頼性により醸成される可能性も否定できない。

五　変化した民意はどう解釈できるか

ＣＯＶＩＤ-19パンデミックにより、政府、とりわけ府県知事への期待が大きく高まった。しかし、府県によりその状況は異なり、先行者不利益の状況で自ら大きなリスクをとりながらリーダーシップを発揮した知事は支持を得た。そして、その要因は出口戦略や明確な情報の発信といった情報管理の徹底に起因するものといえる。

情報管理の徹底は、自治の源泉たる地域の信頼性向上に高いポジティブな影響を与える。ところが、本章が明らかにしたのは、住民の信念としてある公共の福祉志向は、現状ではむしろ地域の信頼性にネガティブな影響を与える点である。高い不確実性の中での明確性志向は地域の信頼性を高め、他方、公共の福祉のために社会全体の管理を望む住民にとっては依然地域は信頼できないものに映っているわけである。これがパンデミックにより改めて明らかになった民意の重要な側面である。

従来こうした民意は顕在化しなかった。政府は多様な主体の一つであると相対化され、揺らいでいるといわれ、住民は情報管理を進めない政府を是認してきた。それがパンデミック下で住民が社会と対峙せざるをえない状況になった。その結果、民意は社会の構成主体をおぼろげながら認識し、プライバシー保護と公共の福祉重視のどちらにも偏重しすぎない姿を露見させ、不確実性の中で明確性を求める一方、改めて地方自治を求めながら公共の福祉と信頼の間で揺らいでいるのである。

公共の福祉志向が、住民がもつ事前の信念としてではなく、地域の信頼性から影響を受けるものとして捉えた場合、すなわち、公共の福祉醸成モデルを想定すると、信頼性向上にともない公共の福祉志向にポジティブな影響を与える。そのうえで、地域の信頼性を向上させる情報管理の徹底の効果は信頼性を介して公共の福祉志向にプラスの影響を与える。公共の福祉連関モデルのように、公共の福祉志向による信頼性へのネガティブな効果を所与とした場合でも情報管理による地域の信頼性へのポジティブな影響は、地域にとって大いにプラスとなる。変数間の連関を敷衍すると、情報管理により向上した地域の信頼性は、公共の福祉志向を高め、情報管理水準が一段向上した社会における公共の福祉志向は、地域の信頼性に対する要求水準を高める（マイナスの影響を与える）といった連関も想定できる。このように、パンデミックを契機に露見した民意から得られる示唆として、情報管理の徹底による地域の信頼性向上の重大性を確認できるのである。

　情報の一元管理による監視体制をとるような独断専行には注意を要するが、緊急時に必要な個人情報をほとんど把握していない政府がまともに公共空間をマネジメントできるとは到底思えない。民意が求める政府や社会の目指すべき方向とは、まともな情報管理による地域の信頼性向上である。情報管理を進めるなかで維持される地域の信頼性向上は、むしろ、公共の福祉志向からネガティブな影響という名の評価を受ければよいともいえる。

［謝辞］　本研究は、新型コロナウイルス感染症に関する緊急研究課題プロジェクト（同志社大学、二〇二〇年度）「自

治体の情報発信と予防行動」の助成を受けたものである。

注

1 新川達郎「公的ガバナンスの変化とサード・セクター——NPO・NGOの登場とそのインパクト」新川達郎編著『公的ガバナンスの動態研究——政府の作動様式の変容』ミネルヴァ書房、二〇一一年、二四八頁。

2 岩崎正洋「COVID-19と公共政策学」『公共政策研究』第二〇号、二〇二〇年、九三頁。

3 Robert B. Denhardt, "Trust as Capacity: The Role of Integrity and Responsiveness," in Ali Farazmand (ed.), *Sound Governance: Policy and Administrative Innovations*, Westport, Connecticut: Praeger, 2004, pp. 99-111.

4 自由と公共の福祉の対立は、世代間の認識の相違としても現れている。若い世代の感染拡大抑制のために、マスメディアが高齢者にうつさないように行動自粛を唱えても若い世代にとってはシルバーデモクラシーの中で社会的な恩恵を受けている世代に協力姿勢を積極化するとは限らない。COVID-19とシルバーデモクラシーの関係は、野田遊「これからの自治体の情報発信の課題と展望」月刊『地方自治みえ』第三四七号、二〇二一年を参照。海外の研究においても高齢者へのリスクを強調したメッセージは一般的情報を超える効果はなく、若年成人へのリスクを強調した場合に若者の認識に効果があるという。Stephen M. Utych, and Luke Fowler, "Age-based Messaging Strategies for Communication about COVID-19," *Journal of Behavioral Public Administration*, 3・1, April 2020, pp. 1-14を参照。

5 Percent to Maximum のことで、Thomas I. Miller, and Michelle A. Miller, "Standards of Excellence: U.S. Residents, Evaluations of Local Government Services," *Public Administration Review*, 51・6, November/December 1991, pp. 503-514を参照。PTM=（満足度の平均値 マイナス 尺度の最小値）÷（尺度の最大値 マイナス 尺度の最小値）×一〇〇。野田遊『市民満足度の研究』日本評論社、二〇一三年、一六頁を参照。PTMでは七点尺度を一〇〇点満点で換算した場合の値である。

6 筆者も含まれる文系の大学研究者によってもCOVID-19に関する研究成果が提示されつつあるが、社会が危機的状況にある際の文系研究者がいかに社会に貢献できていないかを示す結果である。社会的貢献を明確に提示しうる研究を普段から行うことの重要性が認識される。

7　一般に、リーダーシップはその志向内容の特徴から類型化される。たとえば、COVID-19パンデミック下の知事のリーダーシップについて、新聞記事の言説から国とは異なる独自の判断を行ったか、長期的展望より集中志向かどうかなどの点で分析する研究については、曽我謙悟「今こそ「つまらない政治を」――データで読み解くコロナ危機と知事のリーダーシップ」『中央公論』第一三四巻第九号、二〇二〇年、一一八―一二五頁を参照。これに対して、本章の関心は、知事のリーダーシップに対する住民側の認識としての信頼にある。

8　中邨章「不測事態の発生と自治体――首長リーダーシップと組織編成の課題」『月刊ガバナンス』第二三四号、二〇二〇年、二三―二五頁。

9　調査は二〇二〇年七月三一日から八月五日に実施されている。m3.com ホームページ（https://www.m3.com/open/iryoIshin/article/809707/）二〇二〇年一二月一七日筆者閲覧。

10　緊急時に状況定義を行うためには、平常時のロール・プレイングが不可欠である。中邨章『自治体の危機管理――公助から自助への導き方』ぎょうせい、二〇二〇年。真山達志「危機管理と自治体」真山達志編著『ローカル・ガバメント論――地方行政のルネサンス』ミネルヴァ書房、二〇一二年、八七―一一三頁を参照。

11　二〇二〇年四月時点で、感染症対策の目標は明確にされていない状況であった。感染症拡大リスク下、一気にゴールを目指すうえでは、第一に目標値が設定された感染症対策による明確な戦略が求められる。野田遊「新型コロナウイルス感染リスク下の自治体の情報発信［1］［2］」（ぎょうせいオンラインメディア、二〇二〇年四月二一日）を参照。

12　NHKホームページ、二〇二〇年五月一日配信記事を参照。https://www3.nhk.or.jp/news/html/20200501/k10012415071000.html（二〇二一年二月二四日筆者閲覧）

13　時事通信社 JIJI.web　二〇二一年一月八日配信記事を参照。https://www.jiji.com/jc/article?k=2021010801343&g=pol（二〇二一年二月二四日筆者閲覧）

14　Richard C. Feiock, "The Institutional Collective Action Framework," *Policy Studies Journal*, 41・3, August 2013, pp. 406. を参照。

15　黒岩祐治・砂原庸介「国、県、市町村の曖昧な関係を正せ――小池・吉村両知事のように国を批判すれば済む

のか」『中央公論』二〇二〇年、第一三四巻第八号、三三頁。

16　この調査では、対象者は総務省「人口推計」（二〇一九年一〇月一日）に基づく関西二府四県別・男女別・年齢別（一八〜一九歳、二〇代、三〇代、四〇代、五〇代、六〇代、七〇代）の人口構成になるように配信し、ほぼそれらの割合で収集できたため調査結果の分析は実際の人口構成に沿った民意といえる。知事や行政（府県）に対する信頼は他の住民や専門家に対する信頼よりも高く、四つの信頼対象について分散分析を行った結果、統計学的にも差がないという仮説が棄却されている（$F(3, 17584) = 63.18$, $p = 0.000$）。

17　府県差に関する分散分析の結果は、知事 $F(5, 4391) = 130.72$, $p = 0.000$, 府県 $F(5, 4391) = 40.53$, $p = 0.000$, 住民 $F(5, 4391) = 3.51$, $p = 0.004$, 専門家 $F(5, 4391) = 0.27$, $p = 0.928$となっている。

18　Aaron Deslatte, "To Shop or Shelter? Issue Framing Effects and Social-distancing Preferences in the COVID-19 Pandemic," *Journal of Behavioral Public Administration*, 3・1, May 2020, pp. 1-13.

19　「まったく同意しない」を一、「強く同意する」を七とする七点尺度。

20　三つの変数とも同意の程度の七点尺度である（$\alpha = 0.72$）。

21　奈良県を参照カテゴリーとした。他府県は奈良県と比べた正の値となる。

22　筆者が担当する大学院の授業でも日本政府の管理権限の低さに留学生が驚く姿をしばしば目にした。

23　府県差に関する分散分析の結果は、［プライバシーに比した公共の福祉］$F(5, 4391) = 1.04$, $p = 0.394$,［社会協力度］$F(5, 4391) = 2.30$, $p = 0.042$,［管理困難性］$F(5, 4391) = 1.33$, $p = 0.249$で、［社会協力度］のみ差が認められたが、ボンフェローニ法での多重比較ではいずれの府県間の組み合わせも有意な差は検出されなかった。

24　ＣＯＶＩＤ-19パンデミックに係る旗の下への結集効果については、次の文献を参照。加藤創太「なぜ安倍政権は支持率が低下したのか――データから分析するコロナ禍の各国首脳支持」『中央公論』第一三四巻第九号、二〇二〇年、六一―七一頁。Martin Baekgaard, Julian Christensen, Jonas Krogh Madsen, and Kim Sass Mikkelsen, "Rallying around the Flag in Times of COVID-19: Societal Lockdown and Trust in Democratic Institutions," *Journal of Behaviour Public Administration*, 3・2, July 2020, pp. 1-12.

25　Bibing Dai, Di Fu, Guangteng Meng, Bingsheng Liu, Qi Li, Xun Liu, "The Effects of Governmental and Individual Predictors on COVID-19 Protective Behaviors in China: A Path Analysis Model," *Public

Administration Review, 80・5, September/October 2020, pp. 797–804; Michael Siegrist, and. Alexandra Zingg, “The Role of Public Trust during Pandemics: Implications for Crisis Communication,” *European Psychologist*, 19・1, January 2014, pp. 23–32.

26　Louise K. Comfort, Naim Kapucu, Kilkon Ko, Scira Menoni, Michael Siciliano, “Crisis Decision-Making on a Global Scale: Transition from Cognition to Collective Action under Threat of COVID-19,” *Public Administration Review*, July/August 2020, pp. 616–622.

27　地域の信頼性と公共の福祉志向の関係については、双方向の因果を想定した同時効果モデルも検討できるが、解釈が複雑になるため、本文中の二つのモデルを分析することとした。なお、この両因子は、縦断データで把握できれば、交差遅延効果を見ながらより適切な解釈が可能と思われる。データの収集も含め今後の課題としたい。

第6章　新型コロナウイルスと危機管理をめぐるグローバル・ガバナンス

福田　充

一　グローバル・リスクとしての新型コロナウイルス

二〇一九年一一月に中国湖北省武漢で確認された「謎の新型肺炎」は中国国内で感染拡大しながら、アジアを通じて世界に拡散し、新型コロナウイルス（ＣＯＶＩＤ-19）と命名された。この新型コロナのウイルスとしての感染力の強さだけでなく、グローバリズムの現状が、世界中に感染拡大するスピードを速めたことは間違いない。新型コロナは世界的なパンデミックをもたらした「グローバル・リスク」（global risk）といえる。これまで人類を襲ったペスト、天然痘、コレラ、結核などの数々の感染症危機を乗り越えてきた国際社会が、航空機によるグローバルな移動や観光、グローバル経済を支えるサプライチェーン体制、インターネット、ＳＮＳなどによる国際コミュニケーション環境の現代において、初めて経験する感染症グローバル・リスクがこの新型コロナウイルスである。

この新型コロナのパンデミックは世界規模でその社会のあり方を変えた。グローバルなレベルでは、感染拡大を阻止するための水際対策による国境封鎖に近い措置が実施され、同時にヒト・モノ・カネの流れ、ロジスティクスが停滞するなどグローバル・サプライチェーンの見直しを余儀なくされる事態が発生した。この感染症パンデミックはグローバリズムを推し進める力を逆行させる作用をもたらしたともいえる。グローバリゼーションの時代において、新型コロナはグローバル化の弊害を顕在化させたのである。

新型コロナは、世界的パンデミックをもたらしたという意味でグローバル・リスクとして国際安全保障（international security）の対象となり、同時に家庭や職場、学校などの現場において毎日の感染症対策の実践が必要となるという意味でローカルなリスクとして国家安全保障（national security）の対象となる。これは同時に、危機管理（risk management, crisis management）の考え方である。この新型コロナが世界的パンデミックにつながった原因の一つには、感染症パンデミックが危機管理の対象であるという認識が世界的に弱かったことが挙げられる。感染症危機管理の分野は日本だけでなく、世界的に脆弱であったことが今回明らかとなった。それは、感染症を分析して治療するという医学的アプローチや、その感染拡大を防止するための公衆衛生学などの領域だけでなく、感染症パンデミックを収束させるための社会制度に関する法律学、政治学、社会学の分野でも公共政策学的な意味において、また危機管理学的な意味において脆弱性を露呈した。

さまざまなリスクが社会を襲う現代を「リスク社会」（risk society）と表現したのはドイツの社会学者、ウルリッヒ・ベックである。ベックは、古来、人類を苦しめてきたのは地震や洪水、干ばつなどの自然災害や、ペストやコレラなどの疫病、感染症であったが、これらは天然由来のものであり、こうした自然に由来する危機を克服するために科学技術や社会制度が進化してきたと指摘する。[1] これらの自然災害対策や、病気や感染症対策が古くからあった危機管理であったが、この科学技術や社会制度が進化する過程こそが近代化であり、その近代化の原動力となったのが危機管理であった。これはグローバルな現象である。

しかしながら、こうして危機管理のために進化した科学技術や社会制度が、今度は新しい形で人類に危機をもたらすという。たとえばそれが原子力発電であり、遺伝子組み換えであり、社会保険制度であり、金融市場である。これらの新しい科学技術や社会システムをコントロールするための新しい危機管理の技術と制度が求められ、社会はさらに危機管理のレベルを上げていく。こうして、常に現状の技術や制度の危機管理をメタレベルに構築し続ける限り、新たな近代化がもたらされ、危機管理が原動力となって近代化は続き終わらないという現象を、ベックは「再帰的近代化」と名付けた。危機管理という社会活動が再帰的近代化という終わりなき近代と深く結びついていることを明らかにしたのである。さらにベックは、「グローバル・リスク社会（global risk society）」という表現で、危機管理がグローバリズムと深く結びついていることを示した。ベックは当時のグローバル・リスクを、①気候変動など環境危機、②リーマンショックなどの世界的金融危機、③グローバル・ジハードなど国際テロリズムの事例を挙げて説明している。[2] 現代ならば、今回の新型コロナも世界的感染症パンデミックとして、グローバル・リスクと捉えられるだろう。

アンソニー・ギデンズは現代のグローバリゼーションの過程を「暴走する世界（runaway world）」と呼び警鐘を鳴らし、[3] グローバリゼーションがもたらす多様な「人工リスク」の発生を指摘した。人やモノ、情報がグローバルに移動する現代において、それ自体がシステムとして人工リスクを生み出す。戦争や紛争はグローバルな移民問題を生み出し、同時にテロリズムの原因となった。気候変動やエネルギー政策などの環境問題も国境を越えたグローバル・リスクとなった。現代の感染症パンデミックにも、こうしたグローバリズムによる影響は見て取ることができる。

このように現代の世界的な危機は「再帰的近代化」と「グローバリズム」とが深く結びついた特徴をもっている現代的課題であるが、人類は未だその思想や哲学を示せていない。むしろ、国家は国境を封鎖し、国を閉じることで国家単位での新型コロナ対策を実施し、危機管理という観点から国家権力の力は益々増しているようにも見える。しかしながら本来、人類は国境を越えて、国家を超えて、国際協調の中でグローバルなガバナンスにより、こうしたグローバル・リスクに対処せねばならない時代を迎えているのである。

二　危機管理学の四機能モデルからみた新型コロナ感染症対策

二〇〇九年にメキシコで発生した新型インフルエンザ（H1N1豚インフルエンザ）は、アメリカや周辺国に感染拡大し、世界に拡散した。この豚インフルは海を越えて日本にも一部入ってきたが、日本国内に感染拡大を発生させることなく収束させることができた[4]。この豚インフルをうけて、日本では当時の民主党政権が二〇一二年に新型インフルエンザ等対策特別措置法を施行した。これは当時の日本の危機管理関連の法制度でもっとも強い私権制限を含む「緊急事態宣言」をもつ法律であった[5]。新型インフルエンザ等の新感染症に対して、日本政府は詳細な「政府行動計画」を策定し、それに基づいて都道府県など地方自治体にも「行動計画」の策定を指示した。

想定される新型インフルエンザ等の新感染症対策について、政府行動計画には以下の五つの柱が示されている[6]（カッコ内は筆者追加）。

（1）外国や国内での発生状況、動向、原因の情報収集（インテリジェンス）
（2）感染症の蔓延防止に関する措置（セキュリティ）
（3）医療の提供体制の確保のための総合調整（ロジスティクス）
（4）地方自治体、指定公共機関、事業者、国民への情報提供（リスクコミュニケーション）

（5）国民生活や国民経済の安定に関する措置（セキュリティ・ロジスティクス）

この新感染症対策の五つの柱には危機管理上で極めて重要な要素が網羅されている。新感染症の発生状況について平常時から外国や国内での状況、動向、原因の情報分析を行うことは極めて重要なインテリジェンス活動である。また、新感染症が発生した場合に、初動において迅速に出入国規制や防疫・検疫体制を構築するなど感染症の蔓延防止に関する措置をとることはセキュリティ活動として不可欠である。同時に、新感染症が感染拡大することに備えて医療の提供体制を確保し、治療薬やワクチンの確保を行うなどの総合的な調整や準備もロジスティクス活動として極めて重要である。そして、新感染症やその感染予防策などについて地方自治体や公共機関、事業者、国民に対してさまざまなメディアを通じて情報提供するリスクコミュニケーション活動こそが、感染拡大を防ぐための決め手となる[7]。

このように、①インテリジェンス、②セキュリティ、③ロジスティクス、④リスクコミュニケーションの四つの機能こそ、危機管理学とそれに基づいた危機管理の実践を構成する重要な機能である[8]（図6-1）。そして、この危機管理学の四機能は、他のさまざまな危機に対応しているように感染症パンデミックにも適用可能である。このように、地震や津波、台風などの自然災害や、原発事故、航空機事故のような大規模事故（災害マネジメント）においても、テロリズムや犯罪などの治安犯罪対策（パブリックセキュリティ）においても、ミサイル事案や戦争紛争などの安全保障（グローバルセ

図６－１　危機管理学における四機能モデル

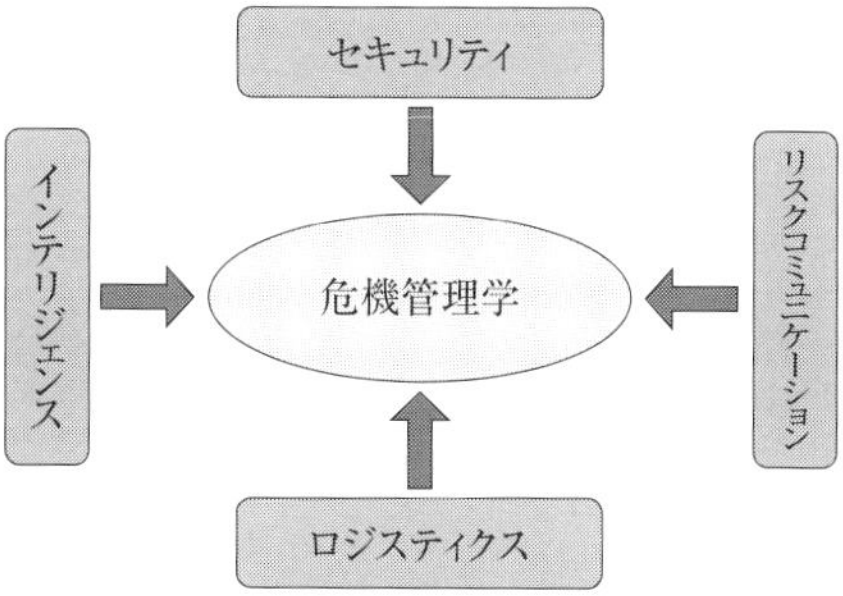

（出所）福田充「新型コロナウイルスにおけるリスクコミュニケーション」『危機管理学研究』第５号、2021年。

キュリティ）においても、サイバー攻撃や大規模な情報流出のような危機（情報セキュリティ）においても、この危機管理学の四機能は適用できる。このようにあらゆる危機に対して対策を講じるための危機管理学のあり方を「オールハザード・アプローチ」（All Hazard Approach）と呼ぶ。[9]

三　新型コロナに対する危機管理学四機能のグローバル展開

それでは今回の新型コロナについて、危機管理学の四機能の観点から、国家がまたは国際機関がグローバルにどのように対応できたか、検証したい。

一つ目のインテリジェンスであるが、二〇一九年一二月に中国湖北省武漢で発生したと情報が流れた「謎の新型肺炎」の段階で、どれだけこのインテリジェンス活動が機能したかが検証されなくてはならない。まずこの初動において、中国の武漢には日本人の総領事館員や会社員、研究者、医療従事者なども在留邦人として現地に数多くいたはずである。にもかかわらず、日本政府、具体的には内閣官房も厚生労働省もこれらの在留邦人から現地の状況について詳細な情報収集をすることを怠った。一一月、一二月の中国国内での感染拡大状況について、中国政府が積極的に情報公開することはなかったため、日本をはじめとする周辺国もその正確な状況を把握することに失敗した[10]。新感染症の世界的パンデミックについて国際的なリーダーシップを発揮すべき世界保健機関（WHO）も、初動においてこのインテリジェンス活動に失敗し、楽観視する姿勢を世界にさらしたのである。このような中国の感染状況の隠蔽と、WHOの状況分析の失敗によって、世界各国の感染症対策の初動対応は失敗した。CNNなどの国際メディアがこの「謎の新型肺炎」の感染拡大を報道し始めたのは二〇二〇年一月上旬からであり、この初動の二ヶ月の「空白」によって、中国本土から世界各国に感染者が移動を続けて、世界的な感染拡大につながった。インテリジェンス活動は、アメリカのCIA（米中央情報局）やNSA（国家安全局）がそうであるように、戦争やテロリズムなどの政治的危機だけに適用されるべきものではない[11]。ここにインテリジェンスに対する誤謬が存在している。感染症パンデミックに対する「感染症インテリジェンス」もオールハザード・アプローチによる危機管理には極めて重要であり、日本ならびに各国がこの「感染症インテリジェンス」に失敗したことが、新型コロナを初動において抑え込めなかった第一の理由であることを肝に銘じなくてはならない。

二つ目のセキュリティは、グローバルな感染症の流入を阻止するためには極めて重要な機能である。水際対策として、人とモノの出入国管理、移動規制、ならびに防疫・検疫体制を構築して、感染者を国内に入れないことが感染症対策において不可欠な対策となる。しかしながら、実際の国際環境はどうであったかといえば、国際的リーダーである覇権国家アメリカのトランプ大統領は当初、「新型コロナは単なる風邪である」と主張し、水際対策の強化を図らなかった。そのことがアメリカの世界一の感染者数、死者数につながる原因の一つになった。イギリスのジョンソン首相も初期においては同様の態度を示したことによって、早い段階でイギリス国内に感染拡大が発生した。日本政府も、初動においてこの水際対策の強化について躊躇する姿勢を見せた。これは、中国の習近平氏来日の日程があったこと、東京オリンピック・パラリンピックの開催という国際メディアイベントを控えていたことといった政治的な状況に起因している。グローバルな外交関係、経済活動の促進のためには、こうした水際対策の強化、出入国規制の強化はそれに逆行するものであるが、しかしながら、国民市民の命を守る危機管理の観点からいえば、このセキュリティ活動のスピードと強さが肝要である。多国間で、または二国間で感染者発生国からの移動規制を決定するスキームは、感染症パンデミックの危機管理においては極めて重要なシステムであり、これが国際的に迅速に準備、運用されるための体制づくりが必要である。今回はその「感染症セキュリティ」のためにＷＨＯをはじめさまざまな国際機関は有効に機能しなかったことを自戒せねばならない。

　三つ目の医療活動のためのロジスティクスにおいて、今回の新型コロナ対策においては各国でさまざまな問題が発生した。医療活動のためのロジスティクスには、ＰＣＲ検査など検査体制の拡充から、隔離または治療のための病院や病床の確保と増強、その治療のために必要な防護服、医療用マスク、

ＥＣＭＯのような専門的機材、治療薬などの医療資材の準備と運用、ワクチンの確保と接種体制の構築など、多岐にわたる項目が含まれる。これらが効率的にかつ効果的に供給できなかった場合には、現場で医療崩壊が発生する。実際、今回の新型コロナで日本の医療の現場では政府や自治体による政策的な面でこれらの医療ロジスティクスは機能せず、医療崩壊の現象が発生したが、それは感染症パンデミックという危機事態に対して、治療できる病院や病床数を柔軟に増やしたり、医療物資の供給を強化したりすることができる体制を日本が構築できていないことに起因しており、これは感染症パンデミックに対する危機管理の問題である。[12] この事態は平常時の医療体制と、有事における医療体制を切り替えて運用する制度と文化を日本が持たないこともその一因である。危機における医療崩壊の問題は、感染症パンデミックだけでなく、東日本大震災のような震災、地下鉄サリン事件のようなテロリズム、太平洋戦争のような戦争といった、ハザード系リスクが発生したときに同様に発生するのである。新型コロナでは、日本とは桁違いに感染者数や重症者数の大きいアメリカやイギリスやフランスといった先進国が、どのような方法でこの医療ロジスティクスを崩壊させずに運用しているのか、日本も学びながら改革せねばならない。また、この新型コロナのパンデミックでは、日本は独自のワクチンを開発することができなかった。そのため、日本政府は海外の製薬会社のワクチンを購入することを決定し、ファイザー社、アストラゼネカ社、モデルナ社の三社から供給を受ける契約を取り付けることに成功した。しかしながら、そのワクチン供給は他国と比較すると大きく遅れた。この遅れが、新型コロナ感染拡大の防止と収束にむけた対策に悪影響を及ぼしている。世界各国で開発される

図6-2　リスクコミュニケーションのモデル

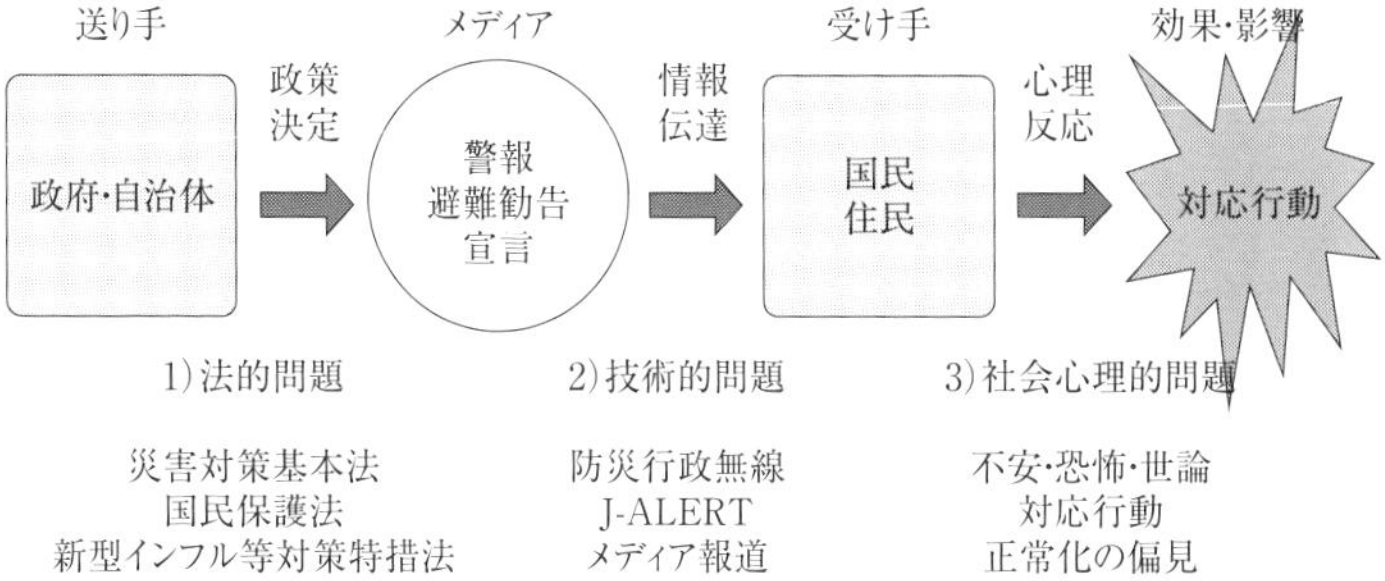

（出所）福田充『リスク・コミュニケーションとメディア』北樹出版、2010年。

新感染症ワクチンをグローバルな体制でどのように供給するか、この「感染症ロジスティクス」の問題にもグローバル・ガバナンスの課題が存在している[13]。

四つ目は、政府や自治体、企業、学校、個人の間でのリスクコミュニケーションについてである[14]（図6-2）。新感染症パンデミックにおいて、このリスクコミュニケーションは極めて重要な役割を果たしている。それは、感染予防のための具体的な対策である、手洗い・マスクの実践や、密接・密閉・密集の「三密を避ける」対策、ソーシャル・ディスタンスの実行などの「新しい生活様式」「ニューノーマル」を人々に推奨し、外出自粛やリモートワークを国民・市民に要請するといった対策自体が、国民・市民に行動変容をお願いする説得コミュニケーションであり、このリスクコミュニケーションが成功しなければ、感染拡大は止められないのである。政府や自治体が実施するリスクコミュニケーションによって、企業や学校、家庭の現場で、人々が行動変容することが感染拡大防止につながる。政府が出す緊急事態宣言でさえも、このリスクコミュニケーション上のメッセージと考えることができる。[15] この新感染症パンデミックにおけるリスクコミュニケーションは、各国国内でのみ実践されるものではない。この新型コロナに関して研究や調査、分析できる能力を持つ国際的な機関や研究所が世界に向けたグローバルなリスクコミュニケーションの役割を果たすことが求められる。例えばそれがＷＨＯであり、ヨーロッパでは欧州医薬品庁であり、アメリカのＣＤＣ（疾病予防管理センター）であるといえるだろう。現在発生している新型コロナの特性について、医療体制について、またはワクチンの安全性について、情報をオーソライズすることができる存在がこれらの機関であり、そうした機関が世界に発信する情報が信頼できるものであれば、こうした国家を超えたリスクコミュニケーションの実践によって、新型コロナといった感染症パンデミックの危機事態において国際協調を構築する一助となる。

こうした新型コロナのようなグローバル・リスクには、世界全体が協調して、グローバル・ガバナンスを発揮させることが求められる。そのとき、危機管理学の四機能モデルは国際協調すべき危機管理の方策を示すことができる重要な枠組みとなりうる。

四　コロナ禍におけるメディア利用と信頼度

危機管理学の四機能のうち、インテリジェンスとリスクコミュニケーションにおいて重要な役割を果たすのがメディア、ジャーナリズムである。このメディアやジャーナリズムの機能として重要な

「社会監視機能」とは政治権力の監視だけを指すのではない。現代社会において何が起きているのか、その問題を発見して取材、調査して、社会に報道することで人々に知らせる機能のことであり、現代のグローバル時代においては、国境を越えて世界のメディアがグローバルな報道を展開している。それを支えているのが、ＣＮＮやアルジャジーラのような国際衛星放送ニュースチャンネルであり、ロイターやＡＰ、ＡＦＰのような国際的な通信社である。またそれらが従来のテレビやラジオ、新聞といったマスメディアだけでなく、むしろインターネットやＳＮＳを通じて世界にニュース報道を展開している。新型コロナの危機事態において、世界におけるメディア報道の役割はよりその重要性を高めている[16]。

この国際的なメディア、ジャーナリズムが実践している活動は、世界のどの国や地域で感染拡大が発生し死者が増加しているのか、どの国でロックダウンが実施されているのか、どの国でウイルスの変異株が発生してどこに感染拡大しているのか、こうした感染症パンデミックに関するインテリジェンス活動に資する情報提供を国際的に展開しているのである。このように、テレビや新聞などのマスメディア、または政府刊行資料、研究機関により発表されたデータなど社会的に公開された情報に対するインテリジェンス活動を「オシント」（ＯＳＩＮＴ：Open Source Intelligence）と呼ぶ[17]。このオシントは、感染症パンデミックにおいても極めて重要な活動なのである。

また、こうしたメディア、ジャーナリズムが取材し、報道するニュース自体が、新型コロナについて現在何が起きているのかその最新の情報を社会に詳細に伝えて、人々を社会教育するリスクコミュ

図6－3　新型コロナウイルス関連のメディア情報利用（N＝300）

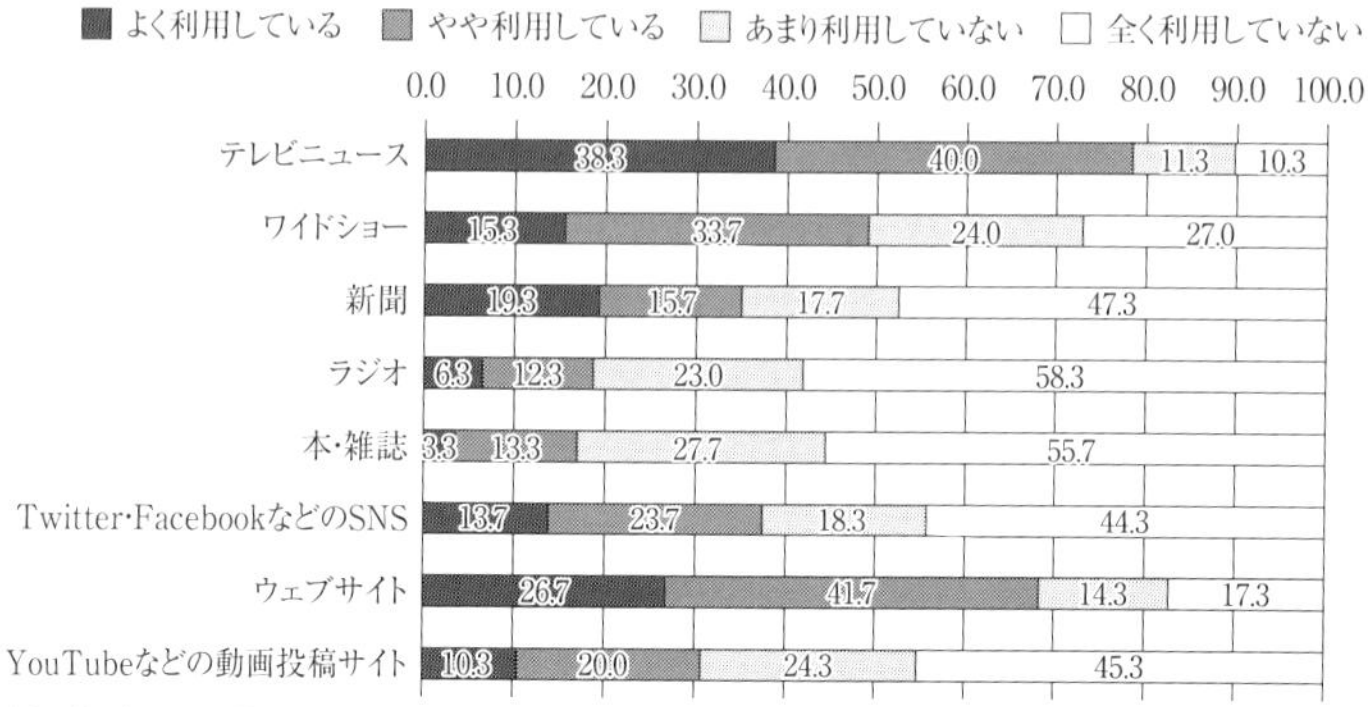

（出所）福田充「アフター・コロナのグローバル・ジャーナリズム――新型コロナウイルスをめぐるテレビのリスクコミュニケーション機能について」『海外調査情報』2020年。

ニケーションの重要な役割を果たしている。人々が新型コロナについて日本全国の状況を知ることができるのも、首相の記者会見とその内容について知ることができるのも、世界の感染状況や対策について知ることができるのも、このメディア、ジャーナリズムによるリスクコミュニケーションがあるからこそである。

　この感染症のリスクコミュニケーションについて考えるとき、二〇二〇年四月の新型コロナに対する日本の緊急事態宣言発出後、国民・市民はどのような行動をとったか、とくに新型コロナに関する情報をどのようにして得たか、その情報探索行動（information seeking action）を示したのが図6-3である。福田充研究室が実施した東京都民調査の結果をみると、都民は新型コロナに関する情報を多様なメディアを通じて入手したことがわかる[18]。

　非常に多様化した現代のメディア環境でも、新型コロナのリスクコミュニケーションにおいて、「よく利用」されたメディアはテレビニュース（三八・三％）、ウェブサイト

（二六・七％）、新聞（一九・三％）、ワイドショー（一五・三％）などウェブサイトを除くと従来のマスメディアが主流となっていることがわかる。危機事態におけるリスクコミュニケーションでは、新しいネット系メディア、ソーシャルメディアよりも従来のマスメディアの方がより多く利用される傾向があることは、過去の自然災害等の危機においても一般的によくみられる現象である。[19]しかしながら他方で、Twitter・FacebookなどのSNSの利用（一三・七％）、YouTubeなどの動画投稿サイトの利用（一〇・三％）が確実に存在していることも確かであり、感染症パンデミックに関するリスクコミュニケーションは、こうした多様なメディアを活用した「マルチ・メディア・アプローチ」が活用されることが望ましい。危機においてはこうしたジャーナリズムがリスクコミュニケーション機能において果たす役割は極めて高い。

感染症パンデミックにおいてリスクコミュニケーションを実践する主体には、さまざまなアクターが存在する。政府の首相、官房長官、厚生労働大臣、都知事などの政治家、行政のトップから、対策本部や厚生労働省などの組織、新型コロナに立ち向かう専門家会議やクラスター分析班などの専門家など、こうしたアクターがリスクコミュニケーターとして、メディアを通じて国民・市民に感染対策について呼びかけるのである。感染症パンデミックのリスクコミュニケーションにおいて、重要な要素となるのが発信源に対する信頼である。信頼されるリスクコミュニケーターから情報発信され、呼びかけられ、要請されて初めてその受け手はそのメッセージに耳を傾け、受け入れる態度を示すのである。

図6-4　新型コロナウイルスに関するアクターへの信頼度（N=300）

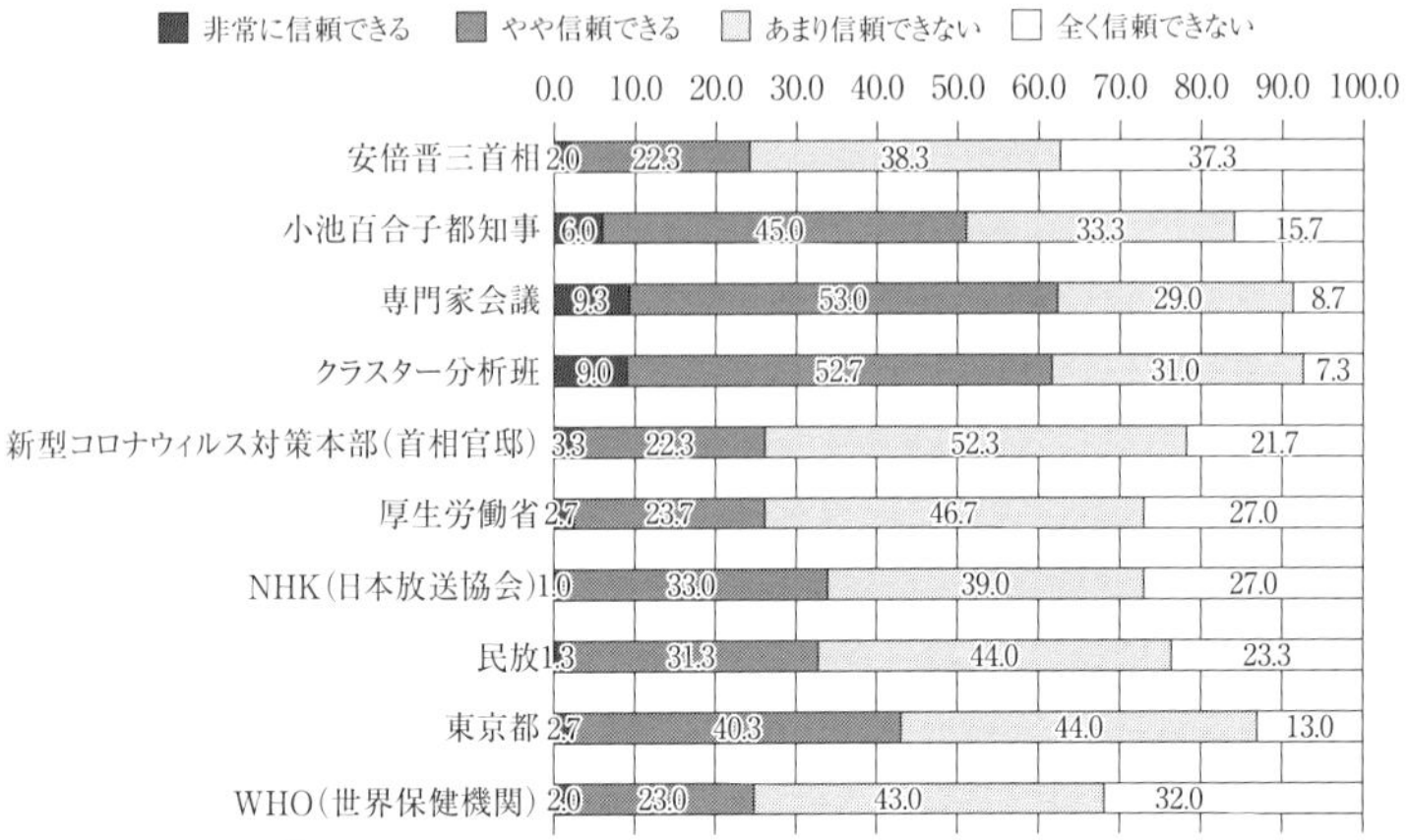

（出所）図6-3に同じ。

東京都民が新型コロナに関連するアクターに対してどの程度信頼しているかを示したのが図6-4である。この調査結果をみると、首相（二・〇％）から都知事（六・〇％）、対策本部（三・七％）、厚労省（二・七％）といった新型コロナ対策の中心的アクターに対して、「非常に信頼できる」という回答は非常に低い状態であったことがわかる。それらと比べたとき、相対的に高い信頼を得ていたのは、「非常に信頼できる」と「やや信頼できる」の数値を足し合わせてみると、「専門家会議」の六二・三％、続いて「クラスター分析班」の六一・七％であった。

国民・市民が感染予防のための対応行動をとろうとするとき、自らの行動変容を決断するとき、そのリスクコミュニケーターに対する信頼感が大きく影響することが明らかになっている。リスクコミュニケーターに対する信頼度が高いほど危機への対応行動は引き起こされる。感染症パンデミックのカギはこのリ

図6－5　日本政府のコロナ対策に対する東京都民の評価（N＝300）

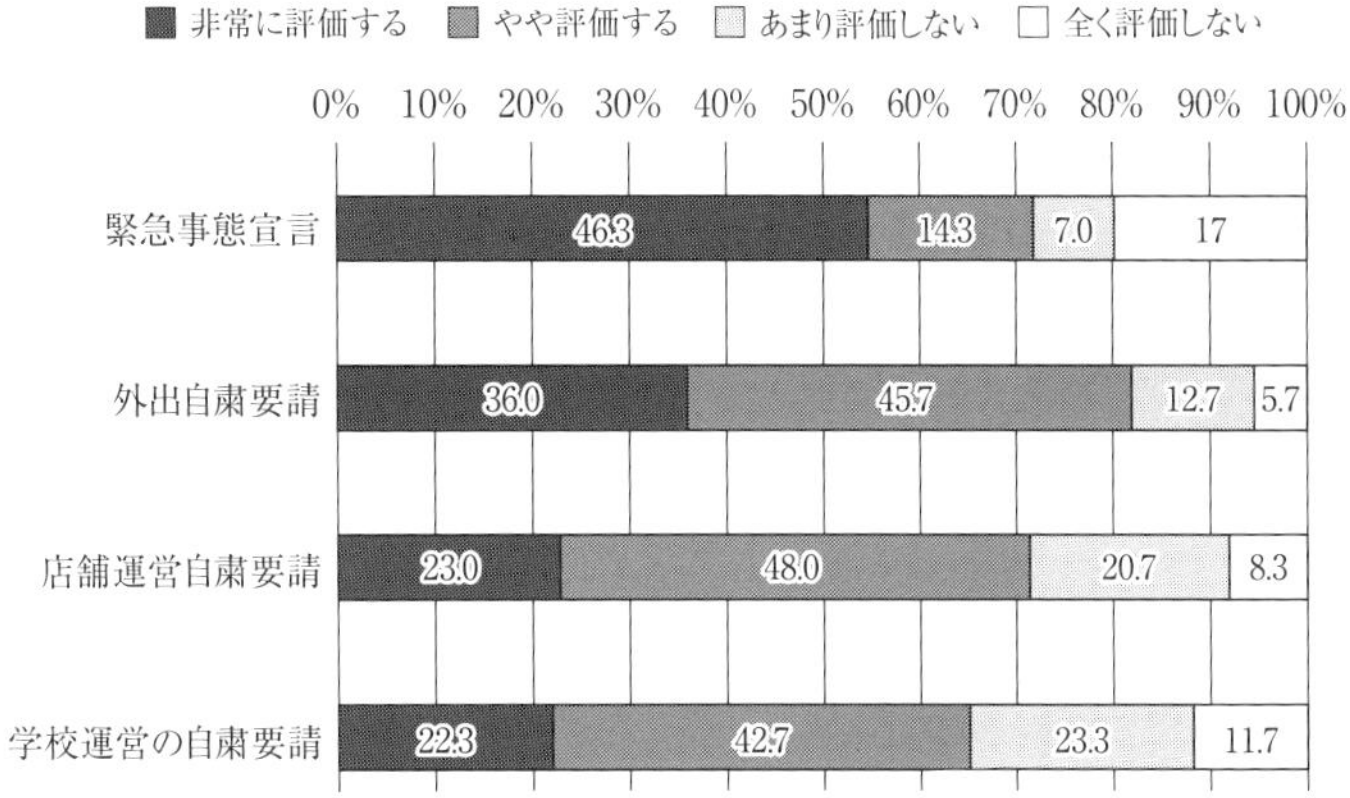

（出所）図6－3に同じ。

スクコミュニケーションであり、そのコミュニケーションのメッセージも重要であるが、それを発信するリスクコミュニケーターへの信頼も重要であることを見過ごしてはならない。危機事態において、国民・市民との信頼構築が重要なのである。これをグローバルな観点から考えると、WHOへの信頼度の低さ（二一・〇%）というのは致命的な数字であり、世界的パンデミックのリーダーシップを発揮すべきWHOこそこの信頼を構築するためのグローバル・コミュニケーションを展開する必要がある。

二〇二〇年四月、当時の安倍晋三首相が発出した緊急事態宣言によって、日本の感染症パンデミックにおいてはじめての、国民・市民に対する外出自粛要請、店舗営業自粛要請、学校の休校要請が発せられた。それぞれの対策に関する東京都民の評価を示したのが、図6－5である。このグラフをみると、緊急事態宣言を評価する都民は七割を超えていることがわかる（「非常に評価する」

五六・七％、「やや評価する」一四・三％）、また外出自粛要請への評価は八割を超えていることがわかる（「非常に評価する」三六％、「やや評価する」四五・七％）。この二つと比べると低い傾向にあるが、店舗運営自粛要請も、学校休校要請に対しても東京都民の評価は高い。

　これらの世論の状況をみたとき、一度目の緊急事態宣言が解除された後の二〇二〇年七月の段階では、新型コロナの感染防止策に対して東京都民は概ね高く評価していることがわかる。実際、この一度目の緊急事態宣言によって、日本は感染拡大を一時期止めることに成功した。国民・市民の理解と協力の上に成り立つ、この新型コロナのような感染症パンデミック対策では、こうした政府や自治体によるリスクコミュニケーションの実践と、それに対するメディア報道、そしてアクターへの信頼と、政権の対策に対する国民・市民の支持が重要であることがわかる。

五　グローバルな集合知とガバナンスの形成にむけて

　今回の新型コロナなど感染症パンデミックのような危機の特徴は、新しい未知のリスクであるという点と、高度に科学的な知識と判断が求められるという点である。この二つの要素は、社会心理学的に広く社会不安を高める要因として知られている。こういう状況においては、何が正しい状況なのかわからなくなり、デマやフェイクニュースが拡散されて社会的混乱につながる「インフォデミック」（infodemic）のような状況が発生しやすくなる。そしてさらにこの新型コロナのような世界的なパンデミックであれば、このインフォデミックの現象はグローバルに発生する。

このようなときに感染症インテリジェンスのグローバル・ガバナンスの機能が求められる。例えば、イギリスで確認されその後世界に拡散したウイルスの変異株への対応について、その変異株がどのような特徴を持つのか、またどこの国や地域に感染拡大しているのか、こうした情報はインテリジェンス活動の一環として医学的に分析され、そして国際機関や政府、またはテレビや新聞、ネットなどを通じて世界に情報が公開されるべきである。また、ワクチン接種における副反応の問題についても、アストラゼネカ社のワクチンが副反応で血栓を発症させるという事例報告が各国で発生したとき、欧州医薬品庁が同社のワクチンを研究、分析してその安全性を証明したように、こうした感染症インテリジェンスが機能し、世界に正しい情報が共有されなくてはならない。感染症パンデミックにおいてこの感染症インテリジェンスのグローバル・ガバナンスを構築していくためには、やはり国家による危機管理と感染症対策によるインテリジェンス活動とそれによって収集された情報が基盤となるであろう。そういう意味において、グローバル・ガバナンスを可能にするのはやはり、国家の危機管理機能なのである。

また、感染症セキュリティのグローバル・ガバナンスについても、新型コロナは新しい問題点を突き付けた。各国の出入国管理や検疫・防疫体制のあり方について、ＷＨＯだけでなく世界貿易機構（ＷＴＯ）などにおいても、ＳＰＳ協定（衛生植物検疫措置の適用に関する協定）やＴＢＴ協定（防疫の技術的障害に関する協定）などにおいてコロナ対策としての新しい関連措置の導入にいたった。

感染症パンデミックのセキュリティ対策のために、国を越えた移動規制が中長期的にどうあるべきか、国際的な合意形成がこれから求められる。これは各国が出入国管理を厳しく徹底している状況よりも、そこから脱して移動規制を解きはじめる段階において、その出口戦略として必要となる。ここでも、感染症セキュリティのグローバル・ガバナンスについてそれを担うのは各国の国家単位による出入国管理体制による協調である。

続いて、感染症ロジスティクスのグローバル・ガバナンスは、こうした感染症パンデミックが定期的に発生するようになるグローバル化の時代において不可欠な国際システムとなる。新しい感染症を治療することができる治療薬の開発や、感染拡大を防ぐためのワクチンの開発はどの国でもできることではない。一部の先進国の一部の先進的な医薬品メーカーと医療機関が協力して達成できることである。そうして得られた貴重な医療資源である新しい治療薬と新しいワクチンをどのように研究開発し、そしてどのように世界各国に流通させ、供給することができるか、そのあるべき姿が今回の新型コロナでも問われた。国際組織であるＡＶＩワクチンアライアンスが関わる「コバックス（ＣＯＶＡＸ）」は、ＷＨＯの主導のもとで新型コロナのワクチンを共同出資、共同購入することで発展途上国にワクチンを供給するシステムである。実際にこのシステムではワクチン買取補助金事前保証制度（ＡＭＣ）が活用され、世界の発展途上国九二ヶ国にワクチンの供給が行われている。今後も、こうした感染症ロジスティクスのグローバル・ガバナンスの構築が必要となるだろう。ここで、それぞれの国家が各自の国益、エゴを追求するだけでは、この国際協調は成立しない。

そして、感染症リスクコミュニケーションのグローバル・ガバナンスこそ、人類が全体で新感染症パンデミックを克服するために極めて重要な役割を果たすことになる。それを担うのがＷＨＯであり、現代の覇権国家アメリカのＣＤＣである。

これまで何度も述べたように、新型コロナウイルスは世界共通、人類共通のグローバル・リスクである。人類がこれからアフター・コロナの社会をどう生きるべきか、これも人類共通の課題である。新型コロナのような新感染症においては、答えのない不明確な事態が発生し、その不明確さが国際機関のＷＨＯや各国政府とその政策への信頼性を損ね、社会不安や混乱をもたらすことにつながる。これは各国国内の社会においても発生するが、国際社会においても同様に発生する現象である。こうした未知のリスクに対する「集合知」をグローバルなリスクコミュニケーションによって構築し、治療薬やワクチンの供給、そしてグローバル・サプライチェーンの維持、経済支援等のさまざまな分野において国際協調しながら、国境を越えて人類が新感染症パンデミックを克服しなくてはならない。こうして、グローバルなリスクコミュニケーションの過程の中で感染症パンデミックに対する市民のリスクリテラシーは高められる。こうした市民のリスクリテラシーの向上と、議論によって合意形成する過程こそが民主主義におけるリスクコミュニケーションの実践である。新型コロナのようなグローバル・リスクに対してこそ、国を越えたグローバルな「集合知」が求められる。

注

1　U. Beck, *Risko Gesellschaft*, Frankfurt: Suhrkamp Verlag, 1980. ウルリッヒ・ベック／東廉・伊藤美登里訳『危険社会』法政大学出版会、一九九八年。

2　U. Beck, *Das Schweigen der Worrer : Uber Terror and Krieg*, Frankfurt am Main: Suhrkamp Verlag, 1998, ウルリッヒ・ベック／島村賢一訳『世界リスク社会論』平凡社、二〇〇三年。

3　A. Giddens, *Runaway World*, London: Profile Books, Ltd., 1999　アンソニー・ギデンズ／佐藤隆光訳『暴走する社会――グローバリゼーションは何をどう変えるのか』ダイヤモンド社、二〇〇一年。

4　H1N1豚インフルエンザがメキシコからアメリカを通じて世界に感染拡大した二〇〇九年当時、筆者はコロンビア大学のザルツマン戦争と平和研究所客員研究員としてニューヨークに赴任中であり、アメリカで豚インフル感染拡大を経験した。当時、コロンビア大学病院へのヒアリング調査や実地調査を通じて、アメリカの新感染症対策について研究を実施した。この研究成果の一部についてはアジア感染症ガバナンス研究会編『アジアにおける感染症ガバナンス――パンデミック対策を入り口とした再興・新興感染症までの備え』（笹川平和財団報告書、二〇一一年）に活かされている。清水美香・福田充「リスクコミュニケーションの鍵」アジア感染症ガバナンス研究会編『アジアにおける感染症ガバナンス――パンデミック対策を入り口とした再興・新興感染症までの備え』笹川平和財団報告書、二〇一一年、二三―三〇頁。

5　筆者も危機管理学研究者、リスクコミュニケーション研究者として、内閣官房新型インフルエンザ等対策有識者会議の委員をはじめ、二〇一五年以降、内閣官房や厚生労働省の新型インフルエンザ等感染症に対する各種委員会、分科会の委員としてこれまで感染症対策の危機管理政策の構築に関わってきた。

6　日本政府による新型インフルエンザ等政府行動計画については、内閣官房の下記のサイトを参照のこと。https://www.cas.go.jp/jp/seisaku/ful/keikaku.html（二〇二一年三月一日確認）

7　福田充「新型コロナウイルスにおけるリスク・コミュニケーションの課題」『治安フォーラム』立花書房、二〇二〇年八月号、四七―五七頁。

8　福田充「新型コロナウイルスに対する危機管理とリスクコミュニケーション」『危機管理学研究』第五号、二〇二一年、五八―七四頁。

9　福田充「危機管理学におけるオールハザード・アプローチの理念」『危機管理学研究』日本大学危機管理学部危機管理学研究所、第四号、二〇二〇年、四―一七頁。

10　福田充「新型肺炎、緊急事態宣言を恐れるな」『Voice』ＰＨＰ、二〇二〇年五月号、六〇―六九頁。

11　R. Jervis, "Intelligence, Civil — Intelligence Relations, and Democracy," Thomas C. Bruneau, & S. C. Boraz (eds.), *Reforming Intelligence: Obstacles to Democratic Control and Effectiveness*, University of Texas Press, 2007, pp. v–xix.

12　福田充「日本の感染症危機管理体制の現状と課題――ＣＯＶＩＤ-19対応を事例として」『公衆衛生』八五巻四号、二〇二一年、二五四―二五九頁。

13　福田充「コロナ禍で明らかになった自治体危機管理の課題と展望（下）――本格的医療ロジスティクス確立に向けて今やるべきこと」『ガバナンス』ぎょうせい、二〇二〇年八月号、一一九―一二二頁。

14　福田充『リスク・コミュニケーションとメディア――社会調査論的アプローチ』北樹出版、二〇一〇年。

15　福田充「新型コロナウイルスにおけるリスク・コミュニケーションの課題」『治安フォーラム』立花書房、二〇二〇年八月号、四七―五七頁。

16　福田充「アフター・コロナのグローバル・ジャーナリズム――新型コロナウイルスをめぐるテレビのリスクコミュニケーション機能について」『海外調査情報』日本民間放送連盟研究所、二五五号、二〇二〇年、一―七頁。

17　福田充『テロとインテリジェンス――覇権国家アメリカのジレンマ』慶應義塾大学出版会、二〇一〇年。

18　本調査は、日本大学危機管理学部福田充研究室によるアンケート調査である。一八歳以上の東京在住の男女三〇〇〇人を対象に二〇二〇年七月に実施された。標本抽出法は調査委託した調査会社のアンケートモニターを利用した多段層化抽出法で、調査実施方法はインターネット・オンライン調査である。今回使用したデータはその調査の一部である。新型コロナウイルス感染拡大中であった当時、アンケート調査など社会調査も訪問留置調査や配票調査が困難な状況があったため、インターネット・オンライン調査を採用した。

19　福田充編『大震災とメディア――東日本大震災の教訓』北樹出版、二〇一二年。

第7章 「ポスト・グローバリゼーション」の国際政治哲学

グローバル関係における時間と空間をめぐる時政学的問題提起

芝崎厚士

一 問題設定

(1) 目的と構成

本章の目的は、「ポスト・グローバリゼーション」という現象および言説[1]が「何」であり、その「何」がどのような意味を持っているのかを、国際政治哲学・国際関係思想の立場に基づいたグローバリゼーション研究という視点から解明することである。

以下、第一節において基本的な課題を設定し、第二節では「ポスト・グローバリゼーション」が含み込んでいる二つの変化について言及した上で第三節においてこの両者が「同居」していることを前提とした場合の考察の方向性を策定する。つづいてこの「同居」現象が生起する原因を第四節において考察した上で、第三節で策定した方向性を第五節において時政学的な立場から発展的に総括し、第六節で結論を提示し、その結論が持つ含意についても述べる。

（2）「ポスト・グローバリゼーション」という問題設定

「ポスト・グローバリゼーション」とは、一九九〇年代から二〇一〇年代半ばごろまでの、国家の相対的地位の低下を概して含意する「グローバリゼーション」が進展した時代が終わり、「次」「後」の時代へと変化しているという認識に基づいて、その「次」「後」の時代をさす言葉である。具体的には国家の重要性の再浮上、地政学的思考の復権といった現象およびそうした変化を指摘する言説の双方を含む。

　酒井啓子は「グローバル関係学」について論じる前置き的な部分において、過去三〇年間の時事通信の「世界十大ニュース」を分析した結果、従来は圧倒的に国家主体が主役の出来事が多かったのにたいして、一九九二〜九四、一九九九〜二〇一七（〇二、〇六、一一〜一三を除く）年の時期には、非・人間主体や非・国家主体による出来事が取り上げられる割合が増えたものの、二〇一八年には再び国家主体に関心が移ったと指摘している。[2] この変化は「グローバリゼーション」の進展、そしてその衰勢と「ポスト・グローバリゼーション」の傾向の登場を裏書きしている。

　その一方で、「ポスト・グローバリゼーション」という言葉それ自体に対する、なんらかの合意が得られた厳密な定義は未だに存在していないようである。すでに述べたとおり、「ポスト・グローバリゼーション（ポスト・グローバル化）」とは、大まかにいって二〇一〇年代以降、特にトランプ政権が誕生することとなった二〇一六年後半以降にとりわけ見られる「グローバリゼーション」とは異なる現象として規定される。この変化を示す事例として言及されるのは、トランプ大統領の登場、ブレグジット、レイシズム、ポピュリズム、香港やミャンマーなどでの民主主義への抑圧などの数多くの内向きの動き、国際協力や協調ではなく自国中心主義的な国家運営、グローバリゼーションがもたらした数々の負の側面に対する国家の介入の必要性の増大、それと関連した管理・監視・規律権力としての国家の役割の時には望ましくない増大と市民の権利や民主主義への不当な介入などである。ほぼ同義に使われる「アフター・グローバリゼーション（グローバリゼーション以後）」についても事情は同じである。二〇二二年二月に勃発したロシアのウクライナに対する軍事侵攻は、「グローバリゼーション」の終わりと「ポスト・グローバリゼーション」時代の始まりを決定づける出来事として語られている。

こうした議論は「グローバリゼーション疲れ」を指摘するエマニュエル・トッドや、「以後」を強調するマイケル・オサリバン、ダニ・ロドリックなど枚挙にいとまがないほど発展しつづけている。[3]本書および本書と対をなす『ポスト・グローバル化と国家の変容』の共通の問題意識である「ポストグローバリゼーションとは国家化・国家の再強化なのではないか」という問いもまた、そうした流れに対して投じられたものである。ここにもまた冒頭で述べたように、現象と言説の不即不離の関係が存在している。

二 〈ポスト・グローバリゼーション〉における二つの変化

なるほど、ポスト・グローバリゼーションという問題設定から表面的に受け取れる含意は「ポスト」「アフター」といった用語がそうであるように、直線的な変化が存在するということである。しかし、この言説背景にはもう一つの変化が伏在している。本節ではこの二つの面についてそれぞれ考察を加えよう。

(1) 直線的変化

「ポスト・グローバリゼーション」がどの程度可逆的か、どの程度不可逆的かは議論の余地があろうが、この言葉は基本的に、原則として一回限りの事象である人類の歴史が、〈A→B〉へ、つまりある段階から次の段階へと直線的に変化しているという意味で使われている。しかし、同じ直線的変化であっても、異なる位相から見ればまた別の意味合いが見えてくる。

本書で扱う認識を成り立たせている前提は、すでに見たとおり「グローバリゼーション」を冷戦が終焉した一九九〇年代以降からグローバル金融危機を経た二〇一〇年前後、あるいはトランプ政権の発足を画期とする二〇一七年前後までの現象としてとらえ、「ポスト・グローバリゼーション」をそれ以降の現象と考えるというものであった。この時代区分の射程は、基本的には産業革命やフランス革命以降の歴史的展開を尺度とした二〇〇〜二五〇年ほど、あるいは「神話」としてのウェストファリア条約[4]を参照軸にしたとしてもせいぜい三五〇〜四〇〇年弱である「近代」というタイム・スロットの中で生まれていると考えられる。これは基本的に近代社会科学が「近代」を分節化することを目的としてそもそも成立し発展してきたことを考えると、当然のことであろう。

しかし社会学や（文化）人類学、ないしは社会理論においてはむしろ「グローバリゼーション」は地球規模で起きてきた地球史・人類史的なプロセスとしてとらえられるべき現象として理解される。[5]宇宙史・地球史・人類史全体という視点から見れば、歴史そのものがグローバリゼーションの歴史であるということになる。「ビッグ・ヒストリー」「グローバル・ヒストリー」という問題設定はまさにそうした理解に支えられて成り立っている学問であり[6]、近年隆盛している「人新世」時代の到来と惑星限界を前提にした「惑星政治（Planetary Politics）」の提唱もまた同様の問題設定から現在をとらえようとする試みである。[7]いっぽう、「ポスト・グローバリゼーション」の議論にはこうした超長期的な視座はあまり見られない。

こうして、地球史・人類史的なプロセスとしてグローバリゼーションをとらえるならば、本書の前提となっている「グローバリゼーション」から「ポスト・グローバリゼーション」への変化はともに、グローバリゼーションのサブプロセスの中での変化と位置づけられる。人類史あるいは地球史全体を視野に入れたグローバリゼーションを〈グローバリゼーション〉、近現代史中心的な視野に主に限定したグローバリゼーションを「グローバリゼーション」と表記するならば、「グローバリゼーション」

も「ポスト・グローバリゼーション」もともに〈グローバリゼーション〉の中のフェイズである。つまり〈A↓B〉ではなく、〈A（a↓b）〉なのである。

この視点から見れば、本書が扱う「グローバリゼーション」から「ポスト・グローバリゼーション」への変化は、〈グローバリゼーション〉の過程の中で九〇年代的なフェイズが二〇一〇年代的なフェイズに置きかわったという仮説として理解できる。[8] われわれは「ポスト・グローバリゼーション」現象を目の当たりにしているのであるが、それは〈ポスト・グローバリゼーション〉を意味するものではないことになる。われわれは依然として〈グローバリゼーション〉の中で生きているのである。

管見の及ぶ限り、「ポスト・グローバリゼーション」を論じる論者たちのほとんどはこうした人類史・地球史的視座を十分分析に取り入れているとは言い難い。まして、〈ポスト・グローバリゼーション〉を論じている論者も多くはない。このことの含意は、既存の「ポスト・グローバリゼーション」の論者たちが依拠する政治学・経済学・地政学・国際政治学などがそうした近代的な時間の射程をこえた人類史的・惑星史的な視点を持っていないか、持っていてもその視点を生かしていないということであり、ことの良し悪しは別にして論者たちはそうした視点を考慮に入れる必要をあまり感じていないということになろう。

もちろんだからといって「ポスト・グローバリゼーション」が起きていないとか、それを観察することに意味がないということにはならない。しかし、〈グローバリゼーション〉を前提にした分析をすることによって、つまり地球史・人類史的な視点から見たときに、「グローバリゼーション」と「ポスト・グローバリゼーション」で表現される二つの区別される現象の本質は、そうした視点を持たない場合と比較してどのように異なりうるかを考察する必要がある。この論点は本章の趣旨からやや外れるので、本格的な考察は別稿に譲り、ここでは同言説が直線的変化の文脈においてこうした問題点を含んでいることを示すにとどめたい。

（２）循環的変化

もう一つの変化は循環的変化である。この点を明確に指摘し、また「ポスト・グローバリゼーション」という「変化」そのものの意味を直接的に論じた数少ない研究の一つを世に問うたのが高橋良輔であった[9]。

高橋は「地政学の復権」が「ポスト・ポスト冷戦期」の特徴であると考え、「アメリカの覇権の衰退→ポスト冷静秩序の解体→地政学の復権」という「トリロジー」に基づく、国際政治における地政学の再参照という思考様式の動態それ自体を分析の俎上に載せている。つまり「ポスト・グローバリゼーション」言説をめぐる議論に自らも参入するのではなく、それを観察し、これらの言説のダイナミズム自体が持つ意味を明らかにしようとしたのである。

まず高橋は、第一にポスト冷戦期におけるアメリカ一極構造に基づく「グローバルな空間性への傾斜」から始まって、アイケンベリーらに見られるような「グローバルな空間秩序の保証人」としてのアメリカの役割が論じられた時期、第二に対テロ戦争・アフガニスタン紛争・イラク戦争という「ゼロ年代の三つの戦争」がアメリカの「保証人」としてのパワーと正統性を浸蝕していった時期、そして第三にザカリアやブレマーが論じるような「ポスト冷戦秩序のグローバリティ」が「融解」していく状況について論じられた時期について整理を施す。

そして、アチャリアが主張するような多元主義の「多重再生」が論じられる局面を経て、カプランやバーネットらの「地政学の逆襲」や「圏域」構想などが登場していく流れを概観した上で、こうした議論が生まれる背景に「ますます緊密に接続されていくグローバルな空間性と互いに異なる論理で結び付けられてきた地理的な場所性とのギャップの拡大」という現象があると論じていく。ここで高橋は、「不安定の弧」「自由と繁栄の弧」「一帯一路構想」といった「ライン思考」に基づくこれら圏域的な発想こそまさに、カプランらも引用するマッキンダー、スパイクマン、そしてマハンらが二〇世紀に展開してきた「古典地政学の世界観を再生産したものに他ならない」ことを説得的に論証していくのである。

高橋の考察の背景にある発想は、同論文の冒頭と末尾で引用している、自身の師の一人である永井陽之助の次のような指摘である。

> 事件というのはオリジナルなもので、一回限りで繰り返さないけれども、それをどういうコンテクストで捉えるかという意味づけの物の考え方は、みごとに繰り返しているということですね。

> 一九三〇年代、四〇年代、五〇年代、六〇年代……と見てくると、三〇年代、戦争に突入していく時のある種のものの考え方、スタイルは、別な形をとっているが、いま再び繰り返している。事件は繰り返さないけど、事件を解釈する思考の型というか、意味づけは繰り返している。[10]

いうまでもなく、国際政治の力学や論理は常に不変で繰り返され続けているという指摘は、ワイトの'recurrence and repetition'というよく知られた表現や、高橋も引いているモーゲンソー、さらにウォルツに至るまで、国際政治学の業界においては改めて言及するまでもないことであり、'recurrence and repetition'という表現自体の'recurrence and repetition'が際限なく生じているといってもよいほどである。[11] コンドラチェフの波、トインビー、モデルスキーによって代表され、教科書にも記載されてきた長期サイクル論はその典型的な表れであろう。一九一四年がグローバリゼーションや相互依存が最も高まった時期であり、それが六〇〜七〇年代や九〇年代以降に再び高まったとみなす言説も同様である。しかし、高橋のような例外を除くと、ほとんどの論者は再生産であることに対して自覚的ではあるが、不可逆的な事象の進行を直線的な変化と循環的な変化の組み合わせによって、すなわち両者の複合的な、いわば複合的な「らせん」状の構造の中で言説を生産していることのそのものの意味それ自体について根源的に考察することはほとんどなされていないように思われる。そしてそれを考察することに、「ポスト・グローバリゼーション」とは何か、またそれを論じるということはどういうことなのかを解明する鍵があると筆者は考えるのである。

三　直線的認識と循環的認識の奇妙な同居

こうして〈ポスト・グローバリゼーション〉には二つのある意味では矛盾した要素が同居していることがわかる。つまり、一回限りの不可逆的な現象に対して、「ポスト」「アフター」「終焉」などといった直線的変化によって説明する仕方と、再強化・繰り返し「復活」「逆襲」などといった循環的な変化によって説明する仕方との同居関係である。直接的説明は〈A→B→C〉に対して〈X→Y→Z〉と説明を与えていく。いっぽう循環型説明は、単純化すると〈A→B→C〉に対して〈X→Y→X→Y〉という説明を施す。いってみれば、〈A→B→C→D……〉という一回限りの人類の（地球の、宇宙の）歴史に対して〈A（X）→B（Y）→C（X）→D（Y）……〉と説明が交替していくということになろう。直線を循環がとりまく複合的な「らせん」構造である。

話を国際政治学に限定するならば、ここにはさらにもう一つのねじれが存在する。それは、主権国家によってグローバルな空間のほぼすべてが排他的に分割されるようになったのは、早く見積もっても一九七〇年代以降であるということである。ルースミットはこのことを最近年の教科書で同じくワイトの'recurrence and repetition'を引きながら、にもかかわらず主権国家を基本的な単位として編成されているグローバルな政治的権威の「新規性（novelty）」に着目すべきであると指摘している[12]（傍点筆者）。ルースミットの含意に従うならば、国際関係のありかた自体が一九七〇年代以降不可逆的に変化した以上、もはやかつての伝統的なrecurrence and repetitionは通用しないはずである。しかし、にもかかわらずそれが起きており、複合「らせん」構造は変わっていないことになる。こうして「ポスト・グローバリゼーション」をめぐる議論を国際政治学の立場から展開する場合には、直線的認識と循環的認識の「らせん」状の交錯はさらに複雑になっていくのであるが、本章ではこの点にはこれ以上は立ち入らない。

もちろん、ルースミットのnoveltyを考慮に入れたとしてもなお、国際政治を論じることはそういうことなのだと割り切ればよいという研究があってもそれはそれで構わないであろう。しかし、そこから一歩先に踏み出すことは本当にできないのであろうか。

さて、高橋は自ら論考を次のような指摘で結んでいる。

> この認識論的循環から抜け出すためには、結局自らの世界観を形づくっている諸前提を批判的に精査するしかない。本稿の考察もまた、現代世界を解釈するわれわれの思考様式を再確認することによって、その自己認識を深め、歴史の悪循環から脱するためのささやかな努力に他ならないのである。[13]

ここで高橋はあきらかに、「認識論的循環」を抜け出すことが課題であり、それは「歴史の悪循環から脱する」（傍点芝崎）ことになるという立場をとっている。その意味ではルースミットとも見解を共有しているといってよいであろう。なるほど、物事には常に両面があり、過度に直線的変化を求めてしまうことによって、循環する面を見落とすべきではない。しかしまた循環するものだと予断することによって見落とされるさまざまな徴候を見出そうとすること、そして高橋のように新たな認識論、ひいては世界観を提示しようとすることもまた、学問の役割であろう。ただし循環しないと予断して過度に新しさを強調しすぎることにも逆の意味で同形のリスクが伴う。このことは第五節でもふれるとおり、高橋もまた自覚的であった。こうした「旧さ」と「新しさ」のどちらにも全振りすることなく、双方に対して冷静に考察を加えるためにはまず、なぜこのような「らせん」構造の中で現象と言説が交錯するのか、そのことの意義は何か、を考えることが必要である。それはいわば、通説的に前提とされていることそのものを根源から問い返そうとする、国際政治哲学と呼びうる立場であり、本章は高橋の問題提起を受けて、そうした立場から検討を進めていくことになる。

高橋のいう、世界観の批判的精査、思考様式の再確認、自己認識の深化とは具体的にどのようなことを意味するのであろうか。この問いを筆者なりに引き受けるとすれば、われわれが見ている「ポスト・グローバル」なる現象は何なのか、そしてわれわれが直線的な視点と循環的な視点で当該現象に関する言説を読み・書き・再生産していること自体の意味は何なのか、換言すれば、われわれは現象に対する観察と言説の生産の往復活動によって何をどこまでどのようにしてなしえているのか、いないのかということを可能な限り根源的に考えることである。その準備として、まず、なぜこのような同居が起きるのか、その要因になっているのは何かということに対する検討が必要となる。

四　ぽすと／あふたあ考――伝言ゲーム、カセット効果、アージ

かくしてグローバリゼーションの国際政治哲学的考察という立場から見れば、人々が二〇一〇年代半ば以降の現実の変化を一九九〇年代から二〇〇〇年代までの間に生じた現実の変化と異なると認識して、「ポスト・グローバリゼーション」ないしは「アフター・グローバリゼーション」という言葉を使ってその変化を表現しようとしていること自体を考察しなければならない。現実の変化と同時に、「ポスト・グローバリゼーション」言説が登場していること自体が一つの現象でありかつ現実である以上、そのこと自体がなぜ生じたのかということ、なぜ本書を含めた人々は現在起きている変化を「ポスト・グローバリゼーション」と呼ぼうとするのか、そしてそうした言葉を用いた議論になぜ注目し、参入しようとするのかということに対する分析である。

ここで重要なのは「ポスト／アフター・グローバリゼーション」を自明の、あらかじめ内容がわかっているものとしてとらえずに、「ぽすと／あふたあ・ぐろーばりぜーしょん」という見慣れない、聞き慣れない言葉として予断抜きにその生成と流布を観察しようとすることである。[14] 本章はここまで主に「グローバリゼーション」の方を主に検討してきたが、本節では特に「ポスト」「アフター」という直線的な変化に対する形容を用いた言説のあり方自体を問い返すような視座を提供したい。それは第一に、同種の言説は「グローバルな伝言ゲーム」の中で生産・流通・消費されているということ、

第二に同種の言葉が「物」として持っている力そのものが、人々をそうした方向に考えさせている面があるということ、第三に直線的な変化について言及することそのものが、いわばポスト・アージ、アフター・アージなどを人々に発動させているということである。

（1）グローバルな伝言ゲーム

　第一の視座は、「グローバリゼーション」に限らず時代の変化を直線的に、「ポスト」「アフター」という把握の仕方で分別することのそもそもの意味に対する考察にかかわる。改めて列挙するまでもないが、社会科学を含めた近代社会における諸言説において時代認識を表現する言葉として「ポスト」「アフター」という言葉は極めて頻繁に使われる。「戦前・戦中・戦後（アプレ・ゲール）」という言葉はいうまでもなく、ポスト冷戦、ポスト構造主義、アフター・リベラリズムなどに代表されるアフター……イズム、ポスト……イズムなどがよく知られたところであるし、ポスト・コロナ、アフター・コロナ（パンデミック）を冠する言説についてはいうまでもない。近年ではフリードマンが使用しダボス会議などでも使われる「グローバリゼーション1・0／2・0／3・0／4・0……」といった表現もこの同類である。分析の対象となる時期や分析の時点でのある時代を「危機」「過渡期」「転換期」であると強調したりすることも含めて、これらはすべて、〈A→B→C〉の認識論である。

　こうした言葉遣いは一見自明であり、また当然であるかのように見受けられるかもしれない。しかしすでに述べたように、現実に用いられ流通している日常的な概念と学術概念とが端的に分別できない社会科学においては、その自明性を疑ってかかる手続が必要なのである。つまり、「ポスト／アフター・グローバリゼーション」言説は、過去にも繰り返されてきた「ポスト／アフター」言説の一類型であり、この類型を用いることにどのような含意があるのか、なぜ人はこの類型で世界や社会を語ろうとし、その説明に魅了されたり動かされたりするのかという問いに応える必要があるということである。

　なるほどアカデミズム及びその周辺以外でも、「ポスト・グローバリゼーション」「ポスト・グローバルの○○」という言葉を使って変化を表現しようとすることは枚挙にいとまがない。その意味では、「ポスト・グローバリゼーション」「ポスト・グローバル」は狭い意味での学術的概念としてではなく、現在の世界において、今現在起きている変化を表現する上で適合的だと多くの人々が考えているような日常的な概念であると考えるべきである。そして人々がこれらの言葉を頻繁に使用すること自体もまた、冒頭で触れたように「ポスト・グローバリゼーション」現象である。この現象は、「ポスト・グローバリゼーション」という「言」を人々が発し、それを人々が受け取ることで、「事」として「ポスト・グローバリゼーション」が存在し、発生しているという認識が累積的に強化される構造から生み出される。

　しかし、これらの言葉の妥当性について多くの人々が意識的ないしは無意識的に支持を与えているからといって、当該概念がそのまま学術的な概念として適切であると自動的にみなすことはできない。筆者はかつてこのことを「ソフト・パワー」概念を例に「グローバルな伝言ゲーム」として分析したことがある。[15]多くの人々が使っているから「正解」であるというのであれば、それは「グローバルな伝言ゲーム」に学術も便乗し、参入しているというだけのことであり、それは必ずしも望ましい事態であるとはいえないのである。というのも、かつて初瀬龍平が「人間の安全保障」概念について論じたように、政策用語と学術用語、あるいは実践概念と学術概念が混在することではらむ問題点を分析しなければならないためである。[16]

（2）カセット効果・弁論術的効果

第二の視座は、「ポスト」「アフター」という表現が本来的に有している「カセット効果」である。これは、時代が変化しているという認識を単に強調するだけでなく、行為遂行的な言語使用によってその認識が正しいことを説得的にする効果を持っているという事態にかかわる。つまり「ポスト」「アフター」という表現にはプラトンのいう弁論術的な効果や機能があり、それをそのままでは受け取れないということである。

まず、「ポスト」「アフター」言説は、「ポストA」と書き語ることで、〈A→B→C〉仮説をなかば強制的ないし自動的に人々に受け入れさせてしまうようなメッセージを読み手や聴き手に与える効果を持っている。こうした効果は言説分析の分野でも指摘されることでもあり[17]、広告や宣伝における心理学的な手法と同等の効果を持つ（「史上最高の iPhone」）。すでにふれたように、本章の主題に直接かかわる諸文献においても「ポスト・グローバリゼーション」「ポスト・グローバル」と題名に銘打っておきながら、その言葉を定義したり、その意味を詳細に説明したりはしないというスタイルの言説は数多く見られる。

つまり、読み手や聴き手は、「ポスト・グローバリゼーション」という言葉に出会うことで、それが本当に「ポスト」であるかどうか、あるいはそもそもそれがどのような意味で何を指しているかという考察抜きに「ポスト」であることの妥当性や自明性を共有させられそうになったり、少なくともその言葉にかかわる問いを検証しなければならなくなる蓋然性が高いのである。まさに「言」が「事」を生み出してしまうのである。[18] むろんアカデミックな分野においてはこうした主張の妥当性について検証することが可能でありかつ必要であるが、それ以外の分野におけるポスト・グローバリゼーション言説の使われ方を見ればわかるとおり、「ポスト・グローバリゼーション」という言葉がグローバルに流通し、濫用されていけば、今が「ポスト・グローバリゼーション」の時代であり、その直前の時代とは異なるのだという認識はまさに検証抜きに信じ込まされる形で定着していくことになるのである。これはまさにソクラテスが批判した弁論術における「迎合」（ある種の喜びや快楽をつくりだす経験）につながりかねない。[19]

こうした、意味はよくわからないがその言葉の響きや形、つまり「物としての言葉」それ自体が人を魅了し、むしろ意味がよくわからないからこそその言葉が説得的な力を持つという意味での「まったく意味のないことばが、ことばじたいの魅力とも言うべき効果をもっているということ」[20]としての「カセット効果」を発揮するという議論を提起したのが柳父章であった。柳父はこの効果を「翻訳語」

（漢字の熟語およびカタカナ語を含む）が持つ力、とりわけ規範概念化して人々の思考に及ぼすはたらきの問題として、日本語の文脈の中で看取した。後年の「未知との出会い」に関する議論が示唆するように、「言葉」が「物」として置かれたときにそれが人を魅了し動かしてしまうという現象は、日本語における翻訳語という限定された領域を超えて、「物」としての言葉が人間の思考や行動に対して持つ意味について考察する際の参照規準としても有効であると考えられる。[21]

筆者が分析した「ソフト・パワー」の場合は防災システムから競走馬の名前、あるいは政治家が従来とは異なる資質を持っているという意味で濫用されていった。[22] ポスト／アフター言説においてもすでに見てきたように自分の主張の正統性を、「ポスト」だから、「アフター」だからという形で同語反復的に補強しようとする動きは数多く看取される。「ポスト」「アフター」の行為遂行的発話としての、あるいは「物としての言葉」としてはたらきが存在している以上、その解明もまた課題になるはずであるが、こうした点についても十分な考察が存在してきたとは言い難い。

（3）アージ論から見た「ポスト」「アフター」

さらに、認知科学の独創的な研究者であった戸田正直のアージ理論からも「ポスト」「アフター」「終わり」という言葉のはたらきの深層を掘り下げることができる。つまり〈A→B→C〉の直線的な変化を呼びかけるということそれ自体が、「今ここ効果」を持っており、戸田正直のいうアージ、より具体的には「ポスト／アフター・アージ」が起動し人々をまずは論理以前の力で動かしてしまうのではないかという仮説である。[23]

　戸田は人間の「心」を動かすソフトウェアとして「アージ・システム」を仮定する。アージ・システムは感情システムと認知システムの二つによって成り立っており、認知システムによる外界・内面の認知が感情システムにフィードバックされることになる。そもそも感情とは「状況対処行動を起こさせる仕組み[24]」を起源としており、人間によって制御されていない野生環境下における合理的な行動＝生き延びを助ける機能を持っている。つまり感情はそもそも「野生合理性」を持っているのであり、そうでなければ感情自体が進化の過程で失われていったはずである。

　さて感情の持つ野生合理性とは次のようなものである。狩りの最中に猛獣の姿を見つけて恐怖を感じ逃走するという例を考えてみると、野生環境下とは（一）同じ状況が頻発し、（二）類似の対処行動がその都度行われ、（三）時間圧（time pressure）が高い＝余裕時間（available time）が短いという特徴がある。こうした環境下において生き延びるための最適な解は（一）（二）を遺伝的手続きのプログラム化しておくことである。つまり（三）を前提に（躊躇していたら捕食される）、考えることなく（一）（二）が作動する自然選択、蓄積、遺伝的手続きのプログラムとして感情が作動するシステムが構築され、それが複雑化することが生き延びに有利であったということである。

　つまり感情システムは認知システムと相互補完的に人類の生き延びに寄与してきたのであるが、その根本にあるのは「今ここ原理（here and now principle）[25]」、すなわち自動的に作動し、考えて答えを出す以前に人間を行動させるような仕組みである。こうした一般的にいわれる「感情」を含めた「心的ソフトウェア」の総称を戸田は「アージ」と呼ぶ。「感情という心的ソフトウェアには、人間のこうした〔生き延びに関する〕能力を起動された感情の目的に沿って制御するプログラムが含まれていなくてはならない。そういうプログラムに矛盾が含まれていることは本来ありえないので、野生環境に話を限る限り、「感情」と「知」の対立などという図式はもともと通用しない」[26]と考える戸田は、文明環境下において野生環境下で有効であったようなアージ（ライオンの例でいえば恐怖アージ、逃走アージ）を発動させることがかえって文明化では不適切とみなされるという逆説的な事態が起きていると考え、そのことについても検討を加えていく。

さて、戸田によればアージ・システムは起動相→意思決定相→実行相→再演相という四つの相を遷移する。各相の詳細な検討は避けるが、重要なことは第一にアージが起動するのは何らかの状況を認知したことによってであり、感情システムは認知システムと不可分のつながりを持っていること、さらに重要なのは、第二にアージの起動には意思決定は介在しない（考えてから行動するのではない）ことである。アージの強さ（「アージ強度」）は、（一）問題状況の重要性、（二）余裕時間によって決まる。また、アージ強度が高くなると「注意」がそのアージに関するものに集中してしまう。ライオンに追いかけられて命がけで逃げているときは、どのようにしたら逃げ切れるかということに関する点にのみ注意の焦点が集中する。こうした高アージ強度下の注意の焦点の極端な集中が起きることが「今ここ効果」なのである。[27]

こうした図式から、「ポスト」「アフター」といった言説を考察してみると、次のようなことがいえよう。

第一に「ポスト」「アフター」といった直線的な変化に関する言及は、それがさまざまな形、さまざまなメディアを通して人々にふれることでポスト／アフター・アージを起動させる。それはライオンならライオンを見かけたことで「物」としてライオンが人々に恐怖アージ、逃走アージを起動させるのと基本的にはまったく同じ形で、直線的な変化を表す「物」としての言葉や「声」としての発話を見かけたり耳にしたりすることで、「時代が変わりつつある」という風にそれ自体人々を考えさせようとするということである。しかもそれは意思決定抜きに起動するので、意思決定（ポスト・アフターにどのように対処するか）はその「アージ」が、強度は一様ではないにせよ起動している状態の中でなされるということである。「急がなければ遅刻するよ」と言われながら出かける準備をしたり、開始五分前にリンク先が送られてきたオンライン会議の準備をしたりするような状況をもたらすのである。

第二に、「ポスト」「アフター」は、すでに見てきたように実は厳密な意味が確定しているとは必ずしもいえない言葉でもある。「ソフト・パワー」がそうであったように、実は意味が曖昧であればあるほど、その言葉の魅力、すなわちわからないからこそ魅了され、考えさせるという点で人々を突き動かす力（アージを起動させる力）があり、そうであるからこそむしろ濫用されることになる。カセット効果を持つ言葉は同時にアージ起動力を持つ言葉でもあるのである。ここに、翻訳文化論由来のカセット効果と認知科学由来のアージ理論が相互補完的に接合可能であることが看取されよう。

第三に、「ポスト」「アフター」といった言葉そのものが、「問題状況の重要性」と「余裕時間」という意味でより強いアージ強度を持っているということである。ライオンの例がそうであるように、余裕時間がなければないほど意思決定以前のアージの起動が重要になる。「ポスト」「アフター」「終わり」という直線的かつ不可逆的な変化をめぐる言葉は、あたかもローランド・エメリッヒのディズアスター・ムービーの登場人物たちに見られるように、もう余裕時間はない、乗り遅れると損をするという意味合いを強く含んでおり、個人、国家ひいては人類全体の生き残りにかかわるアージを起動することになる。すなわち「今ここ」でそれらに注目しなければ、次のフェイズに移行したことを知らないまま前のフェイズにおける思考と行動のまま対処することになると、人に感じさせ、考えさせる。「ポスト／アクター／終わり」は、いわば余裕時間がマイナスになりかねない状態でさらに進んでいく事態へ直面するという、人間もしくは人類の生き延びという点に関してはもっとも分の悪い状態へ追い込まれる危険性を示唆するという意味で、不安・恐怖といったアージをも強く喚起するような言葉なのである。「終わりつつある」という余裕時間のなさに向き合いつつ、いかに終わり以後へ対処するかをめぐる言説としてこれらが存在し、はたらくということになる。

いうまでもないが、「……始まり」「新しい……」など、時間の区切れを表現する数多くの言葉もまたこうした分析の射程に含まれよう。「人新世」なども含め、グローバルな伝言ゲームの中で国際／世界／地球／惑星政治にかかわる、さまざまなカセット効果を持つ言葉たちがさまざまなメディアを介して種々のアージを発動させ、考える前に人々の言動を規定していくなかで生み出される言動がさらに新たな現象を累積的に、同時多発的にグローバルに蓄積し続けているというのが、現在のわれわれが好むと好まざるにかかわらず、常時刻々と体験していることなのではないであろうか。

五　時政学的問題提起

ここまで「ポスト・グローバリゼーション」現象が持っているさまざまな意味やはたらきについて、その現象の根本的な性質、二つの時間認識の同居、それらの背景にある三つのはたらきについて考察してきた。これらすべてを統一的に理解する手法の一つとして、ここでは前述の高橋を中心とした共同研究「時政学（Chronopolitics）」[28]の観点から議論を総括しよう。時政学には多様な視点や方法が含まれるが、ここでは高橋の視点を基礎に据えた上で、そのなかで特に筆者が重視している論点を中心に考察を進める。

さて、高橋は時政学を時間フレームにかかわる「時間のなかでの政治」と時間決定にかかわる「時間をめぐる政治」に大別する。そして、再び永井陽之助、ヴィリリオなど多くの議論を参照しながら、その嚆矢といえる第一の時期を第一次世界大戦の開戦過程を一つの例とする二〇世紀初頭、第二の時期を戦後世界における時間の収縮と時間戦争によって特徴付けた上で、これらの時間と政治の関係の変容が、時間的冗長性に支えられてきたウェストファリア体制の維持を次第に困難にしてきたと考える[29]。しかし時間秩序の変質は冷戦期には顧みられることが少なく、空間表象に基づく国際秩序論が主であったとみる。ルースミットのいうnoveltyもまた、同様に塩漬けされたことになるわけである。

その状況が一変する「時間の再発見」は、一九八九年を皮切りとした「冷戦の終わり」論、すなわちフクヤマの「歴史の終わり」論を画期とすることになる。そしてそれ以降の過程が、冒頭で扱ったポスト・冷戦秩序からポスト・ポスト冷戦秩序＝ポスト・グローバル秩序の三段階の変容過程の分析として提示されていたのである。つまり、直線的認識と循環的な認識をらせん状に交錯させて現象としこのグローバル化のポスト／アフターを語ろうとする言説自体が、同じく構造的には揆を一にする冷戦の「終わり」現象と張り合わされた歴史の「終わり」言説の登場によって開始されたことになる。いわば、マトリョーシカの如き言説と現象の二重の入れ子構造がそこにあるのである。

このように、高橋のいう「歴史的時間の復権」自体が、重層的に錯綜する「始まり」と「終わり」の中で生み出されてきたことになる以上、「ポスト・グローバリゼーション」言説がその中で持ちうる意味は、そうした全体的な入れ子構図の中で理解していかなければならない。以下ではその準備的な考察として、本章が問題にしてきた「奇妙な同居」に即して、議論を総括していくこととする。[30]

（1）線形的な時間把握

まず、直線的認識と循環的認識について考察しよう。これらはどちらも基本的には、線形的（linear）な時間把握に基づいている。[31] リニアに進行する時間において、時間は直線的に進行するが、その直線上で循環が反復されるということになる。その意味では極めて近代的な線形時間の中で、ともに

「線形」という意味では同形であるこれら二つの時間認識同士が共存するのは不思議なことではない。

　しかし、時政学も依拠する近年の国際政治学における「時間論的転回」は、まさにこうした線形時間的な時間把握が持つ問題点を厳しく指摘したものだったのである。というのも、近代世界全体がそうした線形的な把握を特徴とする近代的な時間性（temporality）に拘束されているので、国際政治学ひいては社会科学全体が、その拘束から脱却して時間を考察しなければならないという問題設定が、その「転回」を主導してきたホムたちの出発点だったのである。その意味では「ポスト・グローバリゼーション」は、ホムたちの格好の批判の的となりうる。「国際関係における時間性を、線形性（linearity）を持ち、整然とした（neatness）、進歩（progress）を前提としたものとしてのみとらえるというこれまでの理解には限界がある」[32]というホムの認識の前では、「ポスト・グローバリゼーション」論は相変わらず近代的な時間性に拘束されたままであるということになる。

　しかしそのホム自身が認めるように「時間論的転回」は、現在行き詰まっている。「転回」論は批判の道具としては有効であるものの、ではどうしたらよいかというオルターナティブについては、多種多様な時間性（heterotemporarity、以下「ヘテロ的時間性」）、すなわち近代以外、欧米以外の時間性を取り入れ重視するということ、そして時間の破断（rupture）、つまり線形的時間性が進歩を前提とした連続性に依拠しているため、それを断絶させるような突発的な出来事の発生とその影響・効果を重視することといった提案にとどまっている。ホムによれば前者は単なる曖昧な代替案の積み重ねの域を出ず、後者は破断そのものの特定と効果の測定事態が不透明なままであるため、どちらも有効とは考えられないという。[33]「時間論的転回」によっては、「ポスト・グローバリゼーション」における線形時間の拘束衣の存在を指摘することはできても、それを打破する方途は未だ見出されていないのである。

（2）原生的連続と線形時間――重ね描き的構造の権力的非対称性

これに対して、大森荘蔵と真木悠介の所説をふまえて筆者が主張するのは、人間にとっての時間認識には、第一に「原生的連続」という根源的な時間体験と、第二に後に編み出された線形的な時間概念の二つがあり、両者は本来「重ね描き」されるべきであるにもかかわらず、後者こそが正しいと考え、前者が捨象されるか軽視されるようになってきたという「重ね描き的構造の権力的非対称性」を問題とするべきであるということである。

大森によれば、人間にとっての時間の経験とは、何らかの体験が途切れなく続いているという意味での「原生的連続」以外のものではない。[34]線形時間はその「原生的連続」における体験間の順序を整理するために生み出されたと考えられる。そうした「原生的連続」を「線形時間」によって表現することは、時計がそうであるように人間が社会生活を営み持続的に生存していく上での実用的な目的に適っていた。そしてこの線形時間の援用が「時間の中での政治」「時間をめぐる政治」を人間社会にもたらしたのである。

そもそも、人間は原生的連続の中に生きている。そして人は、線形時間を直接経験することはできない。にもかかわらず、社会生活上の必要から「時間の中での政治」「時間をめぐる政治」へ不可避的に関与せざるをえなくなる。その結果、線形時間こそが本来の時間であると考えるようになるという、線形時間の存在論化が生じる。「こうしてリニア時間の点時刻という概念は原生体験の中の「瞬間」を原型として変造された概念であり、この点時刻概念の変造を基礎としてその上に連続性や時間順序の変造が成就しえたのである。〔……〕現代のわれわれはこの変造されたリニア時間を真性の時間だと思い込んでいるのである[35]」のである。

原生的連続と線形時間の「重ね描き」という議論は、真木悠介の〈死のニヒリズム〉を主題とする時間をめぐる比較社会学的考察の到達点における議論と共通する方向性を示している[36]。真木は近代人が感じている〈死のニヒリズム〉の現況が近代的な直線的時間把握にほかならないことを指摘した上で、それに対処するための「コンサーマトリーな時の充実」「存在に向かってひらかれたこの共時性の感覚」を取り戻すべきであると述べる。この指摘は「原生的連続と線形時間的把握の重ね描き的構造の権力的非対称性」を揺り戻すという本章の問題関心と方向性を共有している。「具体的な他者や自然との交響のなかで、絶対化された「自我」の牢獄が溶解している」「現在の時にそれじたいとしての充足を与える」時とは、人が存在化された線形時間にとらわれずに、かといってそれを完全には無視・拒絶するのではなくうまくつき合いつつ、原生的連続の中に自己を引き戻すときに得られる体験のように思われる。大森のいう原生的連続が真木のいう「人生が完結して充足しうる時間の構造」により厳密にどのように関連づけられるかは本章の考察の範囲を出るが、それは真木のいう「近代世界の自己解放の運動」の一つにもなりうるかもしれない。[37]

翻って考えれば、政治学・国際関係論は原生的連続、原生時間について考察する手段をこれまで持ってこなかったということである。そのことは個々の研究者の資質の問題以前に、近代社会科学そのものが持っている射程の限界を示していることになる。むろんそれは重ね描きである以上、単純な線形時間の否定ではありえない。すくなくとも「ポスト・グローバリゼーション」論が線形的時間把握を基礎におき複合的「らせん」構造の下で〈グローバリゼーション〉を考察している限りにおいて、時政学的に見る場合、人類全体の行方を定めようとする場合にどのような意味で限定的な議論であるかはこれで明らかになったと思われる。

六　奇妙な同居を超えて
——時間ゼロ・空間ゼロの国際関係・グローバル関係原論へ

かくして筆者の考える時政学的な視点から見た場合、「ポスト・グローバリゼーション」をめぐる「奇妙な同居」構造で言説が生起する根源にあるのは、線形的な時間把握のみに基づいて、お互いにアージを起動されあいつつ、カセット効果を与えあいつつ、伝言ゲームに参集した言説を生み出し合うこと、とりわけウェブ上で瞬間的に大量生産・流通・消費することで、その現象を加速させていくという様相なのである。国家が弱体化するか強化されるかという議論は、循環でもあるが加速・減速の往復でもあり、その意味ではグローバル金融市場の瞬間的な乱高下の速度には及ばないものの、直線と循環のらせん構造を有する政治現象とその診断言説生産のグローバルな往復運動の加速化・瞬間化であるかもしれない。

こうした加速化・瞬間化・先制化の圧力を助長しているのが、同じく二〇一〇年代以降起きた、スマートフォン、タブレットの爆発的な普及であることは、アンデシュ・ハンセンが論じたとおりである。戸田と同様に進化論的な視点から人間を把握するハンセンによれば、スマートフォンに代表されるデジタルデバイスは、生き延びのために役立つ「新しい情報を探す」本能をもつ人間の脳の報酬システムを絶え間なく作動させ、人々を絶えず「報酬探索行動」と「情報探索行動」に駆り立て続ける。ロシアのウクライナ侵攻のような事態が起きれば、筆者を含めた研究者たちはまさに「今ここ効果」によってメディアに釘付けとなってしまうのはその好例であろう。この点では「ポスト・グローバリゼーション」論のグローバルな流通の爆発的・瞬間的加速は「歴史の終わり」や「ソフト・パワー」以上に「スマホ脳」的傾向に好むと好まざるとにかかわらず陥りやすくなっているわれわれ人類とデジタル・メディアの日々の絶え間ない接触によって助長されているといえるかもしれない[38]。

そしてそのことによって見落とされるのは線形時間レベルにおいても、原生的連続との関係においても多層的に存在している時間と人間社会の存在と関係の諸様相なのであり、それらをどう考察していくかが問われているのである。

すでに述べたように、「ポスト・グローバリゼーション」について、あるいは国家の再強化か否かという論点に特化してそれを議論することの是非を論じる意図は筆者にはないが、高橋の指摘のとおり、参集した言説の投じ手がどこまでこうしたことに自覚的であるのかを考えていく必要はあると思われる。

『時政学への挑戦』で高橋が最後に論じたのは「ポスト・グローバル化の徴候診断」という主題であった。[39]「グローバル化の時間論的意味づけ」を（一）文明化（二）近代化（三）加速化（ヴィリリオなども含めた加速主義および減速主義）ととらえた上で高橋は、加速主義も減速主義も「文明化や近代化をメルクマールとする線形的な時間構造を前提としている点で共通しているため、前進（加速）と後進（減速）の二項対立という地平にとどまっているのではないだろうか」[40]と述べる。

その上で高橋は、「加速化の向こう」をさらに展望しようと試みる。未来の先取りとリスク分析、ヴァーチャルな時間とローカルな時間の二重構造（グローバルに共時化された時間の内破）、「この世界は相互に連結した出来事のネットワークであり、様々な量子の間断のない相互作用によってはじめて空間と時間らしきものが発生する」という、ロヴェッリのように量子力学の近似として時間と空間をとらえる見方などを踏まえた上で、高橋は時政学の課題を次のように結論づけた。

> それゆえ第三期の時間論的転回とは、時間と主体の関係が相互に「作り作られる」関係にあることを踏まえた上で、その動態的な課程としての性質を理解・分析・再構成することであろう。〔……〕こうしたポスト・グローバル化時代における時政学の「挑戦」は、不断に強いられる先制化の構造的圧力のもとで、異なる主体の間の相互作用がいかに多様な時間を生み出し、またそ

れが重層化していくのかを追跡するところにある。[41]

本章の考察は、「ポスト・グローバル化」という時間における時政学への「挑戦」の一例である。そして同時に「ポスト・グローバル化」という問題設定それ自体を限定している構造を、高橋の二つの仕事を縒り合わせつつ、筆者なりの時政学的な問題関心に即して解明しようとしたものである。この考察から明らかなのは、現在のような先制化の圧力の下で、カセット効果やアージに促されて伝言ゲーム的に「ポスト・グローバリゼーション」を論じ続けている限り、その存立構造上「異なる主体の間の相互作用」が生み出す「多様な時間」や、その「重層化」の過程を探求しつくすことは難しいのではないかということである。そして、それを「追跡」するための手がかりとして、伝言ゲーム・カセット効果・アージのトリロジーによって複合「らせん」構造を読み解きつつ、原生的連続と線形的時間把握の構造的非対称性に着目する必要があるというのが現段階での到達点である。

高橋は『時政学への挑戦』の第一章を「時政学への挑戦は、われわれの社会が埋め込まれた時空間の認識枠組それ自体を再審するよう要求するのである」と書いて局を結んでいる。[42] その再審請求を筆者なりにとらえ返すなら、より根源的には、量子力学の視点を借りるかどうかは別として、こうした近代的な時間認識、ひいては線形的な時間把握（それは同時に空間把握とも不可分である）を取り払って原生的連続からグローバリゼーションを、あるいは国際関係をどう見るかというルソーばりの仮想的な問題設定が必要かもしれない。

それはいわば「時間ゼロ・空間ゼロ」のグローバリゼーション論ないしはグローバル関係研究という問題設定であろう。「歴史の終わり」が歴史的時間の復権への道を拓いてから三十年余にして「ポスト・グローバリゼーション」が語られるようになるなかで、純粋国際関係批判、および純粋国際関係論批判とでもいうべき視座から「加速化の向こう」を診断する試みといってもよいであろう。そこへ至る道のりは長く峻険であることが予想されるが、本章はそのための登攀ルートを見出すためのささやかな試みである。

注

1　よく知られているとおり、一般に言語による言語の写像によって成り立っている社会科学においては客観的に記述しようとする現象とその現象を記述しようとする言説には自己言及性がともなうため、両者を完全に切り離すことは不可能である。特に「ポスト・グローバリゼーション」のような「概念」、ウォルツ的にいえば「イメージ」を喚起させる現象の場合はそれがより明確に当てはまる。本章では「ポスト・グローバリゼーション」をこの両者が綯い交ぜになって織りなされている言説＝現象としてとらえる。この点については市川惇信『科学が進化する五つの条件』岩波書店、二〇〇八年、芝崎厚士「国際関係研究の将来――国際関係の研究からグローバル関係の研究へ」日本政治学会編『年報政治学　政治理論と実証研究の対話』木鐸社、二〇一五年、三九―六三頁。

2　酒井啓子「グローバル関係学はなぜ必要なのか」酒井啓子編『グローバル関係学とは何か』（グローバル関係学1）、二〇二〇年、一―一六頁。

3　ダニエル・ロドリック／柴山桂太・大川良文訳『グローバリゼーション・パラドックス――世界経済の未来を決める三つの道』白水社、二〇一四年、エマニュエル・トッド／朝日新聞聞き手『グローバリズム以後　アメリカ帝国の失墜と日本の運命』、朝日新書、二〇一六年、トッド／大野博人・葛西哲哉・高久潤聞き手『パンデミック以後』朝日新書、二〇二一年、Michale O'Sullivan, *The Levelling: What's New After Globalization*, Public Affairs, 2019など。ちなみにトッドは、上記の聞き書きはさておき、よく知られているように「以後（Après）」を常々原著の書名に用いてきた論者でもある（石崎晴己訳『帝国以後──アメリカ・システムの崩壊』藤原書店、二〇〇三年、石崎訳『デモクラシー以後──協調的「保護主義」の提唱』藤原書店、二〇〇九年）。

4　山下範久・安高啓朗・芝崎厚士編『ウェストファリア史観の脱構築──歴史記述としての国際関係研究』ナカニシヤ出版、二〇一六年。

5　ナヤン・チャンダ／友田錫、滝上広水訳『グローバリゼーション──人類5万年のドラマ』ＮＴＴ出版、二〇〇九年。

6　代表的なものとして、パミラ・カイル・クロスリー／佐藤彰一訳『グローバル・ヒストリーとは何か』岩波書店、二〇一二年、デヴィッド・クリスチャン／渡辺政隆訳『ビッグヒストリー入門──科学の力で読み解く世界史』ＷＡＶＥ出版、二〇一五年、ゼバスティアン・コンラート／小田原琳訳『グローバル・ヒストリー──批判的歴史叙述のために』岩波書店、二〇二一年、羽田正『グローバル化と世界史』東京大学出版会、二〇一八年。

7　前田幸男「気候変動問題から見る「惑星政治」の生成──「人新世」時代に対応するための理論的諸前提の問い直し」『境界研究』第八号、二〇一八年、八九─一一六頁、ロックストローム、Ｍ・クルム／武内和彦・石井菜穂子監修、谷淳也・森秀行ほか訳『小さな地球の大きな世界──プラネタリー・バウンダリーと持続可能な開発』丸善出版、二〇一八年。

8　フルーの論考は人類史的視点を持ち合わせていないものの、peak-globalisation と表現しており、そうしたニュアンスを多少含んでいる（Terry Flew, "Post-Globalisation," *Javnost-The Public*, 25: 1-2, pp. 102-109.）

9　高橋良輔「ポストグローバル時代の空間秩序像──古典地政学への回帰？」『地球社会共生論集』創刊号、二〇一六年、三─四一頁、「ポスト・ヘゲモニー時代の国際秩序思想──地政学的思考の陥穽」杉田敦編『デモクラシーとセキュリティ──グローバル化時代の政治を問い直す』法律文化社、二〇一八年、「ポスト・グローバル時代の空間秩序像」藤原淳賀・真鍋一史・高橋良輔編著『地球社会共生のためのシャローム』ミネルヴァ書房、二〇二〇年。二〇一八年版は一部改稿版、二〇二〇年版は二〇一六年版とほぼ同一である。以下は二〇一六年版をもとにしている。

10　永井陽之助ほか「二十世紀とは何であったか」永井陽之助編『二十世紀の遺産』文藝春秋社、一九八五年、三六八頁。

11　Martin Wight, "Why is there no International Theory?" *International Relations*, 2(1), 1960, p. 40.

12　Christian Reus-Smit, *International Relations* (*Very Short Introduction*), Oxford University Press, 2020, pp. 5-6.

13　高橋、前掲「ポストグローバル化時代の空間秩序像」、三四頁。

14　芝崎厚士「そふと・ぱわあ考――国際関係現象として国際関係研究」『国際関係の思想史　グローバル関係研究のために』岩波書店、二〇一五年。

15　同上、一七七―一八〇頁。

16　初瀬龍平「「人間の安全保障」論の方向性」『京都女子大学現代社会研究』第四・五号、二〇〇三年、八一―九五頁。

17　ノーマン・フェアクラフ／日本メディア英語学会メディア英語談話分析研究分科会訳『ディスコースを分析する――社会研究のためのテクスト分析』くろしお出版、二〇一二年。

18　柳父章『翻訳語の論理――言語にみる日本文化の構造』法政大学出版局、一九七二年（新装版、二〇〇三年）。

19　プラトン／加来彰俊訳『ゴルギアス』岩波文庫、一九六七年。芝崎厚士「マイケル・ムーアVS.ソクラテス「弁論術」としての21世紀のメディア」『Journal of Global Media Studies』二、七五―一〇二頁。

20　柳父章『翻訳とはなにか』法政大学出版局、一九七六年（新装版、二〇〇三年）。

21　柳父章『未知との出会い――翻訳文化論再説』法政大学出版局、二〇一三年、芝崎厚士「翻訳・文化・人間柳父章と国際関係研究」『国際文化交流と近現代日本――グローバル文化交流研究のために』有信堂高文社、二〇二〇年。

22　芝崎、前掲「そふと・ぱわあ考」一七七頁。

23　戸田正直『感情――人を動かしている適応プログラム』東京大学出版会、二〇〇七年（新版、初出は一九九二年）、芝崎厚士「恐怖の国際関係論　国際関係研究における人間観」芝崎、前掲『国際関係の思想史』、二〇一五年。

24 戸田、前掲『感情』、三頁。
25 同上、五四頁。
26 同上、二五頁。
27 同上、二七二―二七八頁。
28 高橋良輔・山崎望編『時政学への挑戦――政治研究の時間論的転回』ミネルヴァ書房、二〇二一年。
29 高橋良輔「グローバル化における時間――収縮から断片化へ」同上、第一章、以下同様。
30 以下の議論は、特にことわりのない限り、芝崎厚士「国際関係研究における時間論――「脱・代入型／脱・脱却型」時政学の理論的展望」同上、第一一章。
31 もちろん、真木悠介の指摘にあるように、反復的（原始共同体）・ヘブライニズム的（線分的）・ヘレニズム的（円環的）・直線的（近代的）といった分類も可能であるが、大森が指摘するように、線形時間の線形とは原則としてそれらすべてを同型とみなしうる広い概念である。かといって真木の指摘が的外れであるということにもならず、両者は相互的に補完可能である。この点については同上、二七四―二七五頁。
32 Editorial "The Politics of Time in International Relations," *Millennium*, 46-3, 2018, pp. 251–252.
33 Andrew R. Hom, "Silent Order: the Temporal Turn in Critical International Relations," *ibid*, pp. 303–330.
34 大森荘蔵『時間と自我』青土社、一九九二年。
35 同上、一二頁。
36 真木悠介『時間の比較社会学』岩波書店、一九八一年。
37 同上、三一二―三二二頁。
38 アンデシュ・ハンセン／久山葉子訳『スマホ脳』新潮選書、二〇二〇年。
39 高橋良輔、山崎望「来たるべき政治学――ポスト・グローバル化時代の政治的なるもの」高橋・山崎編、前掲書、終章。
40 同上、二九四頁。
41 同上、三〇〇―三〇一頁。
42 高橋、前掲「グローバル化における時間」。

第8章　グローバル化／ポスト・グローバル化と民主主義の位相

山崎　望

本章では、自由主義陣営において第二次世界大戦後に定着したとされる民主主義、すなわちナショナルな自由民主主義の位相をめぐる言説の変化を、統治／支配の様式、主体、範囲の三つの観点から論じる。それを通じて、一九九〇年代を中心に[1]グローバル化による変化を論じるグローバル化言説と、二〇一〇年代を中心に従来のグローバル化からの変容を重視するポスト・グローバル化言説の比較を行う。

まず論争的な性質を持つグローバル化[2]の概念を、自由民主主義の基盤である主権／国民国家への影響という側面に着目し、「情報、経済、文化、宗教、人間などが、主権国家が統治する範囲の境界線である国境を越えて展開する過程」と定義しよう。グローバル化が政治学において着目され始めた時期は、概ね一九八〇年代から情報や金融が国境を越えて展開し、一九九〇年代に冷戦構造が解体して市場が国境を越えて世界大に拡張した時期である。とりわけ二〇〇一年のアメリカ同時多発テロ以降の世界規模のテロ／対テロ戦争は、安全保障に関わる「戦争」のアクターを主権国家以外にも拡散させ、「世界内戦（global civil war）」の様相を呈するようになった。また二〇〇八年のリーマンショックとそれに続く欧州金融危機はグローバル経済を主権国家が制御する難しさを認識させる事態となった。これらの事象は範囲、速度[3]、強度の側面においてグローバル化が、主権国家／国民国家秩序と緊張関係を強める変動であることを示したのである。

一　グローバル化言説をめぐって

（1）三つのグローバル化言説

グローバル化言説について、統治／支配の在り方、主体、範囲の三つの観点から論じよう。近代の民主主義の支配の在り方は主権国家／国民国家に、その主体は実質的には代表制に、民主主義の支配の範囲はリベラリズムによって規定されてきた。ではグローバル化による権力の移行を主張するグローバル化言説は、民主主義が節合してきた主権論、ナショナリズム、リベラリズムを、どのように変化させる言説なのであろうか。ここではグローバル化言説を三つの言説の節合態として把握してその内実を論じていこう。

（２）グローバルガバナンス言説

　第一の言説は、グローバルガバナンス言説[4]である。この言説は主権国家から非国家アクターである国際組織と、企業をはじめとする多様な私的アクターへの権力移行を指摘し、世界全体もしくは複数の国家を包摂する地域、国境を越える空間などの統治が、主権国家を含む複数のアクターにより担われることを論じる。それは主権国家による領域内の国民の支配と、常に戦争の可能性を内包する主権国家間の国際関係の均衡という世界秩序の在り方を変容させる現象を可視化させる視座をもたらした。一定領域における主権国家の対内的／対外的な自律性の範囲に着目する言説でもあり、国家間の敵対性よりも協調性を、主権国家秩序の分散性よりも国家横断的な統合性を強調する世界像を打ち出したのである。こうした言説は、国内政治における敵対性の消滅を強調する「ポスト政治」[5]的な言説と親和性を持ち、国内政治と国際政治の連続性を強調する世界内政政治（Weltinnenpolitik）論も提唱された。

　グローバルガバナンス言説に、政治をめぐる二つの変化を指摘することができよう。第一は友／敵の対立という意味における「政治的なもの」の変容である。主権論はこうした友／敵の対立を規定し、ナショナリズムが「われわれ／彼ら」の分断によりその構図を補強してきた。それを上回る形で第二次世界大戦後の世界秩序を規定してきた冷戦構造の終焉は、国内／国際政治の双方において既存の敵対性の形骸化を推し進め、「政治的なもの」の消滅を現実化する時空を産み出したのである。第二は支配／統治の範囲をめぐる「政治的なもの」の変容である。「政治的なもの」は主権国家によって全てが担われるのではなく、市場や国際レジームなどによっても担われることが前景化したのである。公／私の分離を規定してきたリベラリズムは一九八〇年代以降、新自由主義にヘゲモニーを奪われ、市場化を通じて国家が抱える「政治的なもの」は縮減され、国家の「自己限定性」が前景化した。冷戦構造の終焉と、福祉レジームを再編させた新自由主義は二つの「政治的なもの」を変容させ、政治のアリーナを拡大させるとともに敵対性なき世界の条件を整えたのである。換言すれば、グローバルガバナンス言説は主権による統治／ナショナリズムと、自由主義もしくは民主主義の節合を解除する言語遂行的実践でもある。それは主権や国民を越える自由主義／民主主義の可能性のみならず、民主主義なき支配／統治や、自由主義なき支配／統治の可能性の条件を作り出すものでもある。

（3）グローバル民主主義言説

第二の言説はグローバル民主主義言説である[6]。主権国家を中心とした権力に基づく支配から、国際社会を含む多様な領域におけるアクターによる統治へ、という世界秩序の権力の配置の変容は、国民国家と民主主義の節合を解除する。新たな統治の配置の顕在化に伴い、それに対応すべく民主主義の問題領域の再定義が要請されたのである。その担い手として、国民や階級の枠を越える民衆として「市民」が要請された。ここでは民衆を置き去りに先行して権力がグローバルガバナンスに移行したことに対して、グローバル民主主義言説が、国民のくびきから解き放たれたポストナショナルな市民による権力の構成を要請し、グローバルガバナンスの民主化が模索された点を確認しておこう。

同時期に、国家でも市場でもない自律的な領域である市民社会（civil society）を基礎に新たな民主主義を模索するラディカル民主主義論、とりわけ熟議民主主義論や参加民主主義論が活性化した。ラディカル民主主義論の言説は、グローバル民主主義の言説と同様、民主主義の問題領域を限定してきた国内／国際政治や公／私などの境界線を越える「境界線を越える民主主義」[7]を志向した。とりわけ熟議民主主義論では合意志向性の強い民主主義論が展開され、類縁性を持つグローバル民主主義論との節合を容易なものにしたのである。

これらの言説の背景として、第一に「東欧革命」、さらには「民主化の第三の波」における市民社会のアクターの活動、第二に自由民主主義体制の諸国を中心に「新しい社会運動」の担い手となるアクターや、公共性の再興を担うアソシエーションの網から構成される市民社会の存在の前景化が挙げられる。共産主義体制の諸国からの人々の脱出 exit[8] に始まり、それが体制に対する敵対性を顕在化させた異議申し立て voice となり、旧体制穏健派と市民社会の穏健派の合意（円卓会議モデル）により民主化を達成した歴史的背景、さらに新自由主義の席巻の下で国家と市場の双方の失敗を受けて、両者から脱出 exit し自らの社会を再構築する市民社会の台頭を歴史的背景としてもつ民主主義の言説は「政治的なもの」の変容を引き起こすものでもあった。

グローバル民主主義（およびラディカル民主主義）言説は、第一に国際政治／国内政治の敵対性と分断を越える、グローバルな市民による「境界線なき」、また敵対性よりも合意志向の民主主義論を展開した。換言すれば国内政治／国内政治に即して配置された友／敵を分割する敵対性は後景化し、

「政治的なもの」はグローバル民主主義の外部へ配置されたのである。第二の変化は、政治の範囲をめぐる「政治的なもの」の変容である。グローバル民主主義とラディカル民主主義は民主主義の問題領域と担い手の拡張を主張し、「政治的なもの」の領域は国内の公的領域を越え、遍在化する可能性へと開かれたのである。

グローバル民主主義論の言説は主権論およびナショナリズム、と民主主義の節合を解き、ラディカル民主主義論の言説は、さらに自由主義と民主主義の言説の節合を相対化[9]する言語遂行的実践である。それは自由主義なき民主主義、すなわち非自由主義型民主主義（イリベラルデモクラシー）の可能性をもたらす条件を生成するものでもある。

（4）新自由主義言説

第三の言説は、新自由主義の言説である。この言説は、一九八〇年代に英米で政権獲得に至るまでへゲモニーを拡大させ、代表制民主主義と福祉レジームの結合という政治経済体制を変容させていった。「民主主義の過剰負担」への批判にみられるような福祉レジーム批判の言説を急進化させ、市場への信頼と競争原理の擁護を強調した新自由主義の言説は「資本主義と民主主義を結びつけた強制結婚の段階的解消」「民主主義の脱経済化による資本主義の脱民主主義化の過程[10]」を、すなわち国内における福祉レジームと国際的な自由貿易体制の双方で、市場の「脱埋め込み」を志向した。また民主主義の観点からみるのであれば、新自由主義は「ポストデモクラシー[11]」を、すなわちごく少数の強力な市場のアクターが多くの民衆よりも、活発に政治システムを利用し、政治エリートたちが民衆の要求の管理と捜査の手法を習得して、人々はトップダウン式の宣伝活動を信じて投票する、という民主主義の衰退をもたらした。新自由主義の言説は、権力を民衆から少数の市場および新自由主義を推進する国家や国際機関のテクノクラートたちの手へと移行させる。さらに新自由主義は民主主義を担う主体を、市場で競争する主体へと変容させる「経済化」を推進し、民主主義の主体である民衆そのものを解体[12]するのである。

　こうした新自由主義の言説も、「政治的なもの」の変容を引き起こした。第一に新自由主義は国内社会の政治過程から、敵対性としての「政治的なもの」を脱政治化させ、社会的歴史的な紐帯を分断し、個人化された人々の自己責任へと還元する。ここでは政治の中道化が進行し、「ポスト政治」的な政治がもたらされた。旧共産主義体制を瓦解させる自由化の言説との連続性をもちながらも、旧東／西の双方においてリベラリズムを奉ずるエリートによるテクノクラート的な統治をもたらしたのである。第二に、新自由主義は統治の担い手を国家から、私的領域の多様なアクターへと移行するものである。それによって国家が担う「政治的なもの」は縮小し、国家による統治の範囲を新たに定め直したのである。

　新自由主義論の言説は主権論およびナショナリズム、と自由主義の節合を解き、さらに自由主義と民主主義の節合を解除[13]する言語遂行的実践でもある。それは自由主義なき民主主義（イリベラルデモクラシー）と非民主的自由主義の可能性の条件を生成するものでもある。

二　ポスト・グローバル化言説をめぐって

（1）三つのポスト・グローバル化言説

二〇一〇年代になると、グローバル化による権力の移行からの「再移行」を主張するポスト・グローバル化言説が台頭した。以下ではこの言説を統治／支配の在り方、主体、範囲の三つの言説の観点から、ポスト・グローバル化言説を三つの言説の節合態として把握してその内実を論じよう。

（2）主権国家の再興／国民の再定義言説

第一は、主権国家の再興／国民の再定義言説である。この言説はグローバル化により権力が移行したとされる国際組織や、企業をはじめとする多様な私的アクターから、再び国家へと権力が移行している／すべきである、と主張する。とりわけ九・一一アメリカ同時多発テロやそれに続く対テロ戦争における主権国家の影響力と、「リベラルな国際秩序」に対する権威主義体制のロシアや中国などの挑戦は、安全保障の最大の供給者としての主権国家像を浮上させた。人々を支配する権力は主権という形を取り国家へと移行し、領域内の国民の支配と、常に戦争の可能性を内包する主権国家間の国際関係の均衡という世界秩序の在り方への回帰が生じている、という視座をもたらすものである。さらに二〇二〇年三月に世界保健機関（ＷＨＯ）がパンデミックを宣言した新型コロナウィルス対策において、対外的には国境の封鎖を行い、人やモノの移動が大きく制約されグローバルな供給網が寸断されることで、また対内的にはロックダウン（都市封鎖）など大幅な私権の制限を伴ったことで、権力の担い手として、主権国家のプレゼンスの再興を指摘する言説は多い。

こうした主権の再興を通じた国家の自律性[14]の回復の主張と部分的に連動しつつ、普遍的な世界における「ボーダーレス」や「偽りの境界線」に抗して、終末論的な危機感を訴え、個別的な「われわれ」の再定義を求める多様な形のアイデンティティ主義（Identitarianism）[15]が噴出している。アイデンティティ主義は新自由主義やグローバル化がもたらす普遍性に対抗し、普遍性に解消されない個別性を民族、文化、人種、地域、宗教、セクシュアリティなどに求めている。その一部[16]は国民の再定義言説へと節合し、アイデンティティの唯一の対象としての国民によって分割された世界像を人々に与えることを志向する。

これらの二つの言説も「政治的なもの」の変容をもたらす。第一に行為遂行的に主権国家の対内的／対外的な自律性の回復を志向し、国家間の協調よりも敵対性が、国境横断的な統合性よりも主権国家を単位とした分散性が志向される。換言すれば国際政治と国内政治の分断の再構築である。こうした言説は敵対性の消滅＝合意を強調する「ポスト政治」を批判し、政治への敵対性の回帰を志向する。第二に、「政治的なもの」は再び国内政治の公的アリーナへと退却する。政治は国内／国際政治および公／私の境界線によって分割される。

主権国家の再興／国民の再定義言説は主権による統治／ナショナリズムと自由主義もしくは民主主

義との再節合を志向する言語遂行的実践でもあるが、民主主義なき統治／支配や、自由主義なき統治／支配というグローバルガバナンス言説が開いた地平において、民主主義や自由主義とは節合されない支配／統治――自由主義なき支配や民主主義なき支配への道を開く言語遂行的実践でもある。

（3）直接民主主義の復権――オキュパイ運動とポピュリズム

　第二のポスト・グローバル化言説は、直接民主主義の再興言説である。グローバルガバナンスから主権国家を中心とした権力に基づく支配への移行は、国民国家の正統性原理であるナショナリズムと民主主義の節合の可能性に扉を開く。そして民主主義の担い手として、再び国民という主体が要請される。二〇〇八年のリーマンショックと、それに続く欧州金融危機に対するＥＵをはじめとするトランスナショナルな統治に対して、二〇一〇年代には欧州をはじめ世界各地で大規模デモや、ＳＮＳを利用した脱中心的で水平的な運動形態をもつ占拠（オキュパイ）運動[17]、それに続いてポピュリズムの波が生じた。こうした運動は主権国家や民衆から乖離したとみなされた政党を敵手として異議申し立て voice を行い、「ナショナルな民主主義」の性格を帯びたのである。リーマンショックは主権国家による支配の限界と同時に、社会保障の最大の供給者としての国家像も再興させたのである。国境を越える政治問題は国内政治の問題として、グローバルな経済問題は情念をはらむナショナルな文化政治・道徳政治として解釈され、民主主義の再ナショナル化が進展している。

　こうした直接民主主義の復権言説は「政治的なもの」を変容させる。第一にグローバル民主主義論では節合を解かれた民主主義とナショナリズムおよび主権国家を再節合する。権力を移行する容器として国家が、権力の担い手である民衆として国民が名指されているのである。そして「国民」の定義をめぐり、アイデンティティ主義の文脈を経た[18]国民の再定義をめぐる言説闘争が起きている。またポピュリズムは「人民（people）の構築」に際して、人民／それ以外という敵対性をもつ「政治的なもの」を導入する。直接民主主義の再興は友／敵という敵対性と、「われわれ／かれら」の境界線を政治に再導入する実践である。第二にデモや占拠は、代表制におさまらない形で路上や広場で展開され、代表制を批判もしくは否定する側面ももつ。またポピュリズムは代表制民主主義の枠内で活動しつつも直接性を重視し、代表制批判の契機を有している。代表制に対する批判は代表制民主主義による統治の範囲の再定義を要請し、「政治的なもの」の問題領域をめぐる闘争を引き起こす。

これらの直接民主主義の再興言説は、ナショナリズムや主権論との節合[19]や、自由主義と民主主義の節合の制度的形態である代表制民主主義への部分的な対抗や緊張関係[20]において、「グローバル化言説」と自由民主主義の双方と緊張関係をもつ。合意志向ではなく敵対性を持ち込み、「オルタナティヴはない」という言説に対して代替案を現実化する指向性をもつ。また「デモスなき民主主義」はあり得ないと批判し、権力を担う民衆を取り戻すべく「境界線のある民主主義」を志向する性格を強くもっている。グローバルガバナンスの構成要素となった主権国家や、「ポスト政治」の場となってきた代表制民主主義から脱出 exit した民衆は、路上や広場へと集合し、主権国家や既成政党への異議申し立て voice を通じて「対抗の政治（contentious politics）」を繰り広げるのである。

直接民主主義の再興言説は、主権による統治もしくはナショナリズムとの再節合を志向する言語遂行的実践であるが、同時に主権による統治／ナショナリズムとは結びつかない民主主義（その傾向はオキュパイ運動や包摂志向の左派ポピュリズムにおいて顕著である）として顕現する言語遂行的実践でもある。また自由主義との再節合ではなく、自由主義と民主主義の節合を相対化したグローバル民主主義の言説が開いた地平において、自由主義なき民主主義（イリベラルデモクラシー）への道を開く言語遂行的実践でもある。

（4）権威主義化と新反動主義

a　権威主義化

第三の統治／支配の範囲をめぐる言説は二つに分かれる。第一は権威主義化（Autocratization）言説である。こうした言説を分類してみよう。一つは自由民主主義体制が定着していた諸国における、自由民主主義体制からの脱定着（de-consolidation）[21]もしくは「民主主義の死に方[22]」を指摘する言説である。第二に権威主義体制からの民主化が進展していた東欧、東南アジア、南米などの諸地域の一部の国家において、イリベラルデモクラシーや競争的権威主義体制[23]への移行という「民主化の逆行（backsliding）」が生じていることを指摘する言説である。両者をあわせて民主主義の後退（recession）と捉えられる。第三は権威主義体制の諸国（ロシア、中国、中東地域の諸国など）について、権威主義体制が「強化」されていることを指摘する言説である。これらの相違は無視できないものの、権威主義化言説は、世界規模で自由民主主義体制が有効性および正統性のレベルにおいて覇権的な地位を喪失しつつあり、自由民主主義に代替し得る政治体制として権威主義体制が台頭[24]している、と論じる。

注意すべきは、権威主義化言説において着目される右派ポピュリズムや、競争的権威主義もしくは非自由主義型民主主義は必ずしも民主主義と対立しない点である。手続き的側面のみならず、これらの権威主義化を促進する勢力は自らの正統性の根拠を民主主義に置く。権威主義化の勢力が批判する「敵」は、民主主義ではなく自由民主主義、とりわけ自由主義である。権威主義化言説は、非民主的な（テクノクラート的な少数派支配としての）リベラリズムへの批判として、非リベラルな（多数派支配である）民主主義ともいうべきポピュリズムによる支配（「民主主義の過剰」）を擁護する。しかしそれは、民主主義までも抑制する権威主義体制（「民主主義の過少」）へ移行する可能性を内包している。

自由主義と民主主義の節合を解除するという意味では同じだが、「ポストデモクラシー」をもたらす新自由主義の言説とは異なり、異議申し立てvoiceとしての民主主義のポテンシャルに根差した自由民主主義批判の言説である。また新自由主義の言説が市場という私的領域や市場論理の拡大による公的領域や、公的な制度を市場原理で運営するという形で公的原理の侵食をもたらすことに対して、公／私の境界の再編という意味では同様だが、権威主義化言説では、経済的リベラリズムと政治的リベラリズムを分離したうえで、政治的リベラリズムに対する批判が前景化する。書き換えられる公／私の境界線は国家／市場ではなく、政治的自由をめぐる公／私区分に他ならない。経済問題を妥協困難な文化問題へと置き換え、民衆の範囲である「われわれ」を国民から民族など本質主義化された属性へと置き換え、「われわれ」の外部とした人々（移民、難民や民族的・性的少数派など）を国内／国外の双方で産出して排斥する傾向が顕著である。

b　新反動主義

第二は新反動主義（Neoreactionary Movement）[25]言説である。グローバル化言説の一部でもある新自由主義は、リベラリズムや自由民主主義に対する異議申し立て voice をしてきたが、その一部は右派加速主義を主張し脱出 exit を通じた民主主義批判へ歩みを進める。ペイパルの創業者であるピーター・テールの「自由と民主主義はもはや両立できない」[26]という、カール・シュミットを彷彿とさせる言葉に刺激された右派加速主義者のニック・ランドは、技術の諸手段を利用することで資本主義の過程を加速させ、シンギュラリティ（特異点）の先にある資本主義の外部への脱出 exit を志向する。ニック・ランドは「カテドラル（大聖堂）」と名付けた啓蒙思想、普遍主義、民主主義、ポリティカルコレクトネスなどからの脱出 exit を主張する。ニック・ランドはあり得たはずの未来を希求し近代の啓蒙の歴史観、平等主義や社会正義、進歩主義を批判する雑多な思想群である暗黒啓蒙[27]を展開する。暗黒啓蒙は生得的な差異や能力に基づくヒエラルキー的な秩序を擁護し、平等を中核的原理の一つとする民主主義を否定する。その背景には第一に一九八〇年代から九〇年代前半のアメリカの大学を舞台とする「文化戦争」において、マジョリティを告発する思想や運動を「マジョリティの自由の抑圧」と捉える議論が蓄積されたこと、第二に同時期の情報化の進展が啓蒙時代以来、覇権を握り続けてきた西洋を支配的位置から後退させ終末観や危機感が拡大したこと、第三にリーマンショックへの対応を国家による経済的自由の抑圧と捉え、自由と民主主義との共存への反発が生まれたことがあげられよう。

　さらにその先の構想としてカーティス・ヤーヴィンは新反動主義を提唱する。ヤーヴィンは「対称的主権[28]」概念を打ち出し、主権を「根源的な所有権」と定義する。そして剥奪されることなき主権＝所有権という等式を可能にする政治的支配を王政や貴族政に見出す。「新官房学（neocameralism）」は、政治的自由は制限されるものの、自由な経済競争に最適な専制が行われ、民主主義（さらには国家）から脱出して自律性をもった専制支配／企業統治型の都市国家群[29]の世界を志向する。

　新反動主義は新自由主義から分岐した思想として位置づけることができるが、新自由主義が自由民主主義の節合を解除し、民主主義の根幹である民衆（demos）を歪曲もしくは解体する言説ならば、それ以上に新自由主義に適した統治の在り方をポジティブな形で、かつ近代＝啓蒙思想への対抗として打ち出す点に独自性[30]がある。新反動主義の言説は、国民統合を志向するナショナリズムとは節合しないものの、主権国家による統治を否定するとは限らない。また自由主義と民主主義の節合を解除させる新自由主義が開いた地平において、民主主義なき自由主義を加速させる言語遂行的実践でもある。

三　グローバル化言説からポストグローバル化言説へ？

（1）統治の在り方をめぐる言説の変容

本章ではまず統治／支配の在り方（国際／国内の境界線）をめぐる言説の変容について論じよう。主権国家／国民国家からグローバルガバナンスへの移行において、市場という私的領域のアクターと国際機関・国際レジームなどの超国家的なアクターは、領域国家と接続してきた主権が、唯一不可分とされ対内的／対外的機能を分割し、領域内の人口のみに対して機能することとは対照的に、重層的かつ流動的であり、対内／対外を越えて機能し、統治する範囲の人口の外縁を定義することは難しい。いわばグローバルガバナンスは個別化する支配を行う主権とは異なり統治の普遍化という性質をもつ。

普遍化する性質をもつ統治は、交換可能性を高める新自由主義と親和性が高いが、これに対して個別性を希求し、支配する範囲や主体（われわれ）の時間的・空間的確定を求める潮流がポスト・グローバル化言説における主権国家の再興／国民の再定義言説である。そこでは主権は再び、友／敵という区分を人々に与える敵対性を政治に導入し、「われわれ」という決断が可能な主権を有する主体を立ち上げる。グローバルガバナンスの下で決定不可能性の時空に投げ入れられた人々は、交換可能性に溢れた「われわれ」からの自由ではなく、交換不可能性が伴う「われわれ」への自由を求めている。自分たちが移民や異教徒に象徴される他者に取って代わられる「大いなる置換（Grate replacement)」への恐怖は、欧州各地における右派ポピュリズムや地域主義、アメリカのオルトライト、さらにはロシアの新ユーラシア主義[31]などに通底する。グローバルガバナンスの下で決定不可能性の時空に投げ入れられた人々は、「われわれ」への自由を求めており、フォルカー・ヴァイスの言葉を借りるのであれば、「現在、世界各国で「自分自身のアイデンティティ」を追求するため〔……〕グローバルな「保守革命」が行われつつある。これもまた、新右翼による人間主義や普遍主義との闘争の延長に他ならない[32]」のである。ポスト・グローバル化言説における主権国家や国民国家の再定義の言説は、主権国家／国民国家という支配の体系からの自由を求めグローバルガバナンスへの自由を求める言説に対して、その普遍性の「他者」たる固有の「われわれ」への自由を希求する言説である。

（2）統治の主体をめぐる変容

次に、統治の主体をめぐる言説の変容について論じよう。現在、自由民主主義からの脱定着化を推進する政治勢力としてポピュリズムに着目しよう。代表制を批判する契機をもち、人民（people）の構成において友／敵の分節化を志向するポピュリズムは自由主義によって「汚染」されない、純粋な民主主義、すなわち直接民主主義としての性格をもつ。こうした代表制批判はグローバル化言説を構成するラディカル民主主義論においても共通する。その意味でラディカル民主主義論とポピュリズムには連続性[33]が存在する。自由民主主義の観点からは、ラディカル民主主義もポピュリズムも、「過剰な民主主義」ともいうべきものである。着目すべきは「過剰な民主主義」が、統治の範囲、とりわけ政治的自由を抑圧する権威主義化へ、さらには「過少な民主主義」である権威主義へ移行する、という逆説である。ポピュリズムは自由主義がもつ多元的な要素を抑圧する傾向をもち、自由主義に対する距離という意味でイリベラルデモクラシーと親和性がある。イリベラルデモクラシーは多数派である人民に正統性の根拠を求め、野党をはじめとする反対派や少数派を弾圧するなど、競争的権威主義と重複する。権威主義という意味では、多数派の人民に正統性の根拠をもたない「過少な民主主義」である権威主義への距離は短いのである。自由民主主義、とりわけ自由主義からの脱出 exit を求めて異議申し立て voice を行う民主主義であるポピュリズムは、権威主義的ポピュリズムへ、さらに民主的正統性の名のもとに、統治の範囲をめぐって政治的自由を再定義するイリベラルデモクラシー、そして権威主義体制へと移行する可能性をもつのである。

（3）統治の範囲の変容

第三に、統治の範囲をめぐる言説の変容について論じよう。グローバル化言説の一部でもある新自由主義は、公的領域における原理である民主主義に対して平等な民衆による決定が私的領域における個人の自由を抑圧することを批判してきた。すでに新自由主義言説において、統治の範囲を定める手法としての民主主義に対する批判の契機は存在していた、といえるだろう。こうした「過剰な自由主義」ともいうべき新自由主義は、「自由主義と民主主義は共存できない」という認識を経て、異議申し立て voice よりも脱出 exit を誘う加速主義へと接続させる回路を提供する。民主主義という形での異議申し立てvoiceを排するという点で新自由主義は、加速主義との節合が容易である。さらに市場原理に基づく非民主的な統治と親和性をもつ新自由主義は、個人の自由に基づく競争による利潤の最大化に正統性の根拠を求め、利潤の最大化を妨げる民主主義を批判する新反動主義へと移行し得る。新自由主義は、加速主義を経て、「過少な（政治的）自由主義」であり民主主義を批判する新反動主義へと節合するのである。

四　来るべき世界をめぐる選択

グローバル化言説の中でも、グローバルガバナンスと新自由主義の言説は節合されヘゲモニー的な言説となった。それに対して、グローバルガバナンスとグローバル民主主義の言説の節合、新自由主義とグローバル民主主義言説の節合は従属的な位置に留まった。しかし同時に三つの言説は「政治的なもの」の変容において共通点を有していた。第一に主権／国民国家秩序に存在していた敵対性を解体し、境界線なきグローバル市場を形成し、敵対性なき民主主義を志向する、つまり敵対性を不可視化もしくは普遍性の外部に位置づけた点である。第二にグローバル化言説は「政治的なもの」の問題領域を規定してきた主権論／ナショナリズムやリベラリズムを相対化し、国内政治／国際政治や公／私の境界線を再編もしくは超える政治の領域を開いたのである。それは民主主義の形を制限してきたと同時にあり得る一つの形として可能にしても主権論／ナショナリズムおよびリベラリズムと、民主主義の節合を解くものであった。

これに対してポスト・グローバル化言説は、第一に主権／国民国家秩序に存在していた敵対性を再構築し、市場ではなく民族や人種などの文化的もしくは「境界線をもつ民衆」という集合的かつ交換不可能な主体を対置し、直接的かつ対抗的な民主主義もしくは自由主義批判に力点を置く権威主義を志向する。ここでは敵対性は可視化され、普遍性に解消されない個別性として政治の内部へ回帰している。第二にポスト・グローバル化言説は「政治的なもの」の問題領域を規定してきた主権論／ナショナリズムを再興させ、統治の範囲を定める公／私の境界線の再定義をめぐる政治を展開している。それは自由主義と民主主義の節合を解除して分解を加速させ、ナショナルな自由民主主義以外に、イリベラルデモクラシーと非民主的自由主義という、二つの支配／統治の様態の選択肢を前景化させる。

非民主的自由主義は新反動主義と親和的であり、イリベラルデモクラシーとして結実している権威主義化言説と高い節合可能性をもつ。民主主義からの「脱出」を求め自由の最大化を求める政体を保障する新反動主義の言説と、自由民主主義を批判し、民主主義を正統性の根源に据えてその意義を強調するポピュリズム、それを経たイリベラルデモクラシーや競争的権威主義として結実する権威主義化言説は、自由民主主義からの移行という点で節合し得るのである。いわば「自由主義と民主主義の離婚」により、民主主義から脱出して自由の極大化を求めた帰結の一つとして新反動主義に移行した新自由主義（民主主義なき自由主義）と、自由主義を批判して民主主義の極大化を求めた帰結の一つとして権威主義化に移行したポピュリズムに代表される直接民主主義（自由主義なき民主主義）は、自由民主主義の対極である権威主義という「再婚」を現実的な選択肢として浮上させる。現代世界は、自由民主主義と権威主義に加えて、自由主義なき民主主義（イリベラルデモクラシー）と民主主義なき自由主義という四つの統治の選択肢が存在し、後者の二つは自由民主主義への移行だけではなく、権威主義への移行にも開かれている。

これに加えて、実質的に自由主義と民主主義の単位となってきた国民という単位も自明性を失っている。グローバル化言説は超越的な主権や閉鎖的な国民による「われわれ」からの自由を、また多様な障壁をもった市場を新自由主義によって解放し「われわれ」から個人が「脱出」する自由を、また境界線によって囲まれた民主主義から民衆を解放する自由を与えた。しかし既存の「われわれ」からの自由は、人々を普遍性の時空であると同時に決定不可能性の時空へと投げ込むものである。これに対してポスト・グローバル化言説は、超越論的な主権論や閉鎖的なナショナリズム、時にはアイデンティティ主義や新地政学を唱え再定義された「われわれ」への自由を訴える。新自由主義を経た新反動主義は、国家から自律した都市国家群に生きる「われわれ」への自由を擁護し、ポピュリズムは人民という「われわれ」を、占拠運動は広場や路上において権力を取り戻すべき「われわれ」の構築を訴える。それを経た権威主義も「敵」となる他者を名指しすることで、「われわれ」の再定義を主張する。こうした主張は多様性や集団の輪郭の再編を抑圧する「われわれへの過剰」を携えている。そこでは特定の「われわれ」の形にならない、身体に押し寄せてくる個別化され脱歴史化された経験を声にすることができない、「われわれの過少」が並存している。

普遍化と個別化の対抗の調整が困難な現代において、統治／支配の範囲、主体、範囲をめぐる対立をいかに調整すべきなのだろうか。ポスト・グローバル化言説は、敵対性と個別性を解消する普遍化の言説ともいうべきグローバル化言説がもたらした決定不可能性を背景に、「「われわれ」に正統性を与えよ」という、決定不可能性から抜け出す異議申し立てと民主主義を瓦解させ得る脱出を遂行している。そこにナショナルな自由民主主義に対する忠誠 loyalty の低下をみることは容易である。グローバル化／ポスト・グローバル化をめぐる相克は、ナショナルな自由民主主義という特定の形の民主主義を選択するべきか、それともイリベラルデモクラシーや非民主的自由主義、もしくは権威主義を選択するべきか、さらには支配／統治の在り方を規定する政体の形を含む、来るべき世界の在り方[34]をめぐるせめぎ合いでもある。

注

1　本章では、グローバル化およびポスト・グローバル化言説を、特定の時期の歴史的な言説とは捉えず、内容の相違に着目する。後者は前者を条件としているという文脈において「ポスト」という接頭辞がついている。この意味で、二〇一〇年代においてもグローバル化言説とポスト・グローバル化言説は並存している。

2　グローバル化論をめぐっては David Held, Anthony McGrew, David Goldblatt, Jonathan Perrato, *Global Transformations: Politics, Economics and Culture*, Polity Press, 1999. デイヴィッド・ヘルドほか／古城利明・滝田賢治・臼井久和・星野智訳『グローバル・トランスフォーメーションズ――政治・経済・文化』中央大学出版部、二〇〇六年、参照。

3　各地域の時間（tempo）の自律性の減退とグローバルな時間（世界時間）による支配の進展が指摘できよう。

高橋良輔・山崎望編著『時政学への挑戦——政治分析の時間論的転回』ミネルヴァ書房、二〇二一年を参照。

4　Ernst-Otto Czempiel, *Governance without Government: Order and Change in World Politics*, Cambridge University Press, 1992やUlrich Beck, *Power in the Global Age*, Polity Press, 2005を念頭においている。

5　Ulrich Beck, *Democracy without Enemies*, Polity Press, 1998を参照。

6　グローバル民主主義言説の類型化は、五野井郁夫「グローバル・デモクラシー論——国境を越える政治の構想」小田川大典・五野井郁夫・高橋良輔編『国際政治哲学』ナカニシヤ出版、二〇一一年を参照。

7　Andrew Linklater, *Transformation of Political Community: Ethical Foundations of the Post-Westphalian Era*, Polity Press, 1998. および John Dryzek, *Deliberative Global Politics: Discourse and Democracy in a Divided World*, Polity Press, 2006参照。

8　脱出、異議申し立て、忠誠の各概念は Albert O.Hirshman, *Exit, Voice, and Loyalty: Responses to Decline inFirms, Organizations, and States*, Harvard University Press, 1970. A・O・ハーシュマン／矢野修一訳『離脱・発言・忠誠——企業・組織・国家における衰退への反応』ミネルヴァ書房、二〇〇五年を援用している。

9　例えば John S.Dryzek, *Deliberative Democracy and Beyond: Liberals, Critics, Contestation*, Oxford University Press, 2005参照。

10　Wolfgang Streeck, *Gekaufte Zeit: Die vertagte Krise des demokratischen Kapitalismus*, Suhrkamp Verlag, 2013. ヴォルフガング・シュトレーク／鈴木直訳『時間稼ぎの資本主義——いつまで危機を先送りできるか』みすず書房、二〇一五年、参照。

11　Colin Crouch, *Post-Democracy*, Polity Press, 2003. コリン・クラウチ／山口二郎監修・近藤隆文訳『ポストデモクラシー——格差拡大の政策を産む政治構造』青灯社、二〇〇七年、参照。

12　Wendy Brown, *Undoing the Demos: Neoliberalism's Stealth Revolution*, Zone Books, 2015. ウェンディ・ブラウン／中井亜佐子訳『いかにして民主主義は失われていくのか——新自由主義の見えざる攻撃』みすず書房、二〇一七年、参照。

13　例えば John S. Dryzek, *Deliberative Democracy and Beyond: Liberals, Critics, Contestation*, Oxford University Press, 2005参照。

14 Dani Rodrik, *The Globalization Paradox: Why Global Markets, States, and Democracy Can't Coexist*, Oxford University Press, 2011. ダニ・ロドリック／柴山桂太・大川良文訳『グローバリゼーション・パラドクス――世界経済の未来を決める三つの道』白水社、二〇一五年、を参照。ロドリックはグローバル化、民主主義、国家主権は同時に成立不可能とし、自律性を回復した国家主権と民主主義の組み合わせを擁護する。

15 アイデンティティ主義は欧州を念頭に危機に陥っている（とされる）民族および文化の維持を訴え、移民、グローバル化やイスラーム、さらに多文化主義やフェミニズムなどを擁護する「六八年世代」を批判する二〇〇〇年代の思想の総称である。アイデンティティ運動は二〇〇〇年初頭からフランス、イタリア、ドイツなどで若年層による新右翼運動として確認されている。事例研究については José Pedro Zúquete, *The Identitarians: The Movement Against Globalism and Islam in Europe*, University of Notre Dame Press, 2018およびアイデンティティ主義に影響を与えている Guillaume Faye, *Why We Fight*, Arktos, 2011参照。なお西洋文明を防衛する観点から、移民受け入れに肯定的なリベラリズムを批判する Douglas Murray, *The Strange Death of Europe: Immigration, Identity, Islam*, Continuum Intl Pub Grou, 2017. ダグラス・マレー／町田敦夫訳『西洋の自死――移民・アイデンティティ・イスラム』東洋経済新報社、二〇一八年などの議論とも高い親和性をもっている。現在ではアイデンティティ主義はアメリカをはじめ世界の多様な地域に変容しつつ拡散している。アメリカを中心とするオルトライト（alt-light）の一部は、「科学的エビデンス」といわれるものに依拠しつつも、再帰的に「自然」とされる人種や民族をめぐる言説を引用し続けており、ここに決定不可能性や普遍性へと解消されない絶対的な個別性への希求を指摘できよう。オルトライトについては、Richard B. Spencer, *The Uprooting of European Identity*, Radix, 2016および Patrik Hermansson, David Lawrence, Joe Mulhall and Simon Murdoch, *The International Alt-Right:Fascism for the 21st Century?* Routledge, 2020参照。

16 アイデンティティ主義の対象が地方や広域の場合、ナショナリズムと対抗関係に陥る。

17 占拠運動について、被傷性を帯びた身体の路上における集合に、議会制民主主義ではない、制度化されざる民主主義の形を見出す Judith Butler, *Notes Toward a Performative Theory of Assembly*, Harvard University Press, 2015. ジュディス・バトラー／佐藤嘉幸・清水知子訳『アセンブリ――行為遂行性・複数性・政治』青土社、二〇一八年や、代表制ではない全員参加の「真の民主主義」を見出す Antonio Negri, Michael Hardt, *Assembly*,

Oxford University Press, 2017を参照。

18　具体例としてドイツを中心としたアイデンティティ運動が反イスラームのちには反移民運動であるPegidaと連携し、ドイツナショナリズムの再定義を志向する右派ポピュリスト政党のAfDの台頭に影響を与えたことが挙げられよう。Volker Weiß, *Die autoritäre Revolte: Die Neue Rechte und der Untergang des Abendlandes*, Klett-Cotta, 2017. フォルカー・ヴァイス／長谷川春生訳『ドイツの新右翼』新泉社、二〇一九年、第五、六章参照。

19　主権論／ナショナリズムとの節合ではなく、占拠運動にアナーキズムの原理を見出すDavid Graeber, *The Democracy Project: A History, a Crisis, a Movement*, Penguin, 2013. デヴィッド・グレーバー／木下ちがや・江上賢一郎・原民樹訳『デモクラシー・プロジェクト――オキュパイ運動・直接民主主義・集合的想像力』航思社、二〇一五年、および越境的側面を重視するManuel Castells, *Networks of Outrage and Hope: Social Movements in the Internet Age*, Polity Press, 2015も参照。右派（ポピュリズム）のネットワーク化についてMats Deland, Michael Minkenberg, Christin Mays, *In the Tracks of Breivik: Far Right Networks in Northern and Eastern Europe*, Lit Verlag, 2014を、欧州の右派とロシアの新ユーラシア主義の共鳴について、Mariene Laruelle, *Eurasianism and the European Far Right: Reshaping the Europe-Russia Relationship*, Lexington Books, 2015を参照。

20　ポピュリズムを事例として、自由民主主義と直接民主主義の復権言説の対抗関係を描き、後者を批判するものとしてJan-Werner Müller, *Was ist Populismus?*, Suhrkamp Verlag, 2016. ヤン＝ヴェルナー・ミュラー／板橋拓巳訳『ポピュリズムとは何か』岩波書店、二〇一七年。

21　Yascha Mounk, *The People vs. Democracy: Why Our Freedom Is in Danger and How to Save It*, Harvard University Press, 2018. ヤシャ・モンク／吉田徹訳『民主主義を救え！』岩波書店、二〇一九年、参照。正統性の移行をめぐる問題については山崎望「二一世紀に自由民主主義は生き残れるか――正統性の移行と再配置される暴力」日本国際政治学会編『国際政治』一九四号、二〇一八年も参照。

22　Steven Levitsky, Daniel Ziblatt, *How Democracies Die*, Crown, 2018. スティーブン・レビツキー／濱野大道訳『民主主義の死に方――二極化する政治が招く独裁への道』新潮社、二〇一八年参照。

23　Steven Levitsky, Lucan A. Way, *Competitive Authoritarianism: Hybrid Regimes After the Cold War*,

Cambridge University Press, 2010参照。

24　新型コロナウィルスの対策において、相対的に「成功」をおさめている権威主義体制の中国（二〇二一年一二月時点）に対して、自由民主主義体制のアメリカや欧州諸国の「失敗」を対比する議論もあるが、必ずしも権威主義体制の諸国が対応に「成功」しているわけではない。筆者は政治体制の相違は無視できないが、監視・管理技術を使用した統治の在り方の相違からアプローチする有効性が高い、と考えている。詳論は後日を期したい。

25　加速主義および新反動主義をめぐる議論は木澤佐登志、『ニック・ランドと新反動主義――現代世界を覆う〈ダーク〉な思想』星海社新書、二〇一九年に多くを依っている。新反動主義とは、自由と民主主義の両立不可能性を主張し、民主主義や啓蒙主義的な歴史観を批判する多様な思想群である。平等を中核的な理念とする民主主義に代えて、君主制や貴族制など古い政体を彷彿とさせる専制や、合資企業による統治を支持する。

26　『Cato Unbound』の誌上討論会の発言より。Peter Thiel, "The Education of a Libertarian", 2009. https://www.cato-unbound.org/2009/04/13/peter-thiel/education-libertarian 参照。

27　Nickland "The Dark Enlightenment" 2012. http://www.thedarkenlightenment.com/the-dark-enlightenment-by-nick-land/ ニック・ランド／五井健太郎訳・木澤佐登志序文『暗黒の啓蒙書』講談社、二〇二〇年、参照。暗黒啓蒙の射程は、民主主義のみならず、近代＝啓蒙を超克するオルタナティブの模索に及ぶものであり、本論はその民主主義批判の側面のみに着目した考察をしている。

28　Mencius Moldbug, "The Magic of Symmetric] Sovereignty. 2017." http://unqualified-reservations.blogspot.com/2007/05/magic-of-symmetric-sovereignty.html 参照。ヤーヴィンのハンドルネームによる文章である。

29　新反動主義は脱出による他の世界からの分離を主張する点では gated community と共通性をもつ。ニック・ランドは加速する経済活動と新反動主義的な統治を上海やシンガポールなどグローバルシティに見出している。その成り立ちは新反動主義と無関係としても、思想の現実化と解釈し得る実在は、言説に正統性の備給源の位置づけを与える。これに対して、民主主義を犠牲にして経済的自由を擁護する上海の称賛は「中華未来主義」である、として批判する許煜 "On the Unhappy Consciousness of Neoreactionaries", 2017. https://www.e-flux.com/journal/81/125815/on-the-unhappy-consciousness-of-neoreactionaries/ も参照。

30　Elizabeth Anderson. *Private Government: How Employers Rule Our Lives (and Why We Don't Talk About It)*.

Princeton University Press. 2017は、企業の内部を民主主義が機能しない「私的統治」の空間と指摘するが、新反動主義はその範囲を公的領域へ拡大したものと捉えることも可能であろう。

31　新ユーラシア主義については Alexander Dugin, *Osnovy geopolitiki: geopoliticheskoe budushchee Rossii*. Arktogeia. 1997および Alexander Dugin, *The Fourth Political Theory*, Arktos, 2013参照。前者で地政学を展開したドゥーギンは、後者では「第四の政治理論」を提唱し、ファシズムと共産主義に加えて、「民族や民族主義とは全く相いれない」とするリベラリズムを強く批判する。ソ連崩壊直前にはドゥーギンは欧州、とりわけフランスの新右翼の代表的知識人のブノワたちと交流を始めている。アイデンティティ主義にも影響を与えたブノワの思想については Alain De Benoist, Charles Champetier, *Manifesto for a European Renaissance*, Arktos, 2012を参照。またこれらの議論は、加速主義と同じく、たびたび自文明の没落論や陰謀論が結合する点にも留意されたい。

32　Volker Weiß, *Die autoritäre Revolte: Die Neue Rechte und der Untergang des Abendlandes*, Klett-Cotta, 2017, S. 265. フォルカー・ヴァイス／長谷川春生訳『ドイツの新右翼』新泉社、二〇一九年、三九〇頁参照。

33　Chantal Mouffe, *For A Left Populism*, Verso, 2018. シャンタル・ムフ／山本圭訳『左派ポピュリズムのために』明石書店、二〇一九年および Ernesto Laclau, *On Populist Reason*, Verso, 2005. エルネスト・ラクラウ／澤里岳史・河村一郎訳、山本圭解説『ポピュリズムの理性』明石書店、二〇一八年を参照。自由民主主義との緊張関係については右派ポピュリズムに顕著であるが、左派ポピュリズムも人民に正統性の根拠を求め、直接民主主義的な性格を有している点において、自由民主主義と必ずしも親和的にはならない可能性が存在する。

34　現在は、主権論／ナショナリズム、リベラリズム、（代表制）民主主義の節合からなる第二次世界大戦後のナショナルな自由民主主義言説という第一層に、冷戦構造の終焉を背景にしたグローバルガバナンス／ラディカル民主主義／新自由主義というグローバル化言説が第二層として上書きされ、さらに二〇一〇年代に象徴される出来事を背景にした主権国家の再興論／国民国家の再定義、直接民主主義の再興、新反動主義／権威主義化というポスト・グローバル化言説が第三層をなし、部分的に対抗関係や節合が作られている状態にある。戦間期において主権論／ナショナリズム、リベラリズム、代表制民主主義の節合からなる世界秩序の限界が指摘され、広域圏構想、共産主義やファシズムなどの対抗構想が示されたことの対比で捉えるならば、いわば「第二の近代の超克」が世界大で同時多発的に模索されている、と捉えることも可能かもしれない。木澤佐登志「ビューティフルハーモニー　2　加速主義はオルタナティブな近代を志向する」晶文社スクラップブック https://www.s-scrap.com/3041、二〇一九年参照。むろんこうした進歩主義的な歴史観を取らなければ、異なる視座が開かれることにも留意されたい。

あとがき

本書は、二〇二一年に刊行した『ポスト・グローバル化と国家の変容』の続巻として位置づけられる。本書のプロジェクトは、数年前にスタートしたが、二〇二〇年に最終的な原稿を出版社に入稿する段階において、ＣＯＶＩＤ-19が世界中で感染拡大し、国境は閉じられ、人びとは自宅待機が求められるようになった。このような現実を受け、本書の内容はまとめられている。

国内での感染が始まった頃に比べると、いつの間にか with Corona に則った行動様式が身についているように思う。さまざまな打ち合わせも研究会も Zoom で気軽に実施できるし、近距離であろうと遠距離であろうと、すぐに（Zoom を使用しているとはいえ）会って話ができるようになった。ある意味では、プレ・コロナの頃よりも、はるかに活動しやすくなった点があるのも確かである。ふとしたときに、自らが with Corona の生活に適応していることに気づくが、あくまで「コロナ禍での生活」だという割り切った気持ちを心のどこかに抱えているようにも感じる。

日々の生活では、あくまでコロナ禍だという割り切り方ができるとしても、国家レベル、国家間レベルに目を向けると、二〇一九年の暮れまでとは明らかに異なる世界の姿が眼前には存在する。人びとの行動制限は、国家によってなされ、国境を越えた移動すら容易ではなくなった。プレ・コロナの頃であれば特に意識せず、所与のものとして国家を取り扱い、国家について論じていたが、パンデミックを経験したことにより、これまでよりも明確に国家の存在を意識するようになったし、国家の機能強化について考えるようになった。

本書と前著のプロジェクトは、グローバル化の先にみえてきたものが国家のリバイバルであり、国家の機能強化ともいえる状況であることを「ポスト・グローバル化」というキーワードから多角的に検討するために始められたものであり、ＣＯＶＩＤ-19そのものを主な題材として取り扱ってきたわけではなかった。しかし、プロジェクトの進行において経験したＣＯＶＩＤ-19パンデミックは、本書の問題意識と重なり、プロジェクトにとって格好の題材であった。本書では、とりわけ、小松志朗、野田遊、福田充が担当した章において、ＣＯＶＩＤ-19にかかわる議論を盛り込むことができた。もちろん、これらの章だけで論点を網羅することはできないが、本書のテーマとのかかわりにおいて、ＣＯＶＩＤ-19に関する議論を収めることができたのは有益なことであった。

本書の完成を前にして感じるのは、『ポスト・グローバル化と国家の変容』と本書とをまとめることによって、ようやく次の課題がみえてきたということである。一冊の書物が刊行に至るまでには、予想以上の時間がかかってしまった。プロジェクトの最終的な着地点がなかなかみえず、全体の方向性を模索し続けた結果として、構想から刊行に至るまでに時間を要した。それだからこそといえるのかもしれないが、一つのプロジェクトの成果が二冊の書物として刊行されたことは、各章の内容がそれだけ充実していることを示しているのだし、一つひとつの章を独立した論文として読むことができるとともに、各章を相互に関連した一続きの読み物としても理解できることを意味している。

今回のプロジェクトでは、国際政治学や国際関係論、政治学や比較政治学などの分野に限定することなく、執筆者の人選を行い、執筆を依頼したが、二冊を通してみえてきたのは、民主主義と権威主義との対置関係、政治的リーダーシップのあり方、国家という枠組みの運用の仕方などに関する問題である。もちろん、他の論点も取り扱われているが、編者として二冊のプロジェクトを進め、二冊目の刊行を迎えることにより改めて認識している論点は、これらの点である。

当初より、民主主義と権威主義との対置関係は、多くの執筆者の意識にあり、常に編集会議において議論されてきた。また、国家という枠組みも本プロジェクトのメインテーマであり、一貫して念頭に置かれてきた。それだからこそ、『ポスト・グローバル化と国家の変容』では、民主主義と権威主義、国家をめぐる論点が数多く取り扱われていた。それに対して、本書では、グローバル化という視点をより一層重視した論考を集めている。国家という枠組みについて考えるためにグローバル化とのかかわりを論じたり、ポスト・グローバル化という点から議論がなされたりしている。ただ、ほとんどの論考において、政治的リーダーシップについては焦点が向けられておらず、本書を通して今になってみえてきたというのが正直なところである。

ポスト・グローバル化と政治的リーダーシップ、いいかえると、ポスト・グローバル化における政治的リーダーシップの問題は、次の課題として提示しておきたい。この問題は、より具体的な事例を通してこそわかりやすいだろうし、本プロジェクトの発展形態として、民主主義と権威主義、国家の枠組みとも重ね合わせるかたちで議論を継続していくことができそうである。

　本書の校正を行っている最中に、ロシアによるウクライナ侵攻のニュースが入ってきた。連日の報道をみていると、一瞬「これはいつの出来事なのか」と思ってしまう。まぎれもなく二一世紀の現在のことであるにもかかわらず、一〇〇年前のような、国家と国家との間の戦争が眼前でくり広げられている現実に言葉がみつからない。国家のリバイバル、さらにいえば、国家の強化が二〇二二年の戦争においても顕著にみられる。この点もまた、議論を深めていく必要のある課題として挙げなければならない。

　その意味で、本書は、これまでの議論をまとめた中間報告として位置づけられる。前著に続き、本書もナカニシヤ出版の酒井敏行氏に大変お世話になった。私自身は、本書もまた酒井氏との共編著であるような気がしてならない。酒井氏に対して、心より謝意を表したい。

二〇二二年三月二五日

岩崎正洋

執筆者紹介（執筆順、＊は編者）

＊岩崎正洋（いわさき　まさひろ）

一九六五年生まれ。東海大学大学院政治学研究科博士課程後期修了。博士（政治学）。日本大学法学部教授。比較政治学。『比較政治学入門』（勁草書房、二〇一五年）、『政党システム』（日本経済評論社、二〇二〇年）、『ポスト・グローバル化と国家の変容』（編著、ナカニシヤ出版、二〇二一年）、ほか。

山本達也（やまもと　たつや）

一九七五年生まれ。慶應義塾大学大学院政策・メディア研究科後期博士課程修了。博士（政策・メディア）。清泉女子大学文学部教授。国際関係論、公共政策論、情報社会論。『アラブ諸国の情報統制――インターネット・コントロールの政治学』（慶應義塾大学出版会、二〇〇八年）『革命と騒乱のエジプト――ピーク・オイルとソーシャルメディアの政治学』（慶應義塾大学出版会、二〇一四年）、ほか。

今井宏平（いまい　こうへい）

一九八一年生まれ。中東工科大学国際関係学部博士課程修了（Ph.D.）中央大学大学院法学研究科政治学専攻博士後期課程修了。博士（政治学）。独立行政法人日本貿易振興機構（ジェトロ）アジア経済研究所研究員。国際関係論／中東政治。『トルコ現代史』（中央公論新社、二〇一七年）、『クルド問題』（編著、岩波書店、二〇二二年）、『教養としての中東政治』（編著、ミネルヴァ書房、二〇二二年）、ほか。

前嶋和弘（まえしま　かずひろ）

一九六五年生まれ。メリーランド大学大学院政治学部博士課程修了（Ph.D.）。上智大学総合グローバル学部教授、学部長。上智大学評議員。アメリカ学会会長。専門は現代アメリカ政治外交。『アメリカ政治とメディア』（北樹出版、二〇一一年）、『危機のアメリカ「選挙デモクラシー」』（共編著、東信堂、二〇二〇年）、『現代アメリカ政治とメディア』（共編著、東洋経済新報社、二〇一九年）、*Internet Election Campaigns in the United States, Japan, South Korea, and Taiwan* (co-edited, Palgrave, 2017)、ほか。

小松志朗（こまつ　しろう）

一九七八年生まれ。早稲田大学大学院政治学研究科博士後期課程単位取得退学。博士（政治学）。山梨大学生命環境学部准教授。国際関係論。『英国学派の国際関係論』（分担執筆、日本経済評論社、二〇一三年）、『人道的介入――秩序と正義、武力と外交』（早稲田大学出版部、二〇一四年）、チャールズ・カプチャン『ポスト西洋世界はどこに向かうのか――「多様な近代」への大転換』（翻訳、勁草書房、二〇一六年）、ほか。

野田　遊（のだ　ゆう）

一九七三年生まれ。同志社大学大学院総合政策科学研究科修了。博士（政策科学）。同志社大学政策学部教授。地方自治論、行政学。『市民満足度の研究』（日本評論社、二〇一三年）、『自治のどこに問題があるのか――実学の地方自治論』（日本経済評論社、二〇二一年）、ほか。

福田　充（ふくだ　みつる）
一九六九年生まれ。東京大学大学院人文社会系研究科博士課程単位取得退学。博士（政治学）。日本大学危機管理学部教授、日本大学大学院新聞学研究科教授。危機管理学、リスクコミュニケーション。『リスクコミュニケーション――多様化する危機を乗り越える』（平凡社新書、二〇二二年）、『テロとインテリジェンス――覇権国家アメリカのジレンマ』（慶應義塾大学出版会、二〇一〇年）、『メディアとテロリズム』（新潮新書、二〇〇九年）、ほか。

芝崎厚士（しばさき　あつし）
一九七〇年生まれ。東京大学大学院総合文化研究科博士課程単位取得退学。博士（学術）。駒澤大学グローバル・メディア・スタディーズ学部教授、国際日本文化研究センター客員教授。国際／グローバル政治哲学、国際／グローバル関係思想。「日本の国際関係研究における「固有の課題」と「共有の方法」　国際文化交渉論の立場から」（日本国際政治学会『国際政治』第二〇〇号、二〇二〇年）、『国際文化交流と近現代日本――グローバル文化交流研究のために』（有信堂高文社、二〇二〇年）、『「国際政治学」は終わったのか――日本からの応答』（共編著、ナカニシヤ出版、二〇一八年）ほか。

山崎　望（やまざき　のぞむ）
一九七四年生まれ。東京大学大学院法学政治学研究科博士課程単位取得退学。駒澤大学法学部教授。現代政治理論。『来るべきデモクラシー――暴力と排除に抗して』（有信堂、二〇一二年）、『ポスト代表制の政治学――デモクラシーの危機に抗して』（共編著、ナカニシヤ出版、二〇一五年）、『時政学への挑戦――政治研究の時間論的転回』（共編著、ミネルヴァ書房、二〇二一年）、ほか。

ヤ

ラ

ワ

事項索引

人名索引

ポスト・グローバル化と政治のゆくえ

2022年7月20日　初版第1刷発行

編　者　岩崎正洋
発行者　中西　良
発行所　株式会社ナカニシヤ出版
〒606-8161　京都市左京区一乗寺木ノ本町15番地
TEL 075-723-0111　FAX 075-723-0095
http://www.nakanishiya.co.jp/

装幀＝宗利淳一デザイン
印刷・製本＝亜細亜印刷

Printed in Japan.　ISBN978-4-7795-1678-8　C3031